汽车发动机

结构原理、故障诊断与维修

张国凌 谢伟钢 编著

中国铁道出版社有限公司
CHINA RAILWAY PUBLISHING HOUSE CO., LTD.

内 容 简 介

本书将汽车发动机的结构、原理、检修和故障诊断归纳成200多个问题，以问答的形式引导读者由浅入深系统地学习。全书主要内容包括：发动机机械部分的结构原理和故障诊断，发动机供给系统的结构原理和故障诊断，发动机电控系统的工作原理和故障诊断，直喷发动机电控系统的结构原理和故障诊断，点火系统的结构原理和故障诊断，电控子系统的工作原理和故障诊断，润滑系统和冷却系统的结构原理和故障诊断，综合故障的诊断和排除等。

本书适合汽车维修相关行业的从业者学习或参考，也可作为中、高职及技工学校、培训学校或学院汽车相关专业的教材。

图书在版编目（CIP）数据

汽车发动机结构原理、故障诊断与维修/张国凌，谢伟钢编著. —北京：中国铁道出版社有限公司，2022. 3
ISBN 978-7-113-28568-5

Ⅰ.①汽… Ⅱ.①张… ②谢… Ⅲ.①汽车-发动机-结构②汽车-发动机-故障诊断③汽车-发动机-车辆修理
Ⅳ.①U472.43

中国版本图书馆CIP数据核字（2021）第232973号

书　　名：汽车发动机结构原理、故障诊断与维修
QICHE FADONGJI JIEGOU YUANLI GUZHANG ZHENDUAN YU WEIXIU
作　　者：张国凌　谢伟钢

责任编辑：于先军　　编辑部电话：（010）51873026　　邮箱：46768089@qq.com
封面设计：MXK DESIGN STUDIO Q:1765628429
责任校对：安海燕
责任印制：赵星辰

出版发行：中国铁道出版社有限公司（100054，北京市西城区右安门西街 8 号）
网　　址：http://www.tdpress.com
印　　刷：国铁印务有限公司
版　　次：2022 年 3 月第 1 版　2022 年 3 月第 1 次印刷
开　　本：787 mm×1 092 mm　1/16　印张：15.5　字数：356 千
书　　号：ISBN 978-7-113-28568-5
定　　价：69.80 元

视频教学下载链接

http://www.m.crphdm.com/2021/1229/14429.shtml

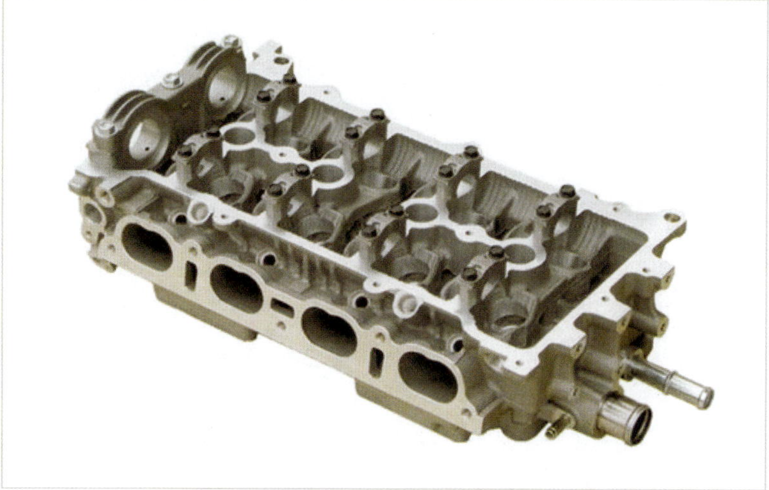

前言

大家都知道，汽车好开，但故障难排。有的汽车发动机故障扑朔迷离，像一本晦涩难懂的古书，让维修技师绞尽脑汁才能排除。所以汽车故障排除能力无疑是汽车机电维修从业者的核心专业能力，而发动机作为汽车的主要部分，其故障排除能力显得尤为重要。

很多人学习汽车发动机维修技术，先是学习汽车发动机构造与检修和汽车发动机电控技术，然后再学习汽车发动机故障诊断，学习缺乏连贯性，到后来遇到汽车发动机实际故障时，还是缺乏动手能力，无法迅速地排除故障。

如何让初学者能迅速学会发动机的工作原理，掌握发动机的结构，熟悉发动机的检修方法，具备发动机故障排除的能力呢？本书对此进行了如下探索。

（1）将学习内容以问题的方式呈现。为了让初学者建立系统的概念，本书编排时遵循了发动机“两大机构五大系统”知识的特点，将学习内容按发动机“两大机构五大系统”的特点进行了划分。书中将学习内容问题化，条理清晰，通俗易懂，将理论知识和实用技能对接，避免初学者产生“理论没有用”的想法，更是为了让初学者运用理论知识来指导实践。

（2）将学习内容以易懂的形式呈现。过去有的书采用的是线条图插图，初学者很难想象到抽象的插图所代表的具体结构，所以会出现很多插图让初学者看不懂的情况。因此，本书甄选的图都是高清彩图，以突出发动机的结构特点，看起来一目了然，无须花费很多时间想象具体的构造。作者也是反复推敲文字，删繁就简，尽量使用短句，尽量让读者能轻松阅读。

（3）将学习内容与实际结合。书中不仅将结构、原理、故障等结合在一起呈现，避免内容割裂影响初学者的学习，书中还插入了大量的案例，让初学者能迅速理解故障排除的思路。工作经验的积累需要较长的时间，为了让初学者能迅速提高发动机维修技术，书中介绍了大量的“技师经验”，希望对初学者能有帮助。

本书编写时参考了大量的网站、书籍和期刊等资料，在此对广大同人致以敬意。

作者

2022 年 2 月

目录

第 1 章 / 1

发动机机械部分的结构原理和故障诊断

第 2 章 / 38

发动机供给系统的结构原理和故障诊断

第 3 章 / 61

发动机电控系统的工作原理和故障诊断

第 4 章 / 119

直喷发动机电控系统的结构原理和故障诊断

第 5 章 / 131

点火系统的结构原理和故障诊断

第 8 章 综合故障的诊断和排除

第1章

发动机机械部分的结构原理和故障诊断

第1问 怎样就车判断“浸水车”发动机机械部分是否损坏？

如图 1-1 所示，活塞顶到达远离曲轴回转中心最远处，即上止点。直列发动机上止点就是活塞运行的最高处。下止点是指活塞顶离曲轴回转中心最近处。直列发动机下止点就是活塞运行的最低处。行程是活塞移动的过程，活塞行程是上、下止点间的距离，曲轴回转一周，活塞移动两个行程。

技师经验

下雨路面积水过多，水滴可能通过发动机进气管道进入燃烧室，活塞在上行压缩时遇到不可以压缩的水滴会弯曲或扭曲，通过火花塞安装孔测量不同气缸的上、下止点高度，可以判断活塞是否变形。如图 1-2 所示，测量不同气缸上止点时活塞顶部到火花塞安装孔的距离 h，然后进行对比，如果 h 大小不同，则判断连杆可能发生弯曲变形。“浸水车”通过上述方法可以判断发动机机械部分的“代表元件”连杆是否损坏。

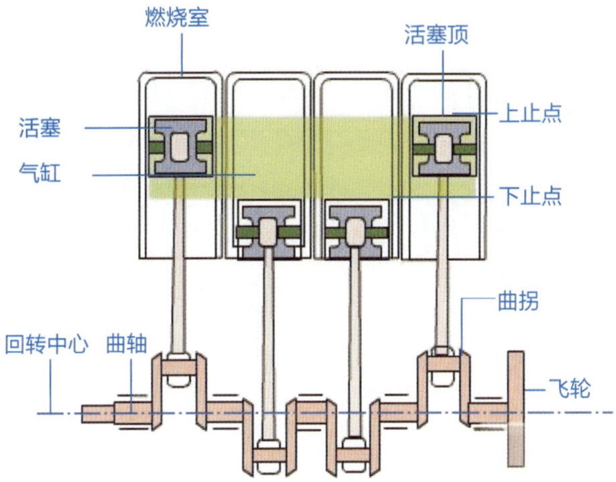

图 1-1 发动机基本术语

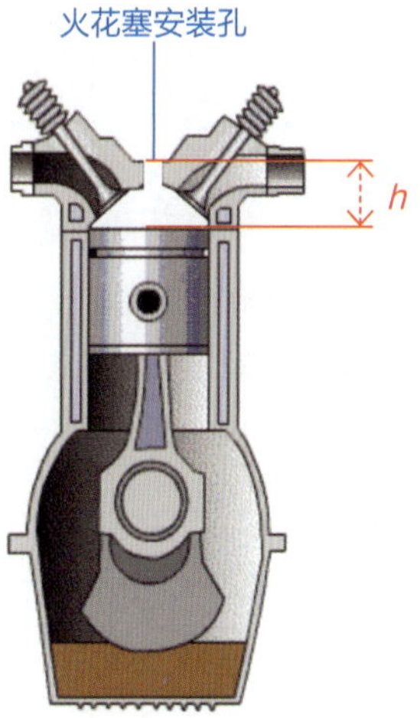

图 1-2 检查连杆

第2问

为什么积炭严重会导致爆燃?

如图 1–3 所示，气缸内可以分成“一室一厅”，上止点上部的活塞顶面和气缸盖底面以下所形成的空间称为燃烧室。在上、下止点间的气缸容积所形成的“厅”，就是气缸工作容积。所有气缸工作容积的总和称为排量。“一室一厅”的总面积就是气缸总容积。气缸工作容积与燃烧室容积之和为气缸总容积，气缸总容积与燃烧室容积之比称为压缩比。通常压缩比越大的发动机，其动力性和经济性越好，当然其所需求的汽油标号也越高。

技师经验

气缸内严重积炭，气缸盖或气缸体修磨过度，气缸垫过厚或过薄等原因会导致气缸燃烧室容积变化，燃烧室容积变小会导致压缩时的压力增大（俗称缸压）。压缩压力增大后，在点燃混合气的瞬间，气缸内压力和温度都会增高，此时，气缸中还可能会产生多点燃烧，即形成爆燃。爆燃是一种不正常燃烧，它会导致燃烧室内压力失常，爆燃通常伴随敲缸声。压缩压力增大后，发动机工作粗暴，也会容易造成气缸垫冲蚀。

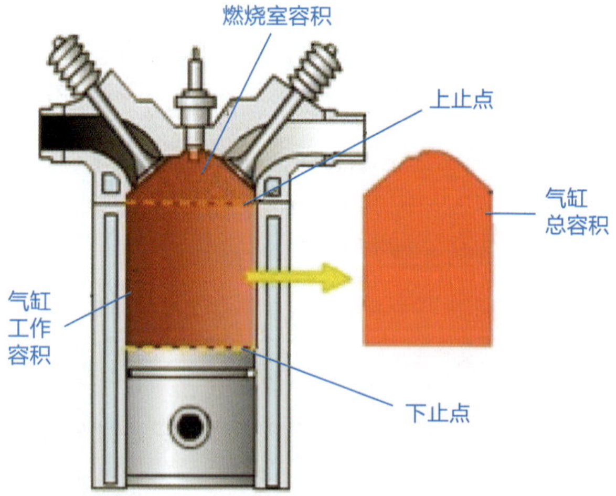

图 1–3 气缸工作容积和总容积

第3问

哪些原因使发动机进气不足?

汽车发动机普遍采用四行程，曲轴转动带动活塞上下往复运动，完成进气、压缩、做功和排气四个行程，在做功行程，燃料在发动机内燃烧膨胀产生动能，让发动机“很有劲”。四行程汽油缸外喷射发动机工作原理如下。

如图 1–4 所示，进气行程时，排气门关闭，进气门打开，活塞由曲轴带动从上止点移动到下止点。此时又好比注射器吸液，随着容积变大，产生真空，吸进混合气。缸外喷射发动机将空气和汽油的混合物（混合气）吸入气缸，并在气缸内进一步混合形成可燃混合气。

技师经验

影响进气量的原因有很多，包括发动机运行速度、气缸密封程度、进气通道的大小、进气通道的光滑程度、空气滤芯的阻碍程度、涡轮增压发动机涡轮的工作情况等。例如，起动发动机时，蓄电池或起动机的原因导致发动机运行速度慢，则进气量不足，进而发动机无法正常起动。

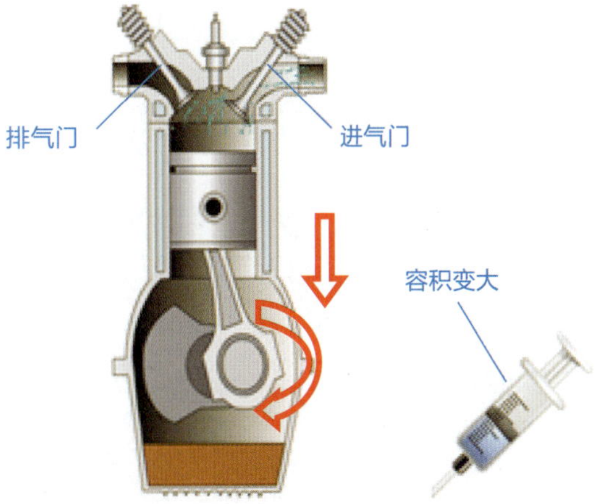

图 1-4　进气行程

第 4 问 怎样判断气缸是否漏气?

如图 1–5 所示，压缩行程好比消化食物的胃，发动机此时对混合气进行压缩，使得混合气压力和温度提高，以便于点燃。压缩行程时，进、排气门都关闭，活塞由曲轴带动从下止点移动到上止点。因为气体在压缩后有温度上升的特性，温度越高越利于燃烧。随着活塞向上移动，空间变小，压力与温度都在升高。

技师经验

发动机压缩行程末气缸内的压力，称为气缸压缩压力，俗称缸压。拆卸火花塞后，在火花塞孔安装如图 1–6 所示的气缸压力表，可以检测气缸压缩压力，通过气缸压缩压力的大小，可以判断气缸密封情况。通常气缸压力在 9 ～ 12 kgf/cm^2，各气缸压力差不能大于 1 kgf/cm^2，否则说明气缸存在漏气。1 kgf/cm^2=100 kPa=0.1 MPa ≈ 1 bar。

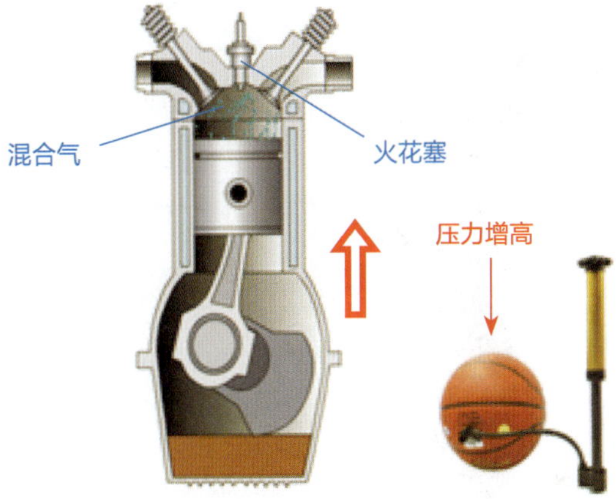

图 1-5　压缩行程

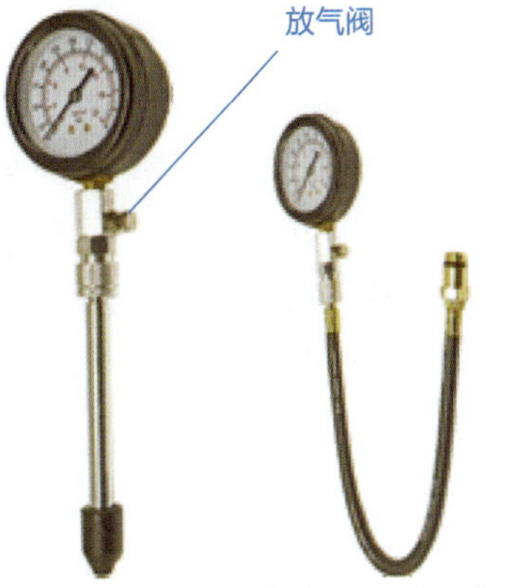

（a）推入式　（b）螺纹接口式
图 1-6　气缸压力表

第5问

哪些原因会导致发动机怠速抖动？

如图 1-7 所示，做功行程就像鞭炮被点燃后发生爆炸，会产生很大的威力。做功行程时，进、排气门关闭形成封闭空间，火花塞适时发出高压电火花，将温度很高的混合气点燃，火焰迅速传播，混合气燃烧后爆发出巨大压力，推动活塞移动使曲轴旋转，产生能驱动车轮的动力。

技师经验

发动机做功正常才能使发动机功率正常，油耗正常，发动机怠速才不至于抖动。发动机做功和混合气的比例、气缸的温度、燃油的质量、压缩压力、火花塞点火时间和点火能量等因素都有关系，几乎发动机上每个元件都有可能影响发动机做功情况，也都会影响发动机怠速运行的稳定性能。

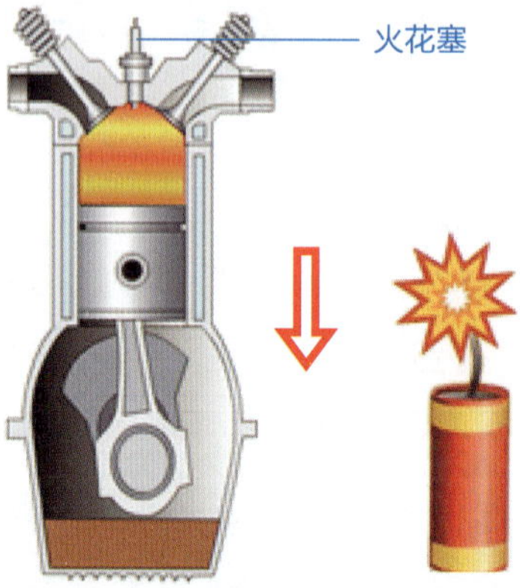

图 1-7　做功行程

第6问

汽车年检尾气超标怎么办？

如图 1-8 所示，排气行程开始，排气门开启，进气门关闭，活塞上行，推动废气通过排气门排出。汽车排气管排出的废气是汽车主要污染源，在汽车维修或汽车年检时使用废气分析仪检测的气体就是排气管排出的废气。如图 1-9 所示，检测尾气时，需要使用专用的尾气检测仪，检测时还需将尾气检测仪的取样管插入排气管 30 ~ 40 cm。

技师经验

发动机尾气的主要成分 CO（一氧化碳）、HC（碳氢化合物）、NO_x（氮氧化合物），少量的尾气超标，通常是“负责尾气治理”的三元催化器出现故障。如果尾气超标严重，通常是发动机燃烧不好，其原因包括混合气过浓或稀，点火系统提供的点火能量不足，发动机氧传感器、喷油器、进气管道积炭严重，燃油质量问

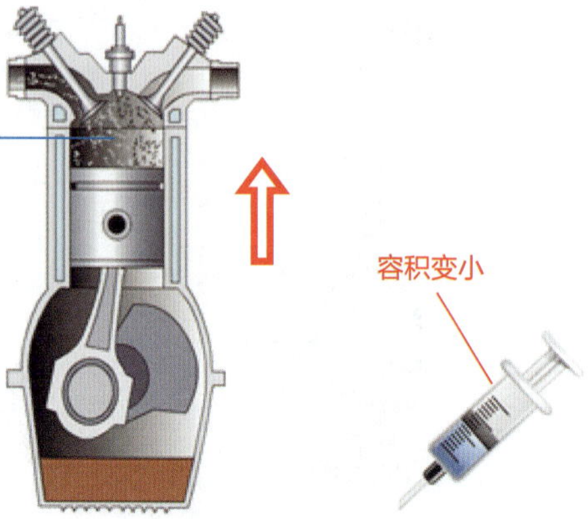

图 1-8　排气行程

题等，因此尾气严重超标，需要根据具体情况做全面的检查。

（a）尾气检测仪　　（b）取样管

图 1-9　尾气检测仪和取样管

第7问

气缸盖故障为什么会引起机油压力报警？

发动机包括两大机构和五大系统，两大机构是曲柄连杆机构和配气机构，五大系统包括点火系统、供给系统、冷却系统、润滑系统和起动系统。

曲柄连杆机构是发动机的“躯体”，它是实现工作循环和完成能量转换的主要部分，主要包括曲轴、活塞、连杆等部件。配气机构是发动机的“肺”，定时开启和关闭进、排气门，实现换气过程，主要包括正时皮带、凸轮轴、进气门和排气门等部件。

润滑系统是发动机的“心血管系统”，它向发动机曲轴等运动零件表面输送润滑机油。冷却系统是发动机的“皮肤”，它将气缸工作时高温零件所吸收的热量及时带走，使发动机保持在正常的温度范围内。点火系统是“胃酸”，适时点燃气缸内“食物”——混合气，从而使混合气燃烧对外做功。起动系统通常归类于汽车电气设备，起动系统通过起动机将蓄电池的电能转换成机械能，起动发动机运转。

如图 1-10 所示，燃料供给系统是发动机最复杂的系统，它是发动机的“消化系统”，它将混合气供入气缸，将废气排出车外，燃料供给系统包括空气供给系统、燃油供给系统和电控系统。空气供给系统包括进气管路、节气门体、排气管路等；燃油供给系统包括燃油箱、燃油泵、燃油滤清器等；电控系统包括空气流量传感器、水温传感器、电控单元 ECU、喷油器等。

技师经验

曲柄连杆机构中气缸盖是各个系统的组成部分，其发生故障自然会引起其他系统故障，例如，气缸盖中的水道也是冷却系统的组成部分，其水道被水垢堵塞自然引起冷却系统故障，气缸盖中机油进油道和回油道堵塞，也会引起润滑系统故障，例如气缸盖上凸轮轴轴颈支承位置磨损会使机油压力泄压，如图 1-11 所示，使机油压力报警。所以发动机不同系统的故障是相关联的，诊断故障时需要全面考虑。

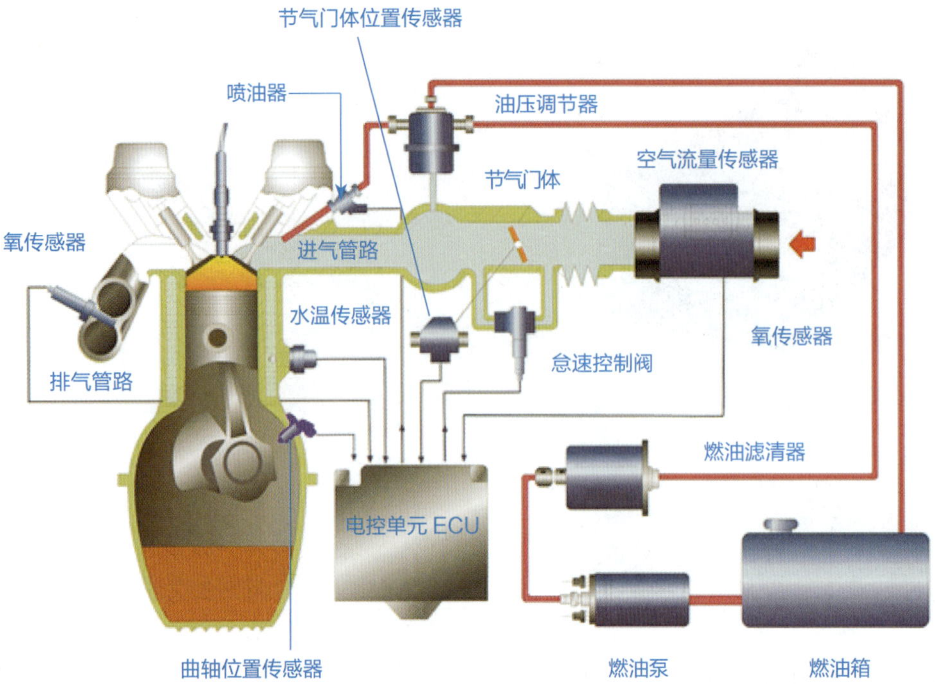

图 1-10 发动机燃料供给系统

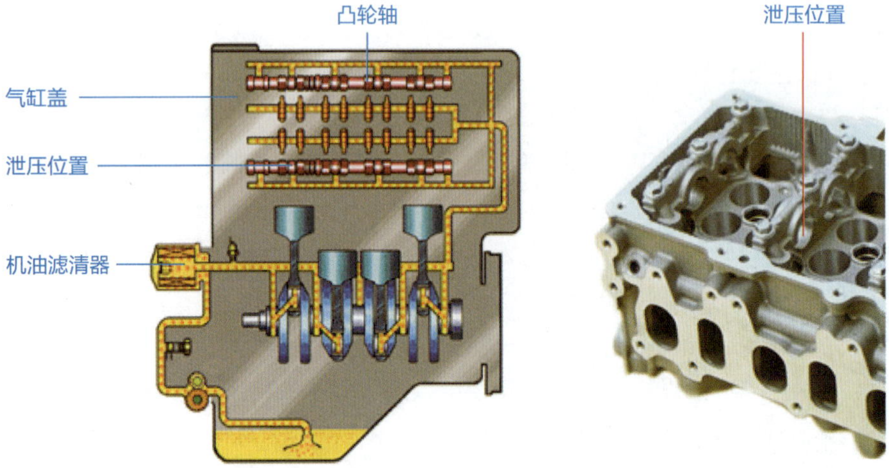

图 1-11 泄压位置

第8问 气缸盖是怎样产生故障的？

曲柄连杆机构由机体组、活塞连杆组、曲轴飞轮组三部分组成。发动机机体组主要包括气门室盖、气缸盖、气缸体和油底壳等，在以上元件结合面都有密封垫片，如图 1-12 所示，气门室盖也称气缸盖罩，它安装在气缸盖上面，气门室盖上通常有安装火花塞承孔。气门室盖衬垫起到密封作用，防止机油渗漏。

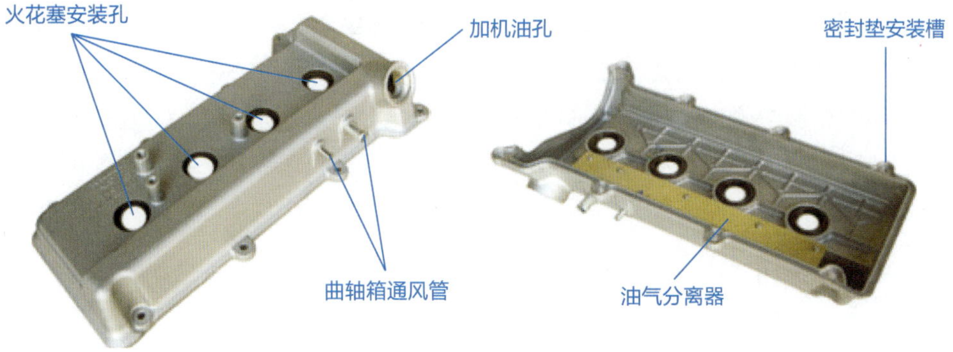

图 1-12　气门室盖

气门室盖内部装有油气分离器，用于分离机油和废气，废气通过气门室盖的曲轴箱通风管及进气道进入气缸。气门室盖上还有机油盖，方便添加发动机润滑油。机油盖盖紧后应无泄漏，否则漏油和引起发动机其他故障。

气缸盖位于发动机上部，直列发动机只有一个气缸盖，而 V 型发动机有两个气缸盖。发动机气缸会产生非常高的压力，而气缸盖就像高压锅的盖子，其利用非常平整的下端面来封闭气缸上部。

轿车用的汽油发动机多采用整体式铝合金铸造气缸盖。如图 1-13 所示，气缸盖还用于安装凸轮轴、进气门、排气门、火花塞等零部件。气缸盖安装在气缸体的上面，在气缸盖上安装气门室盖。气缸盖内部有冷却水道，用于冷却其高温部分。气缸盖上还有机油进、回油道及可变气门控制电磁阀，进气、排气管道，气门导管承孔，火花塞座孔等。

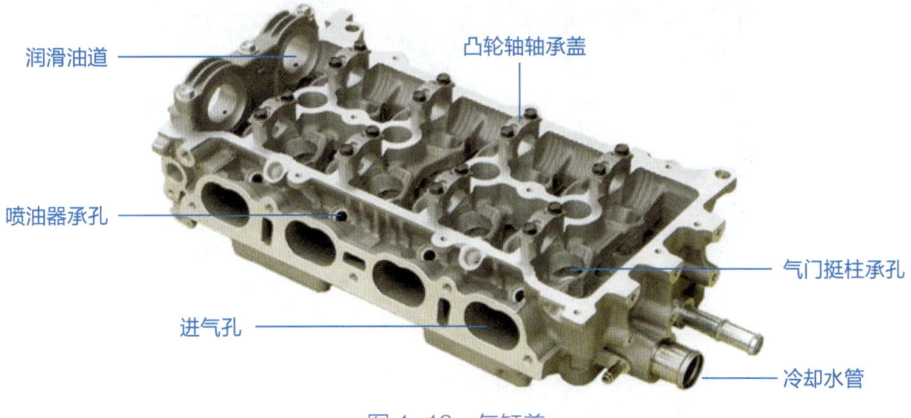

图 1-13　气缸盖

技师经验

发动机气缸盖特别是燃烧室工作环境相当恶劣，当使用年代长久，两气缸燃烧室交接处最薄处容易产生裂纹或砂眼，可能在冷却液压力高或机油压力高或气缸压力高时导通，造成发动机高温等复杂故障。

维修案例 一辆沃尔沃S60，发动机动力不足。询问车主，该车事故后后更换过散热器、冷凝器、气缸盖等部件。读故障码P0014—可变气门控制电磁阀。对可变气门控制电磁阀进行测试，该电磁通电能发出“嗒嗒声”，发动机转速无变化，说明该电磁阀没有起作用。分析原因可能为该电磁阀运行卡滞，或执行器工作异常、或油道不受控制。因为之前更换了气缸盖，对比原来气缸盖上油道，发现油道形状不同。更换气缸盖，故障排除。

第9问 气缸垫是怎样产生故障的？

气缸垫装在气缸盖和气缸体之间，其功用是保证气缸盖与气缸体接触面的密封，防止漏气、漏水和漏油。气缸垫的材料要有一定的弹性，同时要有好的耐热性和耐压性，在高温高压下不烧损、不变形。

安装气缸垫时，所有气缸垫上的孔要和气缸体上的孔对齐，尤其要注意气缸垫上机油进油孔要与气缸体上相应的机油进油孔对齐，如果气缸垫是对称的，有金属包边的面或印有批次号的一面朝上，如图1-14所示。

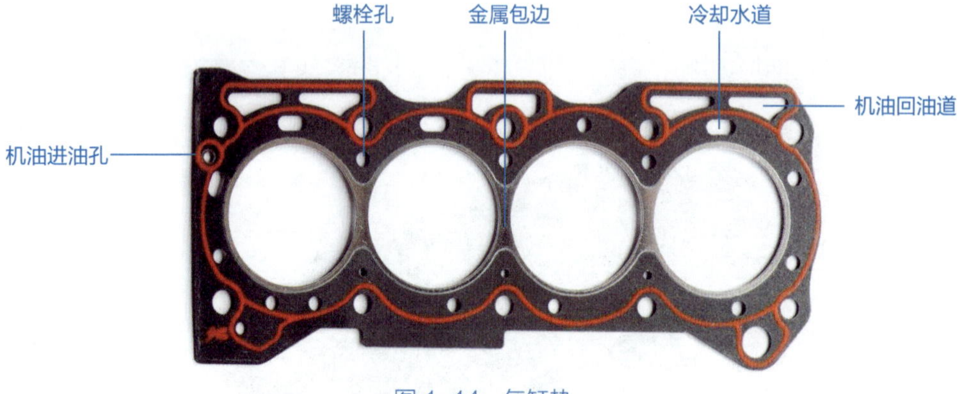

图1-14 气缸垫

维修案例 一台伊兰特轿车行驶一段时间后，故障灯点亮而且加速发喘。检测发现两个故障码，1缸偶发性不点火，2缸不点火。示波器检查点火波形良好，于是更换4只火花塞，试车故障依旧。检查故障是否有其他的故障现象，发现冷却液不足，检查缺水原因，发现有“冲床”现象。分析故障原因，熄火后由于气缸垫密封不好，有少量水进入1、2缸燃烧室，水导电性高，引起火花塞暂时性不点火出现的故障码。

“冲床”现象是指在发动机起动前，拧开水箱盖或膨胀水箱（小水箱或副水箱）盖，起动发动机后，可以看到冷却液从水箱盖或膨胀水箱盖冒出来的现象。

第 10 问 发动机号有什么用？

气缸体是发动机的主要骨架，其上部使用螺栓连接气缸盖，其下部安装油底壳，中部是发动机的主要部分气缸。根据气缸体与油底壳安装平面的位置不同，通常把气缸体分为一般式、龙门式、隧道式三种形式。一般式气缸体油底壳安装平面和曲轴旋转中心在同一高度，其较为常用。

如图 1-15 所示，直列发动机和 V 型发动机气缸体结构不同，V 型发动机在气缸体上布置了两排气缸。气缸体要经受高温高压，所以需要冷却水道以便于其冷却。活塞在气缸中往复运动，摩擦较大，燃料与废气又具有腐蚀性。所以气缸体必须能耐高温、耐腐蚀、耐磨损等。气缸盖和气缸体采用螺栓连接，一旦螺栓孔损坏，可能需要更换整个气缸体。

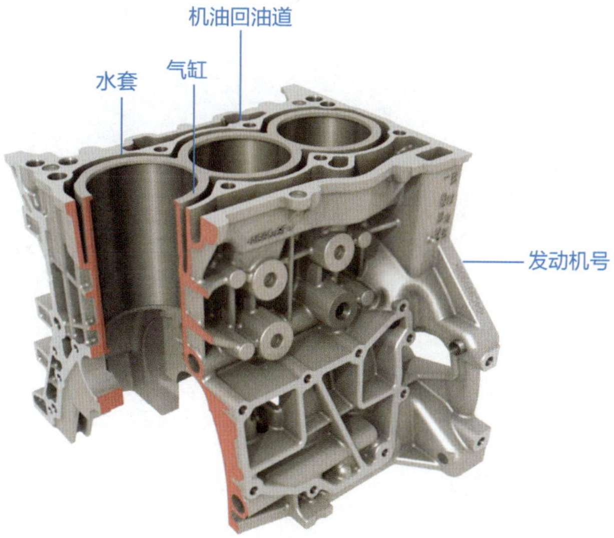

图 1-15　气缸体

技师经验

发动机号码是指每一台发动机都有一个特定的号码，它具有唯一性，它包含有发动机型号等信息。所以发动机号码是车辆重要的档案信息，便于发动机制造厂商和车管部门对车辆发动机进行管理。在平时维修或更换发动机时也要特别注意发动机号码的变更。

第 11 问 活塞和气缸间隙过小会产生什么故障？

活塞在气缸中以极快的速度往复运动，所以气缸体耐磨性要很好。通常在气缸中镶入镀耐磨金属的气缸套，磨损后可以更换或维修气缸套。汽油机采用厚度较小的干式气缸套，它不与冷却液直接接触，如图 1-16 所示。柴油机采用厚度大的湿式气缸套，它直接与冷却液接触。整体式缸体无气缸套，气缸磨损后通常需要更换气缸体。

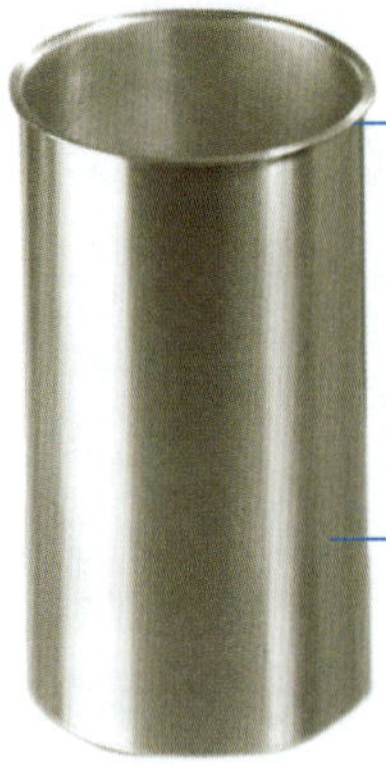

（a）干式缸套

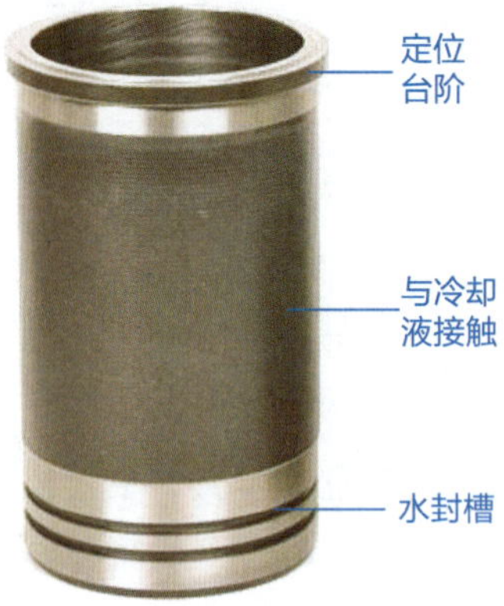

（b）湿式气缸套

图 1-16　气缸套

技师经验

活塞与气缸间隙过小的影响。活塞与气缸装配间隙过小，在热车时活塞膨胀系数比气缸大，活塞会划伤气缸，同时增加了运转阻力，发动机运转阻力大，发动机的负荷大，发动机负荷率随着转速升高而下降，这是因为活塞与气缸的运转阻力在发动机输出扭矩提高后，它所占的比例相应地减少。发动机运转阻力大时，发动机 ECU 为了保证足够的扭矩，适当地加浓混合气。混合气长期处于浓的状态，三元催化器会堵塞。三元催化器堵塞会引起发动机加速不良，故障灯点亮等故障。

第 12 问 活塞和气缸间隙过大会产生什么故障？

气缸磨损的测量主要是确定气缸磨损后的圆度、圆柱度和最大直径，超过维修标准值，则需要维修或更换。在气缸同一断面上活塞销方向和垂直活塞销方向，测量到最大值与最小值径差值的一半，即为圆度误差。在三个断面内所测得的所有读数中最大与最小的直径差值的一半，即为气缸的圆柱度误差，如图 1-17 所示。

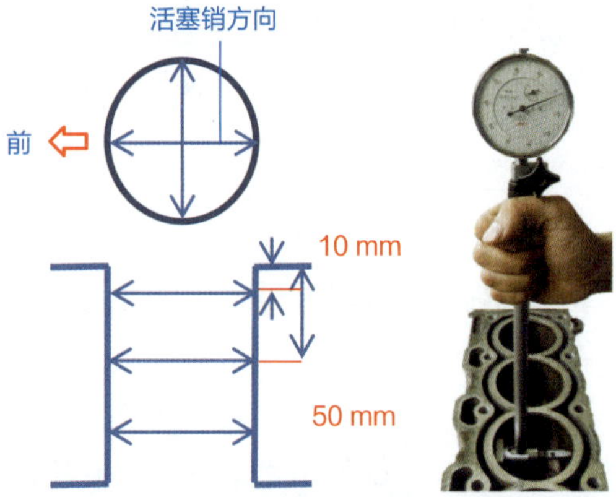

图 1-17　测量气缸

技师经验

活塞与气缸间隙大的影响。①活塞与气缸

间隙大，或者连杆等存在变形，在发动机怠速时，活塞对气缸壁产生了敲击，爆燃传感器的输出电压较高。怠速时，负荷率较低，产生爆燃的概率较小，但如果活塞敲击气缸壁，即使推迟点火提前角，还是会经常产生爆燃信号。发动机点火提前角过小，发动机功率下降，燃烧的热能将不能充分利用，传给冷却水的热量较多，造成发动机将过热，水温较高，有时还会出现排气管放炮、发动机进气口回火等现象。②活塞与气缸间隙大或活塞环磨损，进气时发动机气缸可以从曲轴箱吸入废气，对进气管内的空气吸力较小，造成进气管内进气流量小，感应进气管内进气量的进气流量传感器产生的信号也小，由此造成发动机功率不足，发动机难以起动或容易熄火。

第13问

油底壳凹陷要不要维修？

油底壳属于机体组，也属于润滑系统，它用来容纳和冷却机油，内部设有隔板防止机油的晃动，如图 1-18 所示。油底壳采用铝合金或钢板制成。油底壳与气缸体之间用密封垫密封，用于防止机油渗漏。

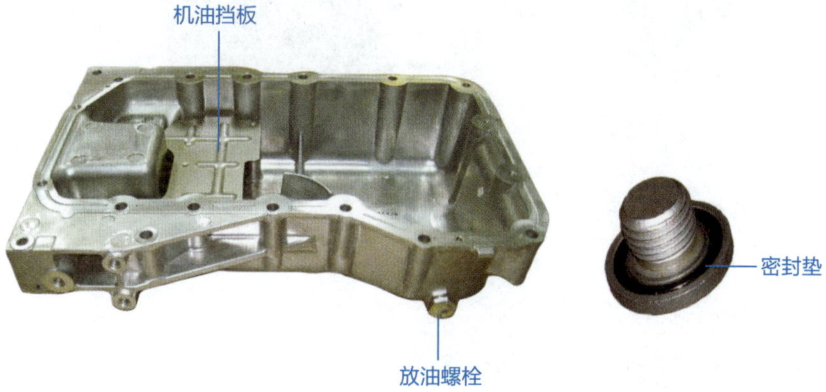

图 1-18 油底壳及放油螺栓

有些放油螺栓有磁性，用于吸附机油中的金属粉末。放油螺栓采用橡胶垫或铜垫密封。每次拆装放油螺栓，都必须更换密封垫，否则有可能漏油。

技师经验

油底壳被碰撞以后向内凹陷，即使没有漏油也需要修复或更换。因为油底壳凹陷后存油量会减少，影响机油泵吸油，当发动机高速时，需要机油泵提供很大的供油量，此时可能供油不足，由此引起机油警告灯报警及发动机润滑不良等故障现象。

第14问 发动机脚垫会产生什么故障?

随着当前底盘、发动机技术的日臻完善，车辆的振动、噪声的控制转而成为各个整车厂在研发上的重中之重。发动机通过发动机悬置与车身连接，发动机悬置安装在气缸体或气缸盖上，它能有效地吸收振动，避免将发动机振动传到车身上，同时可以提高舒适性能和降低其他零部件因为过多振动产生的疲劳破坏。

发动机悬置俗称发动机脚垫，通常发动机采用三处或四处脚垫支撑在车身的前纵梁或副车架上。发动机悬置包括橡胶悬置、液压悬置和空气悬置等种类，如图 1-19 所示。发动机液压脚垫能隔离发动机的振动和噪声向车厢内的传递，明显提高整车车内的舒适性。高档轿车为了追求最佳的隔振效果采用主动悬置，主动悬置理论上可以使振动响应达到零。

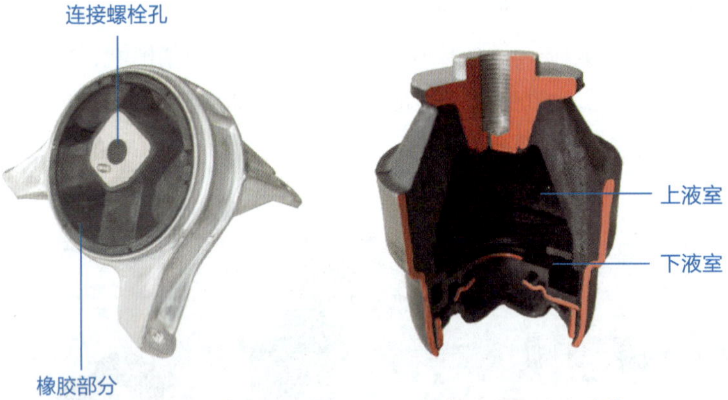

（a）发动机橡胶脚垫　（b）发动机液压脚垫

图 1-19　发动机脚垫

维修案例 一辆奥迪 A6 2.8L 发动机怠速时有明显的抖动，检查发动机无故障存储，检查点火系统、燃油压力正常，检查尾气达标。目测检查发现发动机前部，支撑发动机两侧的液压脚垫漏油并开裂，更换新的液压脚垫，故障排除。

第15问 发动机哪来的制动作用?

活塞连杆组处于发动机最中心的位置，是发动机的动力源泉。活塞连杆组将活塞的往复运动转变为曲轴的旋转运动，并把作用在活塞组上的燃气压力传给曲轴，使曲轴旋转并输出动力，如图 1-20 所示。如图 1-21 所示，活塞连杆组主要由活塞、活塞环、活塞销、连杆和连杆轴瓦等组成。

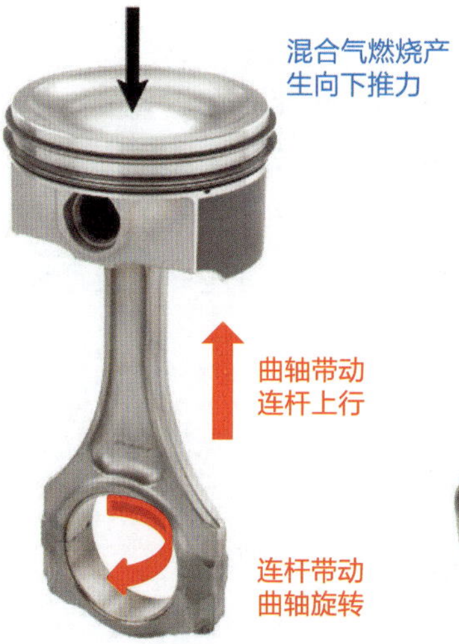

图 1-20　活塞连杆组的作用

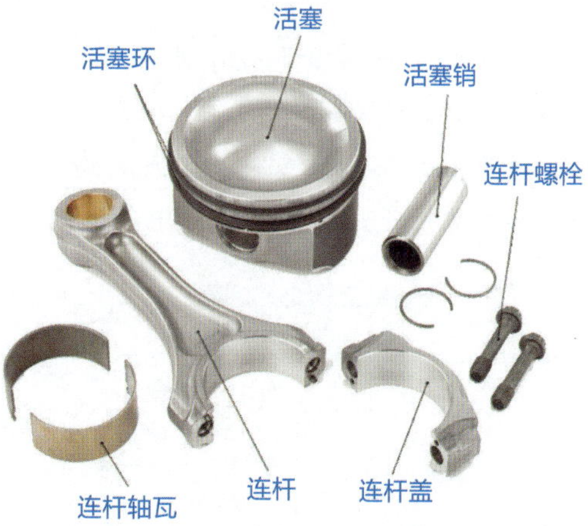

图 1-21　活塞连杆组的组成

技师经验

汽车下长坡时，驾驶员常常利用发动机的制动作用低挡滑行，即驾驶员将变速器挡位挂在 S/L 挡或 2/1 挡，松开加速踏板滑行，车辆由于发动机的制动作用而减速，这样可以避免长时间制动引起制动系统发热。发动机的制动作用就是利用活塞、活塞环、气缸等处的摩擦减慢车辆的行驶速度。

第 16 问

活塞拉伤是什么原因造成的？

活塞是发动机的重要动力部件，活塞与气缸盖、气缸等形成密闭的容器，保证工作过程的顺利进行，同时将承受的燃气压力变为动力，通过连杆传给曲轴输出。

如图 1-22 所示，活塞工作时，需要承受高温高压，以及高速、润滑不良和散热困难的条件下工作。因此，需要活塞有足够的刚度和强度，耐高压、高压且质量较小。活塞一般采用铝合金制成，主要由顶部、头部和裙部组成。

活塞的顶部与气缸盖、气缸体共同组成燃烧室。顶部的凹坑可以改善混合气的形成和燃烧情况。活塞头部是活塞环槽以上的部分，油环底面钻有许多油孔，油环从气缸壁上刮下来的机油可通过油孔流回油底壳。活塞裙部是指油环槽以下部分，用于活塞在气缸内做往复运动导向和承受侧压力。

技师经验

如图 1-23 所示，检修时发现活塞拉伤一定要分析其原因，避免重蹈旧辙。活塞拉伤的原因包括：选用的活塞质量不符合要求，热膨胀系数大；活塞装配间隙过小，造成热车时活塞“敲缸”；活塞环的开口间隙太小而损坏气缸，进而损坏活塞；活塞因装配或其他原因而变形；活塞销卡环漏装或弹力不足，造成活塞销货卡环与气缸发生摩擦，进而损坏活塞；连杆弯曲等原因造成活塞在气缸中单边偏靠等。

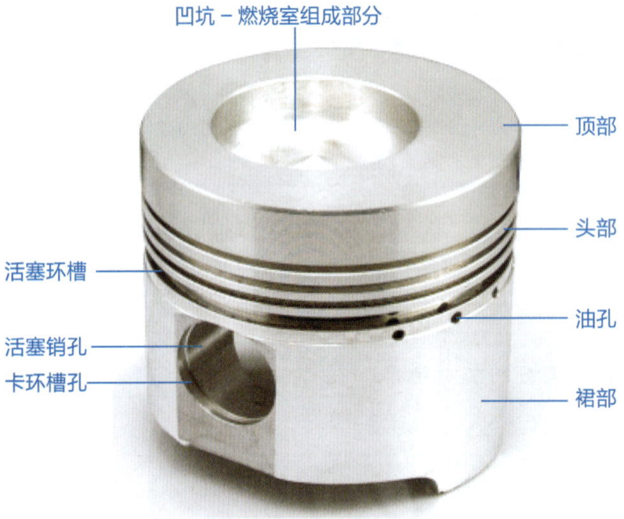

图 1-22 活塞的结构

图 1-23 轻微拉伤的活塞

大众 EA888 发动机为避免发动机活塞过热，发动机上配置了可以控制的活塞冷却喷嘴。如图 1-24 所示，当发动机温度低于 50 ℃，发动机转速在 1 000 ~ 6 600 r/min，发动机扭矩低于 30 N · m 时，发动机控制活塞冷却喷嘴控制阀导通机油回路，机械液压阀不导通，此时活塞冷却喷嘴不喷油。

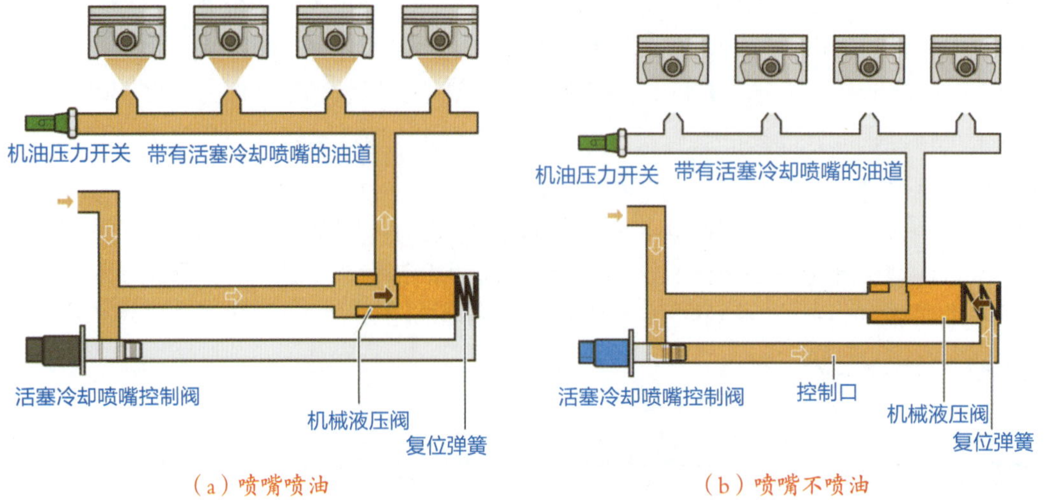

图 1-24 活塞冷却喷嘴

第 17 问
怎样检查活塞环的配合间隙？

活塞环的背隙是活塞与活塞环装入气缸后，活塞环内圆柱面与活塞环槽底间的间隙，其值为活塞环槽深度与活塞环径向厚度的差值，如图 1-25 所示。1ZR 发动机三道活塞环标准间隙分别为：第一道 0.02 ~ 0.07 mm，第二道 0.02 ~ 0.06 mm，第三道（油环）0.02 ~ 0.065 mm，如果环槽间隙不符合规定，则更换活塞。

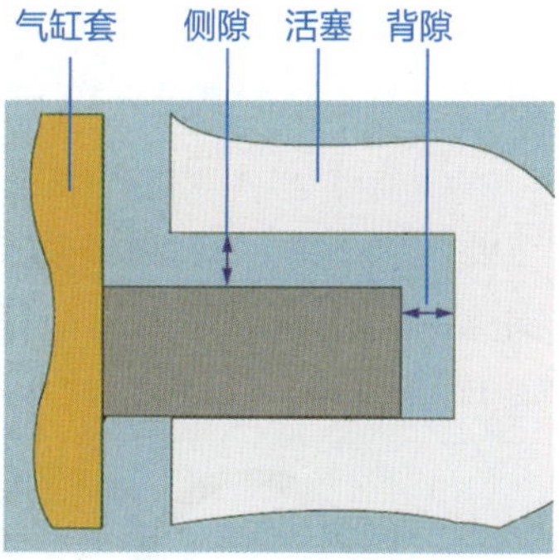

图 1-25　活塞环侧隙和背隙

活塞环侧隙是指活塞环的厚度与活塞上相应环槽宽度的差值，其测量方法如图 1-26 所示。活塞环端隙是指活塞环随活塞装入气缸后，环的两端头的间隙，测量方法如图 1-27 所示，要用活塞从气缸体的顶部将活塞环推至活塞环底部使其行程超过 50 mm。1ZR 发动机第一道环端隙标准值为 0.2 ~ 0.3 mm，不能超过 0.5 mm，第二道环端隙标准值为 0.3 ~ 0.5 mm，不能超过 0.7 mm，第三道环端隙标准值为 0.1 ~ 0.4 mm，不能超过 0.7 mm。

图 1-26　检测活塞环侧隙

图 1-27　检测活塞环端隙

维修案例 一辆大众迈腾 2.0TSI 轿车在大修后，机油消耗很严重，但尾气排放没有冒蓝烟现象，行驶 15 km 机油消耗约 1 L。检查曲轴通风管，正常。检查气门油封没有漏机油，拆检发现油环与环槽的侧隙约为 0.35 mm（标准值为 0.03 ~ 0.05 mm），间隙过大，再次更换活塞及活塞环后故障排除。需要注意少量的机油燃烧不一定会冒蓝烟。

第18问

活塞环“对口”会产生什么故障?

活塞环包括气环和油环两种，如图 1-28 所示。气环的作用是保证活塞与气缸壁间的密封，防止高温高压燃气进入曲轴箱；同时还将活塞顶部的大部分热量传导给气缸体，再由冷却水或空气带走。油环分为整体式和组合式，组合式油环由两片刮片和衬簧组成，它主要起到刮油、布油和辅助密封作用。油环用来刮除气缸体上多余的机油，并在气缸体上铺涂一层均匀机油膜，这样既可以防止机油串入，又可以减小活塞与气缸的磨损及摩擦阻力。

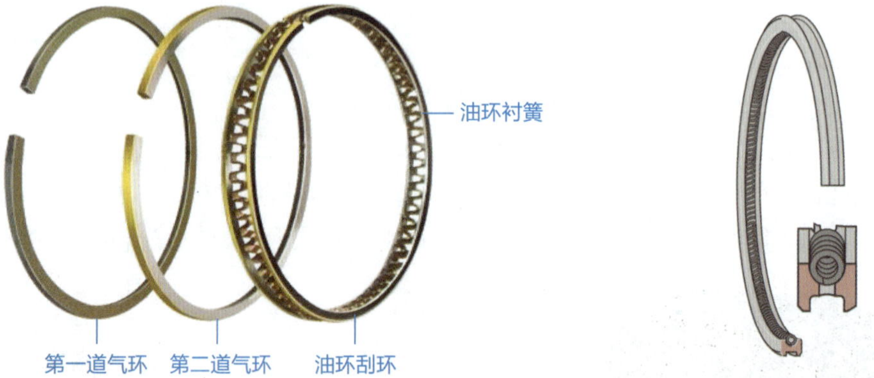

（a）组合式油环　　（b）整体式油环

图 1-28　活塞环

装配活塞环从下至上的顺序：油环隔圈、油环侧轨、第二道环、第一道环。用活塞环扩张器拆下活塞环，如图 1-29 所示，观察活塞环上的标记，“TOP”朝向活塞顶。

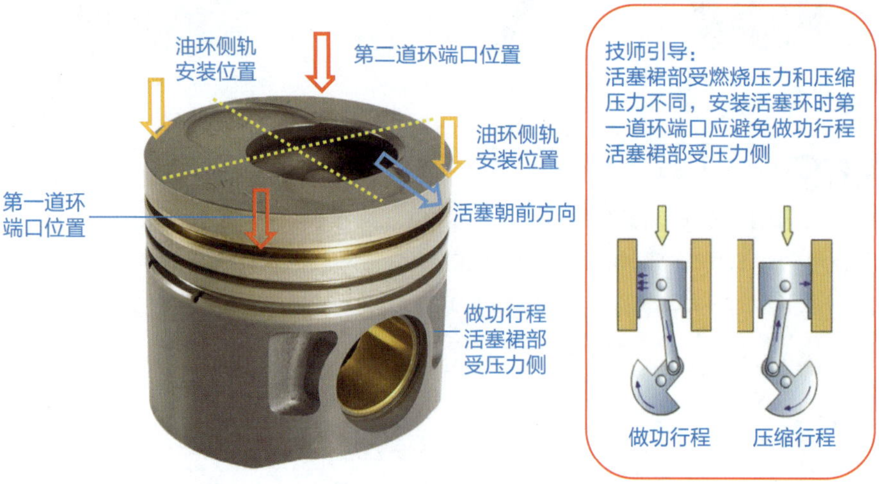

图 1-29　活塞环端口方向

安装活塞环时，将活塞环开口相互隔开 120°（对 3 道气环而言）或 180°（对 2 道气环而言），不要重合，且避开活塞销座及其垂直部分。将 1 ~ 3 道气环的切口相互错开形成“迷宫式”封气装置。

技师经验

活塞装配不当会导致活塞环“对口”，活塞环“对口”是指两个或两个以上的活塞环端口基本对齐，这会使活塞环漏气，气缸压缩压力变小，泄漏的气体还会引起机油变质。

第 19 问 缺机油和连杆弯曲有什么关系?

连杆是活塞与曲轴连接的部件，其功用是将活塞承受的力传给曲轴，并将活塞往复运动变为曲轴的旋转运动。如图 1-30 所示，连杆由连杆小头、杆身和连杆大头构成。连杆小头通过活塞销连杆活塞，有些连杆小头孔内还压入耐磨青铜衬套。连杆小头油孔向活塞顶内壁喷射机油，用于冷却活塞。连杆大头通过连杆轴承连接曲轴，连杆大头孔内安装连杆轴承。连杆通常采用碳钢等材料锻造成形，为了减轻质量及不易变形，断面均制成“工”字形。

技师经验

连杆弯曲后，一定要找到原因，否则故障又会重新出现。涉水发动机气缸进水后，如果强制起动，会导致连杆弯曲变形，如图 1-31 所示。曲轴箱通风阀损坏，废气中机油被带到进气道，尤其是气流方向改变较小的进气道机油较多，相应气缸中的机油就较多，由于机油不可以压缩，所以相应气缸的连杆可能弯曲。

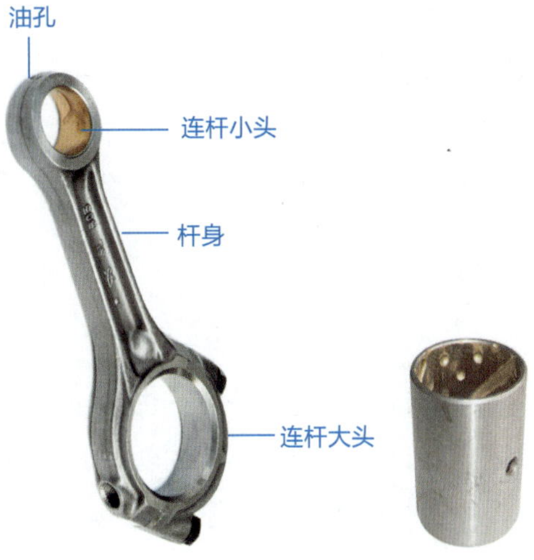

图 1-30　连杆和衬套

图 1-31　弯曲的连杆

第20问 连杆弯曲为什么显示缺火的故障码？

活塞销的作用是连接活塞和连杆小头，它把活塞承受的气体作用力传给连杆，或使连杆小头带动活塞一起运动。为了减轻重量，活塞销一般用优质合金钢制造，并做成空心，如图 1–32 所示。活塞销多采用“全浮式”支撑，它可以在连杆小头衬套和销座孔内转动，其两端采用卡环定位。“半浮式”活塞销通常与连杆小头固定，与活塞之间可以相对运动。

图 1-32　活塞销和卡环

连杆轴承用来保护连杆轴颈及连杆大头孔，由钢背和减磨层组成，如图 1–33 所示。钢背由 1 ~ 3 mm 的低碳钢制成。减磨层为 0.3 ~ 0.7 mm 的减磨合金，层质较软能保护轴颈。

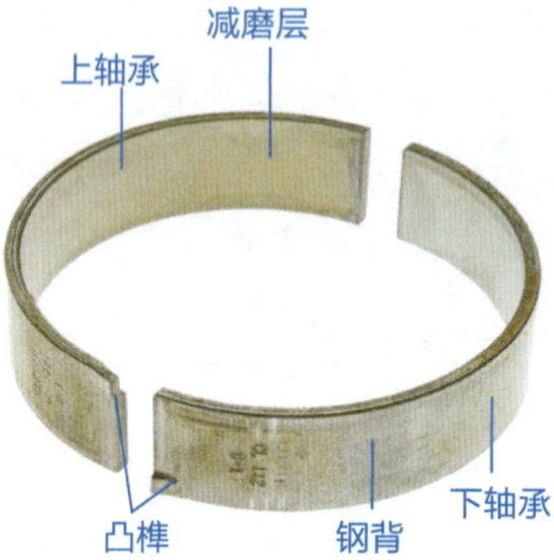

图 1-33　连杆轴承

技师经验

连杆弯曲后，会造成发动机敲缸、压缩压力不足等故障。单个连杆弯曲后，会造成该缸压缩压力不足，因而该缸燃烧情况不好，发动机电脑可能根据该缸功率不足判断该缸失火，因此产生失火的故障码。有的发动机装有平衡轴，如图 1–34 所示，它可以平衡发动机的动平衡，但如果平衡轴或其链条装置出现故障，发动机电控单元可以误以为某缸工作不良，也可以产生失火的故障码。

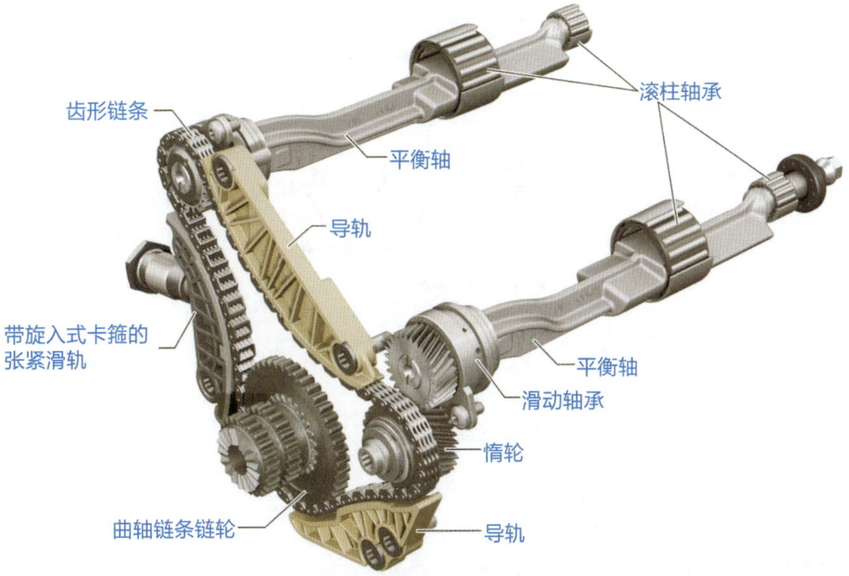

图 1-34　平衡轴

第21问

曲轴故障为什么会引起发动机怠速不平稳?

曲轴飞轮组包括曲轴、飞轮和曲轴扭转减振器。曲轴飞轮组的作用是将活塞连杆组传来的力转变成曲轴飞轮组的旋转力矩，驱动汽车以及发动机的配气机构及其他辅助装置。

曲轴的主要作用是在做功行程中，将连杆传来的推力变成旋转的转矩，经汽车传动系驱动车辆行驶；利用曲轴和飞轮的旋转惯性，经连杆带动活塞上下运动，完成排气、进气、压缩等辅助行程，为下一做功行程做准备；驱动配气机构、发电机等附属装置。

如图 1-35 所示，曲轴一般由主轴颈、连杆轴径、曲柄、平衡块等组成，平衡块用来平衡曲轴的离心力和离心力矩。曲轴上还有贯穿主轴颈、曲柄、连杆轴径的油道，以便润滑主轴径和连杆轴径，如图 1-36 所示。

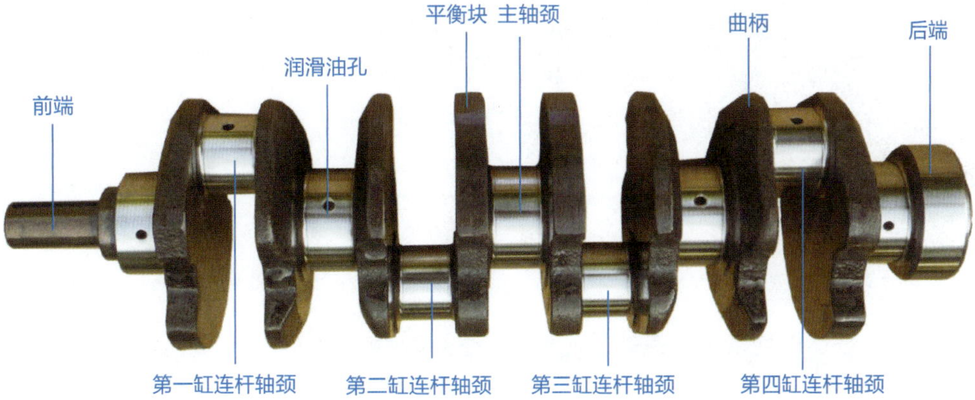

图 1-35　曲轴

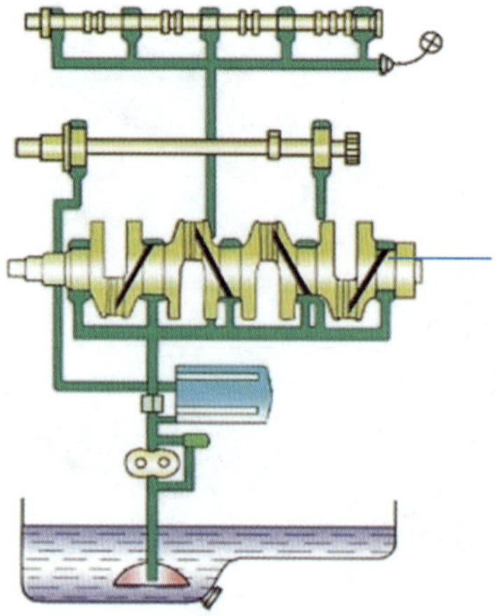

图 1-36 曲轴的油道

维修案例 一辆帕萨特 2.0L 轿车怠速时轻微抖动，抖动频率高而且有规律，加速时抖动加剧，检测无故障码。读数据流如下：转速为 800 r/min，喷油脉宽为 6.0 ms，空气流量为 5 g/s，节气门体开度为 4%，点火提前角为 8° ，水温为 95 ℃，进气温度为 50 ℃，氧传感器电压为 0.6 ~ 0.8 V，氧调节为 -10%。测量怠速和加速时油压分别为 350 kPa 和 300 ~ 400 kPa，属于正常。检查火花塞跳火良好，测量真空在 65 kPa 左右且稳定，排除漏气和排气堵塞的可能性。拆检发动机，检查发现曲轴轴承间隙大，固定曲轴位置传感器信号盘上的一个紧固螺栓颜色不同。对比颜色不同的紧固螺栓，发现其长度稍长。推断此螺栓引起曲轴不平衡，加上曲轴轴向间隙大，使曲轴位置传感器信号不稳定，更换该紧固螺栓，更换曲轴轴承，故障排除。

技师经验

曲轴的轴向间隙、动平衡等达不到要求本身就影响发动机不稳定，这些情况又会引起曲轴位置传感器信号的不稳定，又加剧了发动机怠速的不稳定。先进的电气设备是机械和电子在功能上有机配合，往往机械部件出现故障，影响电气系统的功能。因此不要被表面现象迷惑，电气系统出现故障并不都是电气本身的问题，有可能是机械部件发生故障所造成的。

第 22 问
发动机“窜缸”是怎么回事？

现代汽油发动机均采用五道轴径式曲轴，曲轴虽然长，但各轴径受力较小、振动较小、寿命较长。直列四缸发动机 1、4 缸与 2、3 缸的曲柄臂相隔 180°，其点火顺序为 1-3-4-2 或 1-2-4-3。六缸直列发动机的点火顺序 1-5-3-6-2-4 或 1-4-2-6-3-5。V 型发动机气缸序号的排列方法是不统一的。

技师经验

如果气缸垫损坏，气缸和气缸之间可以窜气，称为“窜缸”。四缸发动机工作行程如图 1-37 所示，例如，2 缸和 3 缸之间窜气，四缸发动机当第 2 缸处于压缩行程时，3 缸处于排气行程，压缩行程末气缸内的压力大于排气行程末的压力，2 缸内混合气不足，功率下降。3 缸处于排气行程，气缸内温度还很高，可能会点燃从 2 缸泄漏进来的混合气，此时 3 缸进气门提前打开，燃烧着的混合气返回进气管，造成 3 缸发动机“回火”。

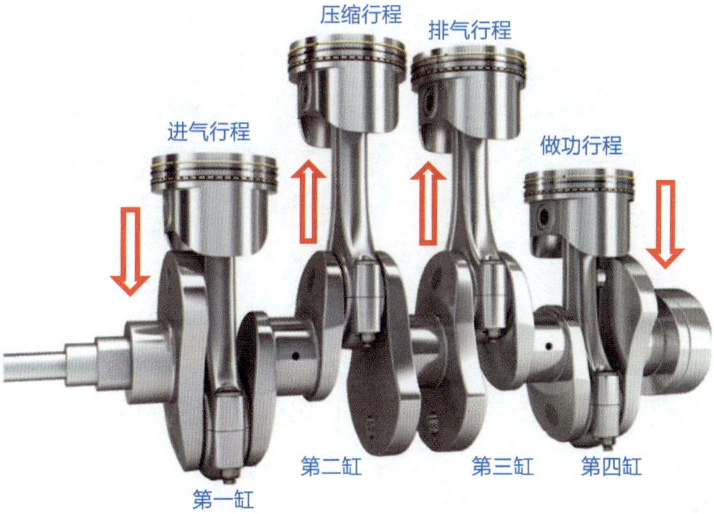

图 1-37　发动机工作行程

第 23 问 为什么会反复烧“轴瓦”？

曲轴主轴颈被支承在气缸体上，在主轴径和气缸体之间，安装两片曲轴轴承，用于限制曲轴的径向跳动。止推轴承用来限制曲轴轴向窜动。曲轴轴承也称为轴瓦，它和连杆轴承的材质相同，分为上、下两片。它们在自由状态下不是半圆形，当它们装入轴承盖内，要有过盈量，故能均匀地紧贴在孔壁上，具有很好的承受载荷和导热的能力。如图 1-38 所示，轴承上有定位的凸榫，安装时键入定位槽中，可以防止轴承前后移动或转动，有的轴承上还有油槽、油孔，注意安装时对齐相应的油道。

止推轴承也称为止推片，它作为发动机滑动轴承的一种，在发动机中主要起着曲轴轴向支撑的作用，在保证曲轴轴向转动的同时，阻止曲轴轴向窜动。如图 1-39 所示，止推轴承分为分离式和整体式，整体式止推轴承和曲轴轴承制成一体。

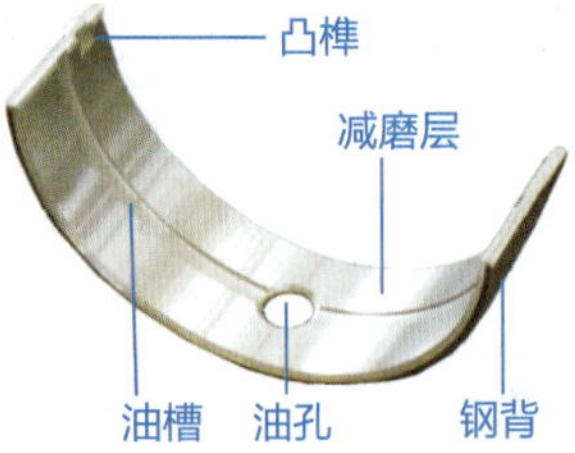

图 1-38 曲轴轴承

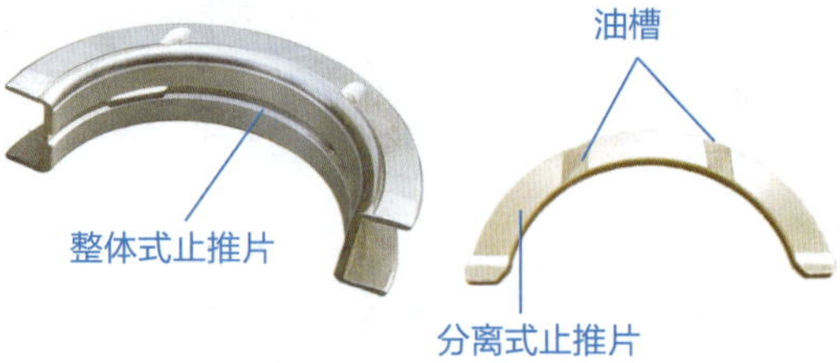

图 1-39 曲轴止推轴承

技师经验

轴瓦的磨损与机油质量好坏、机油压力大小、机油管道是否堵塞、曲轴轴颈粗糙度、轴瓦配合间隙大小、驾驶方式等都有关系。一台发动机反复烧轴瓦，检查过以上方面，未发现异常，仔细检查烧坏的轴瓦，发现有一片轴瓦背面有一些粗糙黑点，检查发现脚垫处的搭铁线没装，安装搭铁线后故障排除。汽车在起动时需要的电流很大，本来电流经过搭铁线回到负极，因为负极线的缺失，电流经过发动机机体等回到蓄电池，电流在轴瓦与曲轴之间产生电弧或电动势，电流对轴瓦产生了电蚀，被电蚀的轴瓦在工作中极易磨损，最后严重拉伤。

第24问

曲轴前的“带轮”为什么会引起偶发性故障？

曲轴前端用于安装皮带轮，皮带轮通过皮带将动力传给发电机、空调压缩机等装置，皮带轮内部“隐藏”了扭转减振器，扭转减振器能衰减曲轴扭转振动。如图 1-40 所示，皮带盘内部的阻尼橡胶材料具有衰减曲轴扭转振动的功能。

图 1-40 带扭转减振器的皮带盘

技师经验

曲轴和飞轮等都是质量较大的回转件，一定要注意动平衡。在理想的情况下，回转件在旋转与不旋转时对轴承产生的压力是一样的。但由于材质不均匀、产品缺陷、加工误差等原因，在运转时产生较大的离心力，离心力通过轴承作用到气缸体，引起振动和噪声，回转件通过去掉局部位置的部分质量，使元件达到平衡状态，如图 1-41 所示。扭转减振器只能衰减正常情况下振动，如果飞轮或其他元件不平衡，发动机工作时振动会很大。

图 1-41　扭转减振器的平衡孔

维修案例 一辆奇瑞瑞虎汽车出现偶发性充电指示灯亮，空调效果不佳。分析上述故障，发电机空调压缩机都是通过皮带带动的。检查皮带及皮带轮无故障后，分析故障原因为曲轴前皮带轮内扭转减振器打滑所致，在扭转减振器做标记再进行试车，停车后检查标记已经错位，证明扭转减振器已损坏。

第 25 问
双质量飞轮“错位”会引起什么故障？

飞轮通过中心螺栓孔连接曲轴，发动机起动时，飞轮齿圈被起动机带动旋转，从而带动曲轴转动，如图 1-42 所示。飞轮具备一定的重量，其运动惯性能使曲轴旋转均匀（储存能量作用）。

双质量飞轮可隔离曲轴的扭振，提高驾驶舒适性和经济性。如图 1-43 所示，双质量飞轮是将原来的一个飞轮分成两个部分，一部分保留在原来发动机侧，用于起动和传递发动机的转动扭矩；另一部分放置在传动系变速器侧，用于提高变速器的转动惯量。两部分飞轮之间有一个环形腔，在腔内装有弹簧减振器，由弹簧减振器将两部分飞轮连接为一个整体。

图 1-42　飞轮

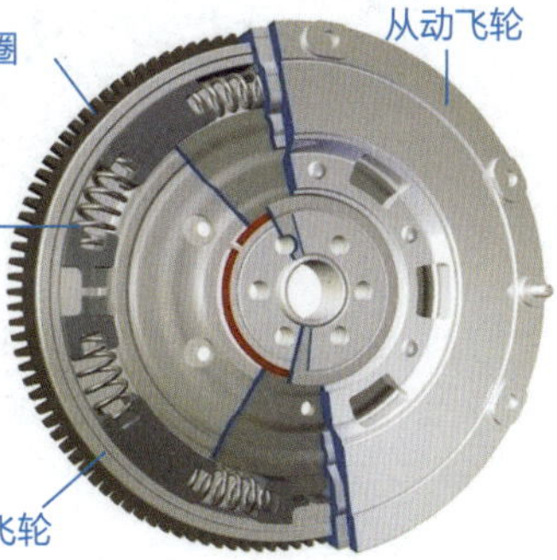

图 1-43　双质量飞轮

技师经验

双质量飞轮两部分错位容易引起发动机抖动，此时发动机的传感器等电控部分正常，排出故障时容易陷入僵局。双质量飞轮是两飞轮间用缓冲弹簧组合起来的，其作用是让车辆起步行驶比较平稳，起缓冲作用。同时双质量飞轮可以减轻扭转产生。

双质量飞轮工作时温度很高，如果车辆涉水，飞轮突然降温容易损坏，飞轮与离合器接合不正常，发动机会出现抖动、动力差、油耗高等故障。

第26问

为什么凸轮轻微磨损会引起怠速抖动？

配气机构功用是按照发动机的工作顺序，定时地开启和关闭进、排气门，以保证可燃混合气或新鲜空气得以及时进入气缸，并把燃烧后生成的废气及时排出气缸。如图 1-44 所示，配气机构包括气门组和气门传动组，气门组包括进气门、排气门、气门弹簧等元件，它是维持气门的关闭。气门传动组包括正时链轮或正时皮带轮、正时链条或正时皮带、进气凸轮轴、排气凸轮轴等元件，其功用是定时驱动气门开启，并保证气门有足够的开度和持续时间。

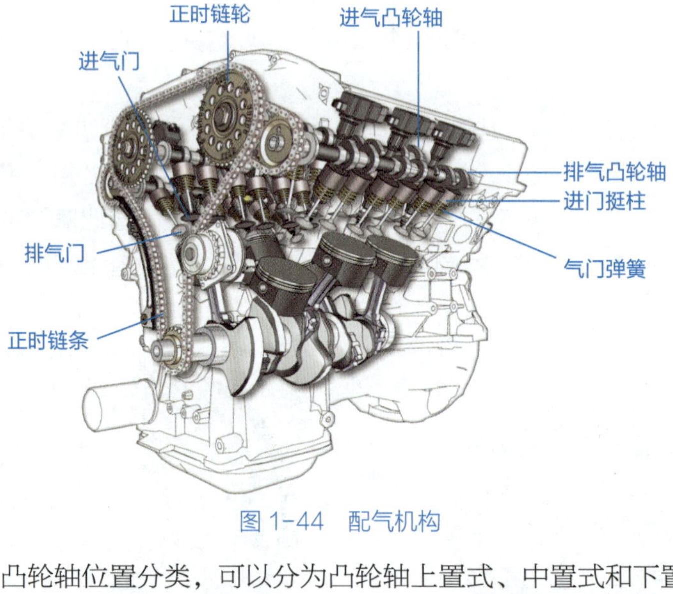

图 1-44　配气机构

配气机构按凸轮轴位置分类，可以分为凸轮轴上置式、中置式和下置式。轿车发动机凸轮轴通常位于发动机缸盖上，属于凸轮轴上置式。凸轮轴上置式有两种结构：一种是凸轮轴通过液压挺柱来驱动气门，另一种是凸轮轴通过摇臂来驱动气门，如图 1-45 所示。

配气机构按传动方式分类，可以分为链条传动式、皮带传动式和齿轮传动式，轿车一般采用链条或皮带传动。配气机构气门传动组主要包括凸轮轴、液压挺柱、正时链轮（或正时皮带轮）、正时链条（或正时皮带）、链条张紧装置等。

图 1-45　采用摇臂的配气机构

技师经验

配气机构的摇臂相当于杠杆，当凸轮出现较小的磨损时，经过杠杆的放大作用也会把磨损造成的影响放大，从而影响气门的开启时间和打开的升程，气门开启时间较晚，气门打开的升程不足会引起进气管路真空度偏低，发动机进气不足，因而会造成发动机怠速抖动。

第 27 问

凸轮磨损为什么引起高速回火？

轿车发动机气门传动组将曲轴的动力通过曲轴正时皮带轮（或正时链轮）、正时皮带（或正时链条）、凸轮轴正时皮带轮（或正时链轮），传给凸轮轴。凸轮轴轴承盖将凸轮轴固定支承在气缸盖上，如图 1-46 所示，凸轮轴支承轴径上还有润滑油孔，机油通过此润滑油孔可以润滑凸轮轴支承轴径和轴承盖。

技师经验

凸轮高度的降低改变了气门打开的升程，会导致发动机进气不足和排气不畅。转速较低时，发动机进气时间充足，排气量较少，燃烧时间相对充足，所以没有很明显的故障现象；但是转速高时，因为磨损后凸轮高度的降低，导致进气门开启晚，开度小，进气量严重不足，造成燃烧速度下降，同时排气门开启不足，不能及时排气，造成发动机在下一个工作循环时进气门已经开启，而气缸内的废气却没有及时排出。废气从打开的进气门倒流进入进气歧管，将进气歧管内的可燃混合气点燃，导致高速回火。

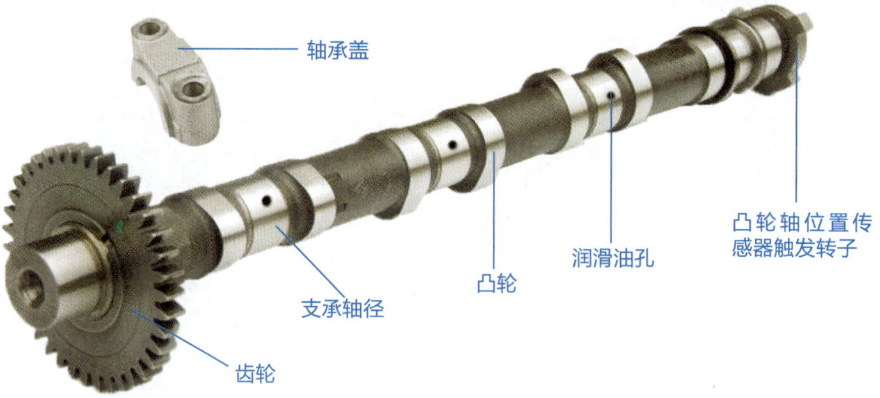

图 1-46　凸轮轴

维修案例 一辆切诺基行驶时发动机动力不足，而且当转速超过 2 000 r/min 时回火严重。据车主反映，该车几乎更换了电控系统的所有部件，还检查过正时，研磨过气门。检查无故障码存储，起动顺利，快怠速正常。进行基本检查，检查气缸压力、点火正时、配气正时记号以及燃油压力等都在允许的范围内。拆卸检查，发现 1、3 缸的进排气凸轮高度明显低于其他缸凸轮高度，将其更换后故障排除。

正时链条被拉长也会改变正时，为此大众 EA888 发动机上凸轮轴位置传感器和曲轴位置传感器可以检测正时链条的长度，当发现相关产生故障码，维修人员可通过张紧器的视窗，如果可以看到张紧器 7 圈，则需要更换正时链条，如图 1-47 所示。

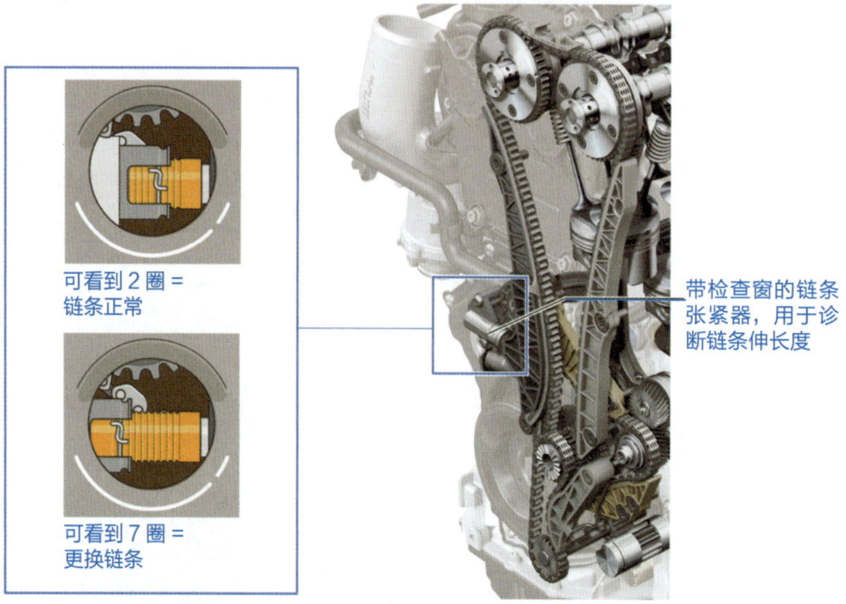

图 1-47　检查正时链条

第 28 问

为什么有液压挺柱还会有“气门响”？

气缸顶部如果有两根凸轮轴分别负责进、排气门的开关，则称为双顶置凸轮轴（DOHC）。如图 1-48 所示，凸轮轴上凸轮有特殊的轮廓，它的转动控制气门的开启时刻、持续时间及气门的打开升程。

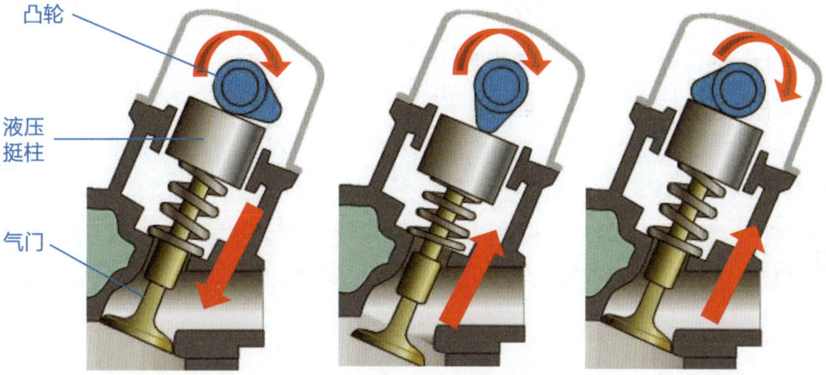

（a）气门开始打开　（b）气门升程最大　（c）气门已经关闭

图 1-48　凸轮轴控制气门打开过程

技师经验

凸轮轴质量不合格，在凸轮上有杂质或砂眼，导致强度不够，凸轮就会异常磨损，凸轮润滑不良也会容易磨损。当磨损量超过液压挺柱的极限补偿量，在凸轮轴运转时会拍打液压挺柱，产生和发动机同步的清脆金属敲击异响。

第 29 问

挺柱为什么引起发动机不能起动？

发动机工作时，温度变化大，由于热胀冷缩的原因，在发动机冷态时，需要在气门杆尾端留有间隙，以补偿气门受热后的膨胀量。为此，在常温装配发动机时，在气门杆尾端预留一定的间隙，此间隙称为气门间隙。

目前轿车发动机通常采用液压挺柱或气门间隙调节器来调节气门体间隙，如图 1-49 和图 1-50 所示。液压挺柱上有进油口，它能利用来自机油泵的机油自动变化长度。气门间隙调节器使用于带滚子摇臂的气门传动组中，其工作原理与液压挺柱类似。

（a）安装于气缸盖上的液压挺柱

（b）安装于气缸体上的液压挺柱

图 1-49 液压挺柱

图 1-50 气门间隙调节器

如图 1-51 所示，机油从气缸盖油道进入液压挺杆的柱塞，在机油压力的作用下，单向阀弹簧被压缩，单向球阀被打开，机油立即充满柱塞下的高压油腔；单向球阀回位关闭，柱塞上升，消除气门间隙。当配气机构中的运动件磨损后，由于机油压力保持一定，这时在机油压力的作用下，单向球阀打开，机油立即充满柱塞下的高压油腔，柱塞上升，气门间隙自动补偿。

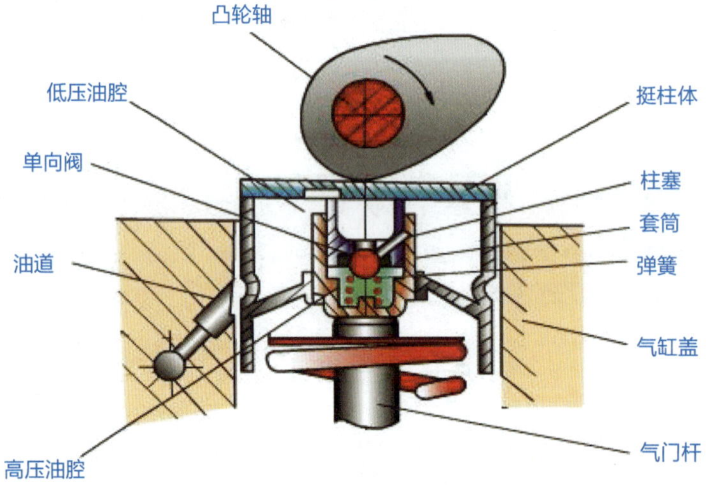

图 1-51 液压挺柱工作原理

维修案例 一辆吉利帝豪汽车早上不好起动，起动后无论冷热车，怠速又会出现抖动的现象。检查点火系统，正常。检查各缸压缩压力，发现 1 缸只有 560 kPa，4 缸只有 720 kPa（参考值不低于 980 kPa）。拆检后 1 缸和 4 缸的进气门未回位，挺柱卡死，取下挺柱检查，发现有磨损痕迹，挺柱孔有拉伤，更换气缸盖及挺柱后，故障排除。

技师经验

使用内径测量卡规测量气门挺柱导孔内径，用千分尺测量气门挺柱外径，计算气门挺柱配合间隙，此油隙一般不能超过 0.10 mm。否则需检查挺柱和气缸盖挺柱导孔的磨损情况，更换挺柱和 / 或是气缸盖。也可以采用经验法来检查挺柱和导孔的配合间隙，不涂机油安装挺柱稍有阻力，如涂上机油时，挺柱运转灵活，晃动时无间隙感为合适。

图 1-52　检查气门间隙

技师经验

气门磨短或液压挺柱损坏，会产生气门间隙，在气门杆尾端发出清脆有节奏的声音，通过如图 1-52 所示的方法进行检查。

第 30 问

换正时皮带时，为什么要换冷却泵？

发动机正时皮带或正时链条的主要作用是驱动发动机的配气机构，使发动机进、排气门在适当的时候开启或关闭，以保证发动机气缸能够正常地吸气和排气。在有些车型上，正时皮带还带动冷却液泵转动。

如图 1-53 所示，正时皮带属于橡胶部件，随着发动机工作时间的增加，正时皮带和正时皮带轮等都会发生磨损或老化。因此，在规定的周期内必须更换正时皮带及附件。一旦正时皮带发生跳齿或断裂现象，发动机则不能正常工作，会出现怠速不稳、加速不良或甚至损坏发动机。

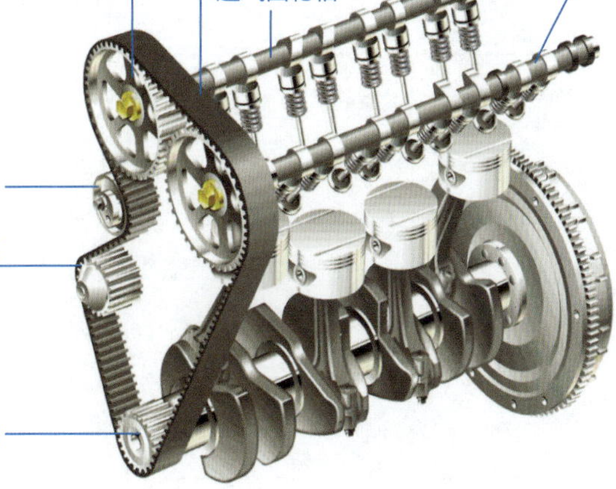

图 1-53　正时皮带和正时皮带轮

发动机正时传动广泛地采用了链传动系统，具有结构紧凑、传递功率高、可靠性与耐磨性高、终身免维护等显著优点。但正时链条和链轮高速运转，磨损快，温度高，所以必须要设计相应的润滑系统进行冷却和润滑。链传动系统主要包括主动正时链轮、从动正时链轮和正时链条，链轮通过键连接方式与凸轮轴或曲轴连接，正时链条和链轮上还有正时记号。

技师经验

更换正时皮带时，需要检查正时皮带轮是否正常，将皮带张紧机构也一起更换。一些发动机的正时皮带还带动水泵转动，要求在每一次（通常是 10 万 km）更换正时皮带时，一定要更换水泵，否则很容易发生因水泵卡死而导致的顶气门故障。由于水泵漏水，导致水泵突然卡死，从而等导致正时皮带断裂，出现顶弯气门的故障。

第 31 问 发动机上哪些位置有正时记号？

如图 1-54 所示，正时皮带、链条传动常用张紧器和张紧轮来保持正时皮带、链条在传动过程中适当的张紧力，从而避免皮带打滑，或避免同步带发生跳齿、脱齿而拖出，或者是防止链条松动、脱落，减轻链轮、链条磨损。

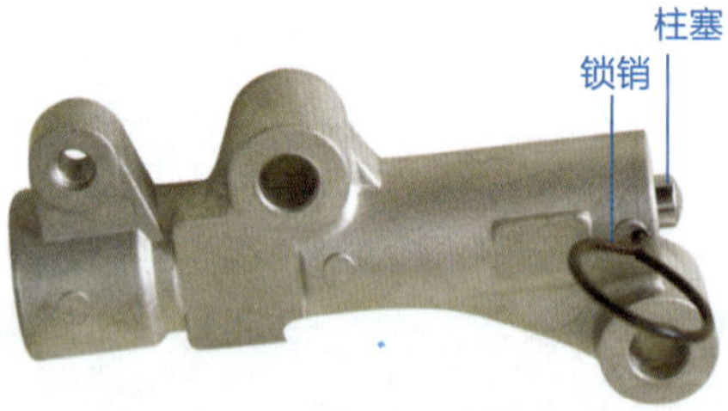

（a）张紧器

（b）张紧轮

图 1-54　正时皮带张紧器和张紧轮

维修案例 一辆别克威朗汽车发动机起动困难，起动后怠速不稳，加速无力且易熄火。检测无故障码，读数据流，进气压力为 70 ~ 80 kPa，喷油脉宽为6 ~ 7 ms；怠速为 870 r/min；发动机负荷为 40% ~ 50%；长期燃油调整为 −7%；短期燃油调整在 − 25% ~ 17%变化；低压燃油压力检测为 2.80 bar。进气压力高致使喷油量大和燃油调整等数据异常。检测真空度为 20 ~ 30 kPa，与进气压力符合，说明进气压力传感器无故障，检查真空无泄漏。检查正时发现曲轴上正时记号对齐时，第 1 缸活塞不在压缩上止点，进一步检查发现曲轴正时齿轮的定位销损坏。更换定位销后，故障排除。

技师经验

发动机机械部分故障会影响气缸压力、进气、排气等因素，对怠速的影响非常大。发动机机械故障可通过数据流、故障码、测量气缸压力、测量真空度等方法检查。检查正时需要全面，检查如图 1-55 所示，曲轴皮带盘，曲轴正时链轮（皮带轮），进排气凸轮轴正时链轮（皮带轮），平衡轴及冷却液泵等记号是否对齐，在记号对齐时，要检查第 1 缸活塞的位置是否在上止点，检查第 1 缸的进、排气门是否关闭，第 1 缸对应气缸的进气门是否刚刚打开，排气门是否将要关闭。更换正时链（正时带）时，需要更换与正时相关的张紧装置。

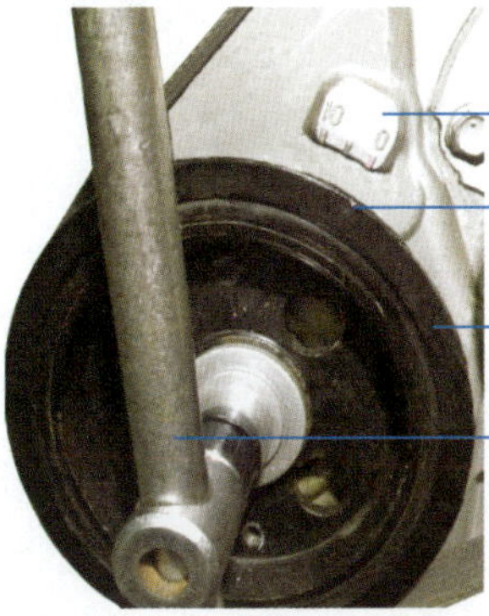

（a）皮带轮上记号

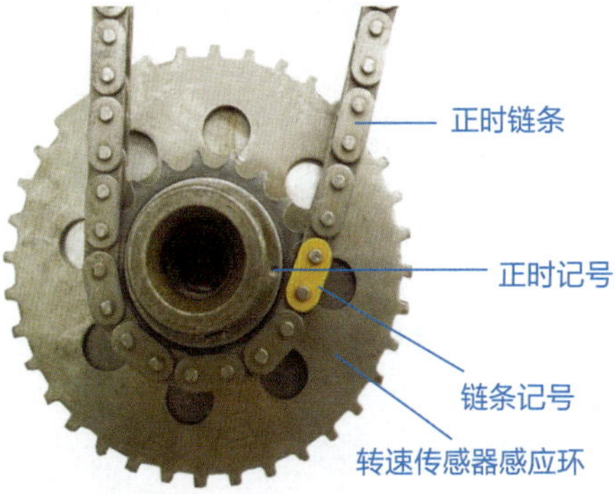

（b）曲轴链轮上记号

图 1-55　发动机正时记号

第 32 问
气门不漏气为什么会导致熄火？

发动机气缸内不断发生“爆炸”，必须持续输入新的燃料和及时排出废气，进、排气门在这个过程中就扮演了重要角色。进、排气门由凸轮控制，适时地执行“开门”和“关门”这两个动作，使新鲜可燃混合气（缸外喷射发动机）或空气（缸内喷射发动机）得以及时进入气缸，废气得以及时从气缸排出。

如图 1-56 所示，气门组主要由气门弹簧、气门弹簧座、气门锁片等组成。气门处于关闭状态时，必须有一定的预紧力，否则容易漏气。气门密封时的预紧力和回位，都是依靠气门弹簧实现的。

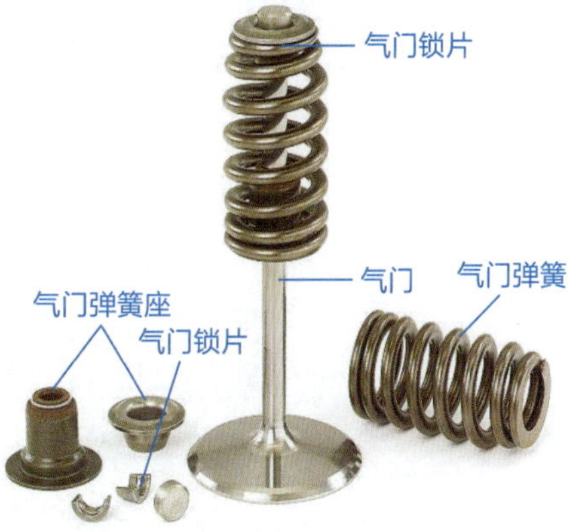

图 1-56　气门组的组成

如图 1-57 所示，气门包括头部和杆部两部分，气门头部的锥面用来密封，通常采用 45° 。气门杆部制成中空，可减轻质量。为了增加进气量，进气门通常比排气门大一些。因为一般进气是靠真空吸进去的，排气是挤压将废气推出，所以排气相对比进气容易。气门杆凹槽位置用于安装气门锁片，气门锁片可以将气门杆固定在气门弹簧座圈上。这也是为了获得更多的新鲜空气参与燃烧，因而进气门“头部”会大些。常见的发动机每个气缸有 2 个进气门和 2 个排气门。

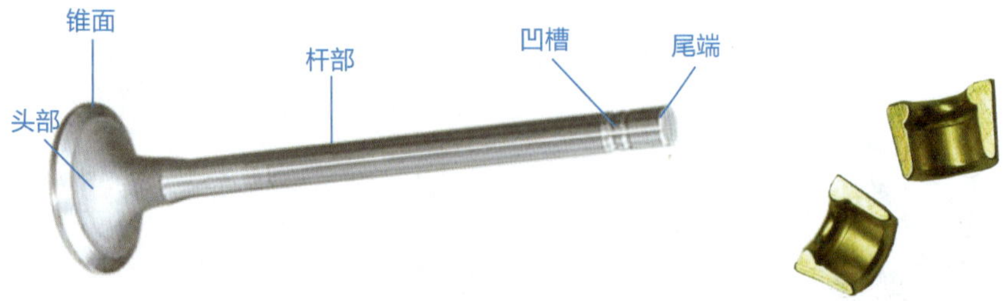

图 1-57　气门和气门锁片

维修案例 一辆福克斯冷起动后，发动机容易熄火，需要 2 min 后才能正常行驶。检测无故障码，数据流在正常范围，燃油压力正常。早晨起动发动机，迅速加速发动机出现回火，缓慢加速，发动机熄火。从发动机回火的角度分析，发动机混合气稀，怀疑气门上有积炭。拆下进气管发现，进气门和喷油器上积存了大量的积炭。拆下气缸盖，彻底清除气门、喷油器、气缸内的积炭。起动发动机，加速正常，故障排除。

第 33 问

气门损坏为什么影响变速器故障？

气缸盖上与气门锥面相贴合的部位称为气门座，其位置如图 1-58 所示。气门座的温度较高，又承受频率极高的冲击载荷，容易磨损。气门座圈镶嵌在气缸盖上，在气门关闭后，气门锥面和气门座圈要配合密封，不能留下一丝“门缝”，否则会漏气。气门座圈与气门座圈孔采用较大的过盈配合，可采用热装法或冷装法装配。

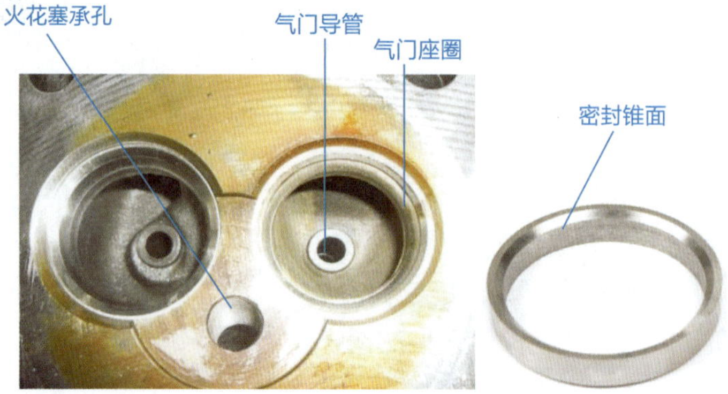

图 1-58　气门座圈

发动机进气门故障会引起进气不稳定，发动机进气不稳定会引起进气量信号波动，进而可能影响自动变速器液力变矩器中锁止离合器的控制。

维修案例 一辆别克君越轿车在自动变速器 3 挡跳 4 挡时，发动机和车身发生强烈抖动。进行路试检测故障发生时工作状态。跳挡时，TCC 阀（锁止离合器电磁阀）反复在工作与停止工作之间跳动，其状态变化与车辆抖动频率相同。更换 TCC 阀，无效果。影响 TCC 阀工作的主要信号：水温到达发动机预热温度；车速传感器提供的高车速信号；节气门体位置传感器提供的车辆不处于加速或减速的信号；进气歧管压力信号或空气流量计信号；驻车信号等。针对以上信号读数据流，发现空气流量计信号不稳定。检测气缸压力，发现 4 缸压力不足。判断是由于进气门关闭不严导致空气流量计信号波动，引起 TCC 阀来回跳动。拆缸盖检查，4 缸进气门烧蚀严重，更换进气门及座圈后故障排除。

第 34 问
气门导管故障为什么会引起失火？

气门导管的结构如图 1-59 所示，气门导管对气门的运动导向，保持气门正确的直线运动，使气门与气门座或气门座圈能正确贴合，还将气门杆接受的热量部分地传给气缸盖。为了防止气门导管在使用过程中松脱，有的发动机对气门导管用卡环定位。为了防止机油通过气门与气门导管之间间隙渗入气缸，在气门导管上安装气门油封。

图 1-59　气门导管和气门油封

技师经验

气门弹簧除了弹力减弱的可能，还可能会产生偏磨，使气门与气门导管磨损速度加快，气门与气门导管配气间隙大会漏气和漏入机油，机油进入气缸内会引起混合气燃烧不良，可能会引起失火的故障码，进而发动机抖动。

第 35 问
气门弹簧为什么会引起怠速抖动？

气门弹簧可以使气门自动回位关闭，保证气门与气门座的座合压力，吸收气门在开关过程中各传动零件产生的惯性力。如图 1-60 所示，气门弹簧采用圆柱形螺旋弹簧，一端支承在气缸体上，而另一端则压靠在气门杆端的弹簧座上，弹簧座用锁片固定在气门杆尾部。安装时，弹簧节距离大的一端朝上。

图 1-60　气门弹簧和弹簧座

高速发动机多数采用一个气门安装内外直径不同的两个气门弹簧，由于两个弹簧共振频率不同，这样可以防止共振现象。装用两个气门弹簧时，内外弹簧的螺旋方向应相反，这样可以防止折断的弹簧圈卡入另一个弹簧圈内。

技师经验

气门弹簧断裂，会引起气门回位迟缓。进气门回位迟缓使进入气缸的混合气被压回进气管，从而使气缸内进气不足，压缩压力过低。排气门回位迟缓使排出的废气又被重新吸入气缸。气门弹簧断裂使发动机工作不良，有可能产生故障码。气门弹簧折断后，在急加速松开加速踏板后，气门弹簧振荡，导致气门关闭不严，发动机抖动严重，怠速运转时，气门弹簧存在一定弹力，发动机基本平稳，在冷态下，机油压力还没有建立，气门挺柱不能正常工作，故障更加明显。

维修案例 一辆捷达轿车发动机出现怠速不稳的故障。连接检测仪，读出 17549—发动机负荷信号不可信的故障码。数据流显示发动机的进气量基本正常，说明故障是单缸工作不良引起的，检测 3 缸缸压为 2 bar，拆检发现 3 缸进气门弹簧断裂。更换气门弹簧后，故障排除。

第 36 问
正时记号对，为什么配气相位不对？

发动机运转时每个行程所占时间很短，为此，气门的开启和关闭时刻已不在上、下止点处，采用提前打开和迟后关闭的办法延长进、排气时间。为了清楚地表达气门提前打开和迟后关闭的时间，采用曲轴转角表示的进、排气门的开启时刻和开启延续时间，即配气相位。通常用环形图表示配气相位的关系，即配气相位图，如图 1-61 所示。

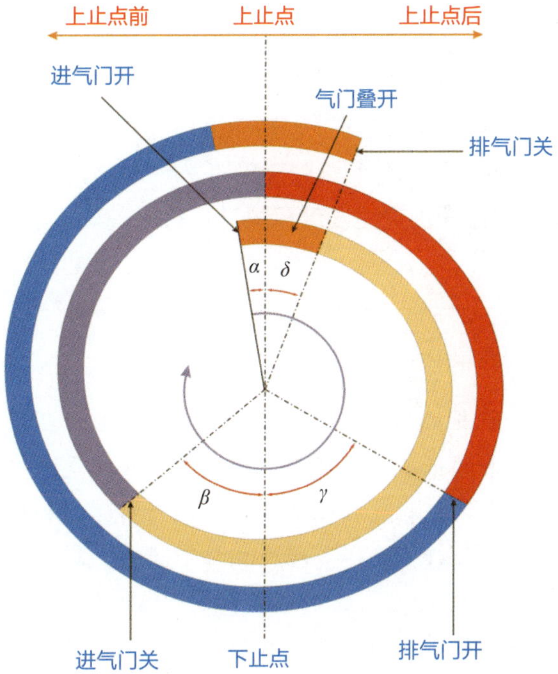

图 1-61　配气相位

进气门提前打开可以减小进气阻力，当活塞从上止点下行时，气门已经有了大的进气通道。从进气门开到上止点曲轴所转过的角度称为进气提前角，记作 α，α 角一般为 10° ～ 30° 。进气门迟闭可以利用进气气流的惯性多进气，增加进气量。从进气行程下止点到进气门关闭曲轴转过的角度称为进气迟后角，记作 β，β 角一般为 40° ～ 80° 。

排气门早开可以使排气行程开始时气门有较大开度，减少排气阻力。从排气门开启到下止点曲轴转过的角度称为排气提前角，记作 γ，γ 角一般为 40° ～ 80° 。排气门迟闭可以利用废气的惯性多排气，排气门要迟闭。从上止点到排气门关闭曲轴转过的角度称为排气延迟角，记作 δ，δ 角一般为 10° ～ 30° 。

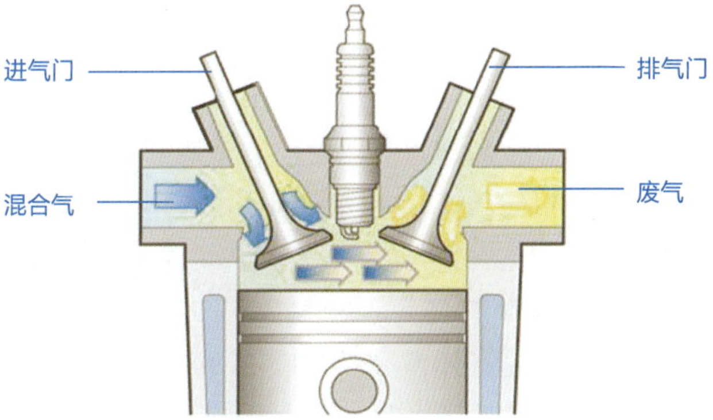

图 1-62　气门叠开

如图 1-62 所示，由于进气门的早开、排气门的迟闭使进排气门有同时开启的情况，进排气门同时开启所对应的角称为气门重叠角，其大小为 α 与 δ 之和。

维修案例 一辆搭载2.5 L发动机的奥迪A6轿车怠速时运转不平稳，检测仪检查到6缸有失火记录。检查火花塞、点火线圈、喷油器等，没有发现故障。检查汽缸压力，各缸均在1 100 kPa左右。推断故障可能在气门未按配气相位要求开闭，拆检发现6缸排气门侧一个凸轮和其对应的摇臂滚轮产生了不正常的磨损，分析该缸磨损的凸轮使怠速时废气排量偏小，使6缸在怠速时产生发动机抖动和失火，更换该凸轮轴和摇臂及滚轮后，故障排除。

技师经验

有的发动机疏于保养，配气机构的正时皮带容易出现断裂，凸轮轴采用正时链条传动的发动机也容易因为正时链条的张紧力不足而出现故障。即使发动机正时记号对齐了，并不代表配气相位无误。因为发动机配气相位是指气门的开启时刻和延续时间，因此还需要检查凸轮轴、摇臂、挺柱、气门杆长度等。配气相位不正确，影响发动机进气和排气，如进气行程时，进气门不能及时打开，进气量将不足，在压缩过程中，进气门不能及时关闭，气缸就无法建立压力，做功行程排气门不能及时打开，排气就不充分。排气行程和进气行程气门叠开角过大，会引起回火等故障。

第37问
拆装螺栓时需要注意什么？

为了使螺栓均匀受力，减少零件变形并使零件间配合紧密，拆卸螺栓时要对每个螺栓均匀用力，按顺时针或者对角的方向。通常拆卸时，按照“从两端到中间”的顺序，安装时，按照“从中间到两端”的顺序，分多次拆下或安装固定螺栓。

例如，拆卸气缸盖螺栓时，由外到内，对角并分几次拧松气缸盖紧固螺栓，如果不按正确顺序拆卸，有可能损坏气缸盖。安装气缸盖时，拧紧气缸盖紧固螺栓的顺序按拆卸时的相反顺序进行，也需要对角并分几次拧紧，如图1-63所示，先拧紧气缸盖中间的螺栓，再拧紧靠中间左右侧的螺栓，最后再拧紧两边外侧的螺栓。

为防止损坏螺纹，安装带有螺纹的零部件时，先用手将其拧入2 ~ 3圈后，再使用工具将其拧紧。缸盖塑性螺栓拧紧方法如图1-64所示，用力矩扳手和气缸盖螺栓拆装专用工具按紧气缸盖紧固螺栓。先使用力矩扳手拧至49 N·m，用油漆在气缸盖螺栓的前面做标记。按顺序号再将气缸盖螺栓拧紧90°，然后再紧固45°。检查并确认油漆标记现在与前端成135°。

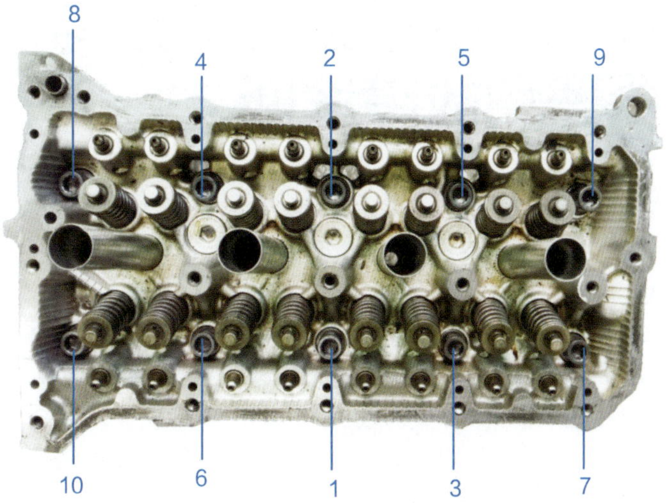

图 1-63　气缸盖螺栓拧紧顺序

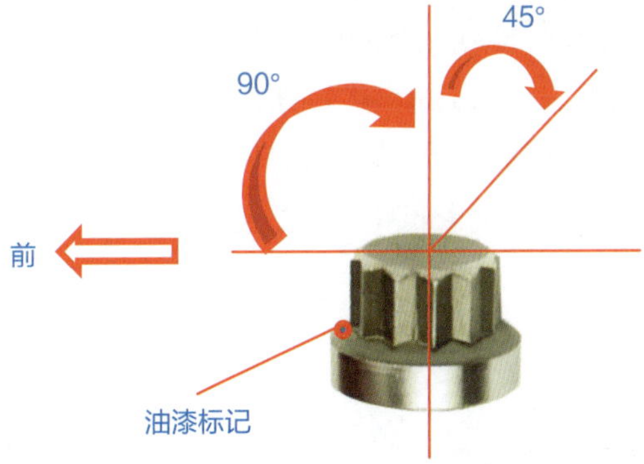

图 1-64　拧紧气缸盖固定螺栓

气缸盖螺栓在工作中受到很大的拉力，容易被拉伸而损坏，需要使用游标卡尺检查其长度和最小直径，如图 1-65 所示。如果气缸盖固定螺栓长度大于最大值或最小直径小于最小值，则更换所有的气缸盖固定螺栓。1ZR 发动机气缸盖螺栓最大螺栓长度为 86.7 mm，最小外径为 9.1 mm。

图 1-65　检测气缸盖螺栓长度

第2章 发动机供给系统的结构原理和故障诊断

第38问 空气滤清器壳体为什么会造成故障？

燃料供给系统包括空气供给系统，燃油供给系统和电控系统。发动机空气系统包括进气系统和排气系统。如图2-1所示，发动机进气系统包括空气滤清器、进气总管、进气软管、进气歧管、节气门体、空冷器（通常带有废气涡轮增压器的发动机才有）等。排气系统主要作用是将气缸内燃烧的废气排出到大气中，主要包括引导废气排出的排气歧管、排气总管、净化排气的三元催化器、降低噪声的消声器等。

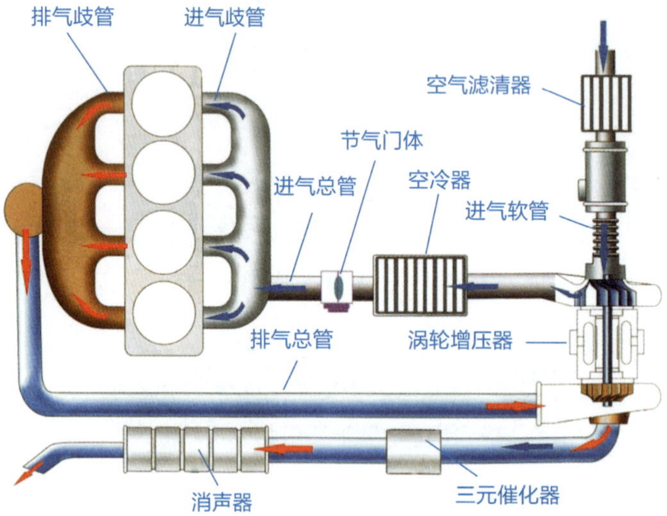

图2-1　空气供给系统

如图2-2所示，空气滤清器内部安装了过滤空气的空气滤芯，主要负责过滤空气中的杂质。空气滤芯一般是纸质的，使用到一定程度会出现被尘土堵塞等现象，一般汽车行驶5000～6000 km（或3个月）需要对其清洁或更换。

纸质空气滤芯一旦浸入油液或水分，滤清阻力就会急剧增大，检查空气滤芯如有潮湿或浸水的痕迹，必须更换新件。更换滤芯时，要避免油污，并清洁空气滤清器外壳。空气滤芯使用过一段时间后，空气中的灰尘及水分会使空气滤芯阻碍空气通过，即使清理了空气滤芯上的灰尘，依然会影响充气效率，此时发动机会产生混合气过浓等故障码及怠速不稳等故障。

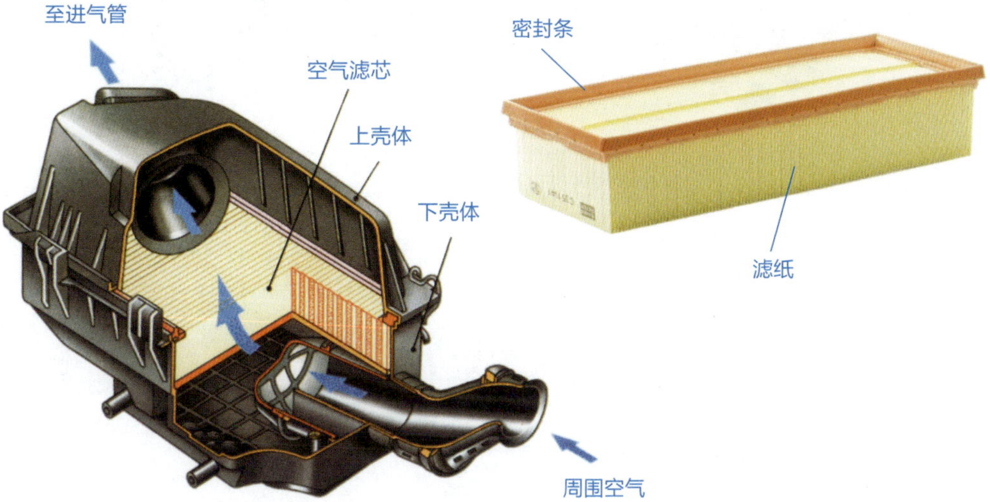

图 2-2　空气滤清器

维修案例 一辆搭载 1.8 L 发动机的科鲁兹汽车在事故维修后，故障灯常亮。故障码指示混合气浓，查看数据流发现长期燃油调整为 −25%（正常为 ±5% 以内）。查看数据流，怠速时测量空气流量值约为 3.15 g/s，而计算空气流量值约为 2.61 g/s，测量值比计算值多约 0.5 g。更换空气流量计，故障依旧。该车由于事故原因，更换过空气滤清器壳体，对比新旧空气滤清器壳体，发现新空气滤清器壳体前多了个进气格栅，分析进气格栅形成了紊流，使进气测量失准，再次更换空气滤清器壳体后，故障排除。

第 39 问
可变进气管系统会产生什么故障?

发动机进气管包括进气总管和进气歧管。如图 2-3 所示，进气总管包括进气软管和稳压箱等部分，稳压箱可以缓和空气的脉冲，进气软管可以起到缓冲和伸缩等作用。进气歧管位于节气门体与进气门之间，它是将混合气或空气均等分送到各个气缸，长形进气歧管具有进气脉冲效果，可调高气缸的容积效率。拆装检查进气管路时应注意：空气滤芯、节气门体等一旦从进气歧管上拆卸后，要防止异物掉入进气歧管内。安装时务必再次检查确认无异物，否则会对发动机造成严重损伤。

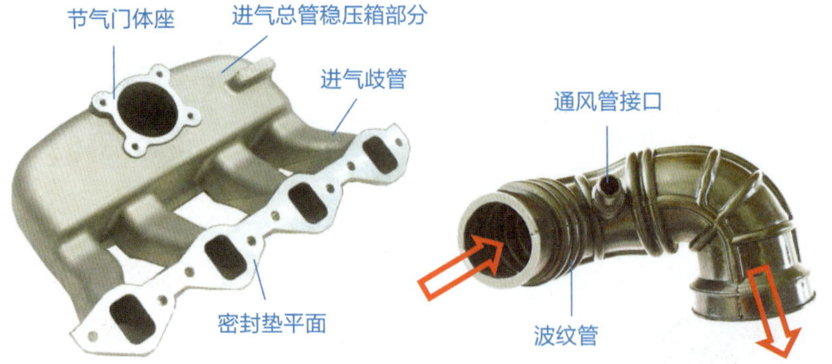

图 2-3　进气歧管和进气软管

可变进气歧管通过改变进气管的长度或截面积，提高燃烧效率。如图 2-4 所示，发动机低转速时，控制阀关闭，进气歧管变长，增加进气的速度和压力，让混合气混合更充分，使得发动机在低速时运行更平稳、扭矩更充足。发动机高转速时，控制阀打开，进气歧管变短，气流绕开下部导管直接进入气缸，这有利于增大进气量，使发动机高速运行更顺畅、功率更大。

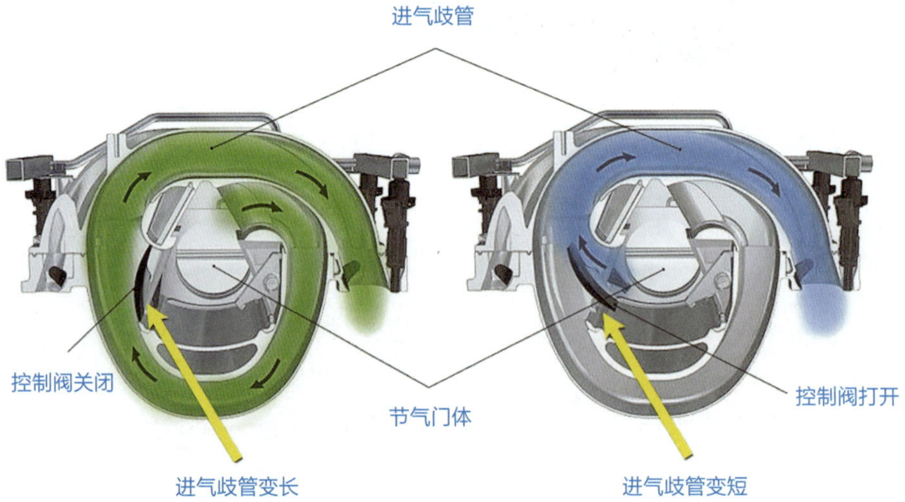

图 2-4　可变进气歧管

也有的发动机在进气歧管内设有涡流风门，发动机转速 3 000 r/min 以下时，风门处于初始关闭位置，进气流速在通道截面较小的条件下得以增加，满足低速形成较强进气的要求；发动机转速达到 3 000 r/min 后，涡流风门全开，加大进气截面以减小阻力，满足高速所需的充气量。

技师经验

发动机 ECU 通过电磁阀或真空电磁阀控制转换阀或涡流风门，真空电磁阀容易出现运行发卡及电路故障。通过检查其阻值，使用真空枪或压缩空气检查其导通情况即可判断其好坏。若可变进气管系统出现故障，会影响充气效率，发动机将出现加速困难。

维修案例 一辆四驱现代途胜行驶时明显感觉发动机动力不足。检测故障码 P0101—空气流量计电路及性能故障。发动机 ECU 将实际空气流量与计算值比较，出现较大偏差时设置该故障码。结合故障现象分析故障原因的可能性为：空气流量计、节气门体位置传感器、可变进气管、发动机 ECU 等。检查热膜式空气流量计的数据流，怠速时信号电压为 0.68 V（标准值为 0.6 ~ 0.8 V），3 000 r/min 时 1.8 V（标准值为 1.7 ~ 2.0 V）基本正常。检查节气门体位置传感器也无故障，检查可变进气歧管真空电磁阀，发现接线端子锈蚀，将其清理干净，故障排除。

第 40 问
节气门体会产生什么故障？

节气门体主要的作用就是控制进入气缸的空气量。现在很多发动机已经不采用传统拉丝控制的节气门体，而是采用电子节气门体，如图 2–5 和图 2–6 所示。电子节气门体上有电动机，电动机被 ECU 驱动控制节气门体开度。发动机维持自身运转的最低转速即为怠速。

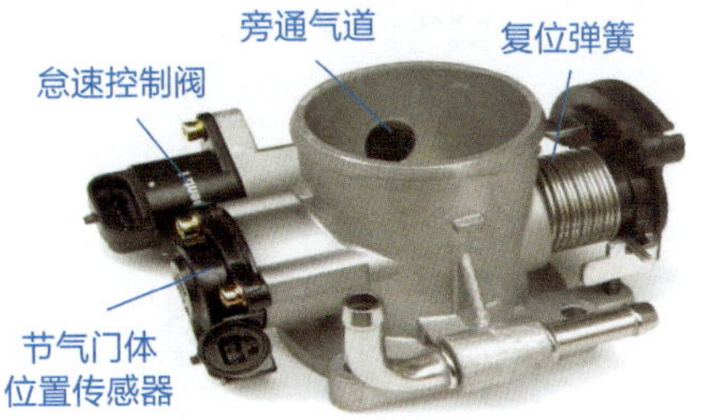

图 2–5　拉索控制节气门体

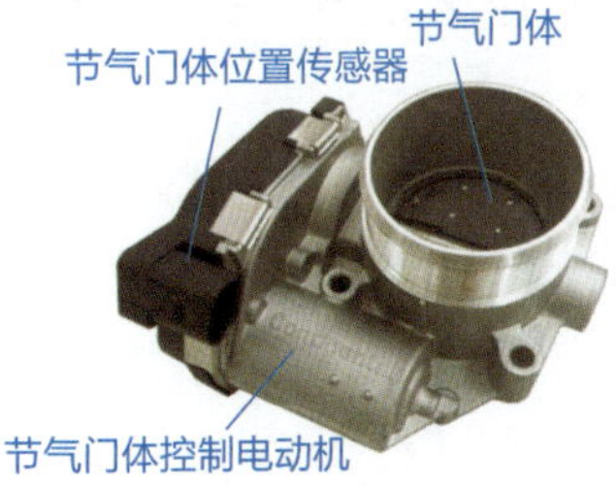

图 2–6　电动机控制节气门体

在怠速时，拉索控制的节气门体不打开，空气通过旁通气道进入气缸。为了避免低温时节气门体结冰，节气门体上连接冷却液管道上，用来对其加热。电子节气门体配合发动机电控系统工作，可以怠速控制、车辆循环控制、自动变速器控制、车身电子稳定控制等功能。

节气门体的清洗与检修流程如图 2–7 所示。许多轿车在清洗节气门体后，怠速升高，需要使用诊断仪进行调试。注意：清洗时勿将清洗剂喷口朝人，万一不慎将清洗剂喷到人体，用大量清水冲水，并立即就医。

技师经验

怠速不稳或怠速偏高一般是由于节气门体太脏引起的。节气门体太脏使怠速时的进气量减少，或是阀门卡滞引起进气量增加，节气门体电动机运转阻力增大，导致自由调节缓慢。这种故障，检查节气门体发现很脏，转动节气门体轴可能有卡滞的感觉，用清洗剂彻底清洗节气门体上的脏物，故障排除。

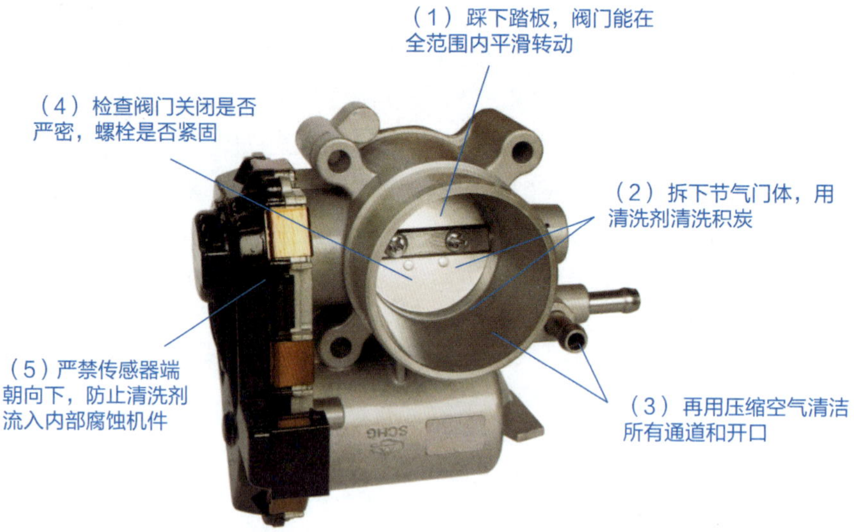

图 2-7　节气门体的清洗与检修

第 41 问
曲轴箱通风装置故障对机油有什么影响？

在发动机工作时，燃烧室高压可燃混合气和已燃气体，或多或少会通过活塞与气缸壁之间的间隙进入曲轴箱内。窜入的气体会造成稀释机油，降低机油的使用性能，形成油泥而阻塞油路，使曲轴箱的压力过高而破坏曲轴箱的密封等危害。为此，设置了曲轴箱通风装置。

目前发动机上普遍采用强制式曲轴箱通风装置，如图 2-8 和图 2-9 所示，曲轴箱内的混合气通过曲轴箱强制通风阀（PCV 阀）及通风软管导向进气管，返回气缸重新燃烧，这样既可以减少排气污染，又提高发动机的经济性。

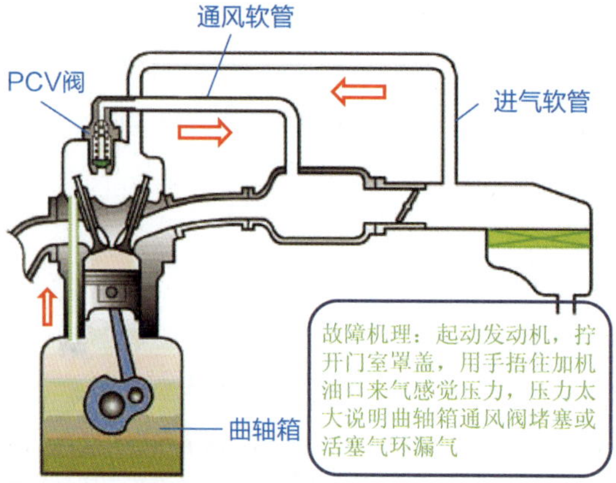

图 2-8　曲轴箱通风装置形式 1

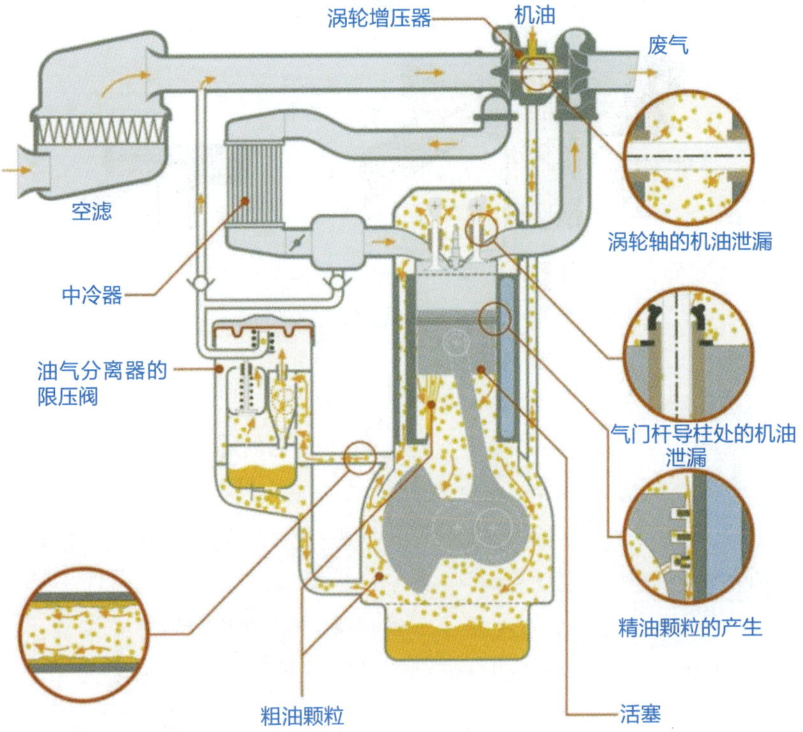

图 2-9　曲轴箱通风装置形式 2

PCV 阀属于单向计量阀，它可以控制通气量的大小，还可以防止气体或火焰反向流动。如图 2-10 所示，PCV 阀安装在气门室盖上。在发动机不工作时，PCV 阀在弹簧作用下保持截止状态。在发动机工作时，进气管的真空度作用在 PCV 阀上，怠速时真空度大，通流面积小，大负荷时真空度小，通流面积大。

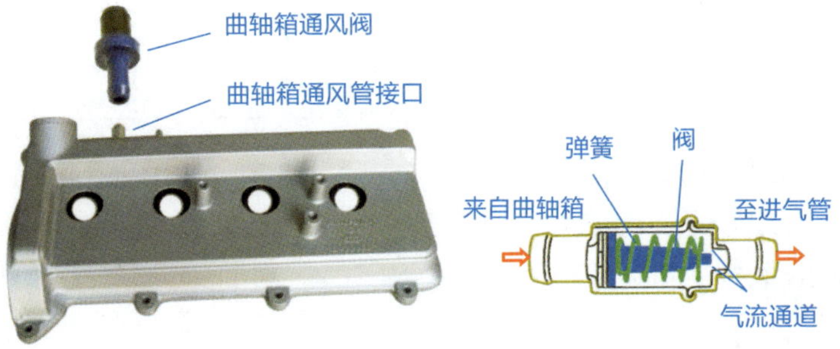

图 2-10　曲轴箱强制通风阀位置及原理

大众 EA888 发动机采用的曲轴箱压力调节阀工作原理和 PCV 阀基本相同，其结构如图 2-11 所示，在发动机真空度较小时，即发动机中速等工况时，曲轴箱压力调节阀处于打开状态，曲轴箱内的废气可通过曲轴箱压力调节阀进入进气歧管。当发动机怠速时，发动机进气歧管真空度大，曲轴箱压力调节阀处于基本关闭状态。

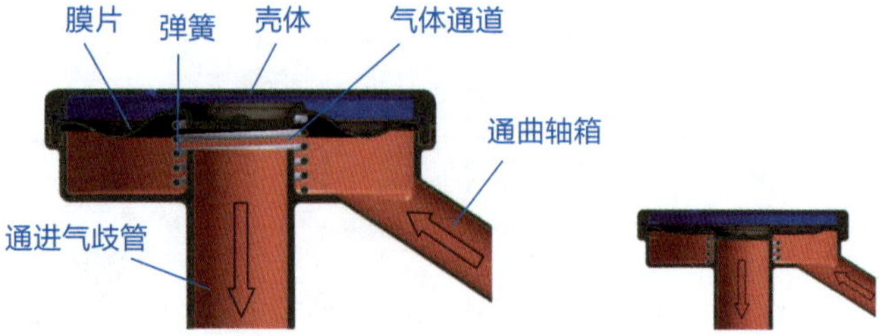

（a）打开状态 （b）关闭状态

图 2-11 曲轴箱压力调节阀的原理

技师经验

PCV 阀卡滞后大量的机油蒸气被吸入进气歧管继而燃烧，造成机油消耗过快、排气管冒蓝烟的现象。油气分离器损坏后，也会造成烧机油现象。冷态时，机油蒸气挥发到进气管中，机油蒸气会在节气门体孔和节流阀片上堆积并固化，当汽车放置一段时间后，导致节流阀片在节流孔内发生轻微粘连现象。

PCV 阀卡滞后，进入燃烧室的机油量如果过多，机油具有不可压缩性，这时连杆可能会弯曲。检查 PCV 阀时，可以测量曲轴箱的真空度，拿下机油尺，安装真空表，正常时，曲轴箱真空度为 0 ~ 1 kPa，如果真空度过大，如达到 30 kPa，说明曲轴箱通风阀损坏。

曲轴箱通风阀堵塞造成曲轴箱压力大，会造成气门室盖垫等处渗油。过高的曲轴箱压力，使得机油及蒸气反而窜入进气管路，造成空气滤清器脏污。

PCV 阀卡滞在长通位置会产生噪声，类似传动皮带的声音。同时，在机油尺或加机油口处可以感觉到气流吸力。

第 42 问 曲轴箱通风装置会产生什么故障？

曲轴箱排放物经过油气分离器后，机油从混合气体中分离出来，回到油底壳，气体进入进气管。如图 2-12 所示，有的油气分离器设置在气门室盖内部，让油雾撞击在其迷宫板上，渐渐汇集成比较重的机油油滴。如图 2-13 所示，有的油气分离器安装在气门室盖外，便于清理和更换。

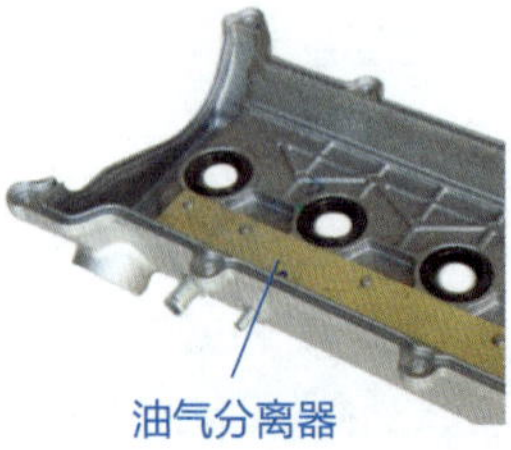

图 2-12 气门室盖油气分离器

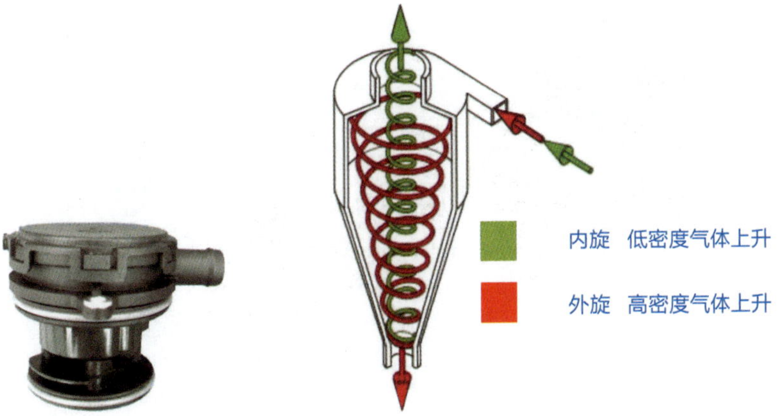

图 2-13　外置的油气分离器

维修案例一辆上海帕萨特加速时有异响。读取故障码 17544—混合气浓度过稀。读取 2 000 r/min 时数据流，负荷率为 24.1%，空气流量为 4.1 g/s，节气门体开度为 3.3%，短期燃油修正为 25.0%，混合气浓度实际值为 1.22。分析数据流，混合气稀导致喷油修正量已经到了闭环条件的边界。怀疑空气流量计测量有误，或节气门体后漏气。检查发动机的进气系统，发现曲轴箱通风软管老化破裂。更换软管试车，故障排除。

技师经验

D 型发动机（没有空气流量计的发动机）曲轴箱废气通风漏气程度大时，会引起进气歧管压力高（测量真空度变小），喷油量增加，怠速增高，发动机 ECU 可能会产生进气系统泄漏和怠速控制系统转速高于期望值的故障码，同时，发动机 ECU 为了降低转速，会控制怠速阀或节气门体电动机。此时，如果读取电子节气门体数据，会发现节气门体开度比正常时小。

L 型发动机（有空气流量传感器的发动机）曲轴箱废气通风漏气程度大时，会引起混合气浓度过稀。进而引起发动机混合气过稀的一系列反应，如产生过稀的故障码、氧传感器电压过低、燃油修正过大等。靠近曲轴箱通风阀的气缸容易污染，火花塞和进气道更容易产生积炭和油污，积炭和油污积累得多就会引起失火或难以起动，发动机因一个或两个气缸失火会出现怠速抖动故障。

大众 EA888 发动机的油气分离器分为粗粒机油分离器和细粒机油分离器。曲轴箱的油气经过粗粒机油分离器大致清洁后，经过气缸体内和气缸盖内的通道被导入微细机油分离器中，如图 2-14 和图 2-15 所示。

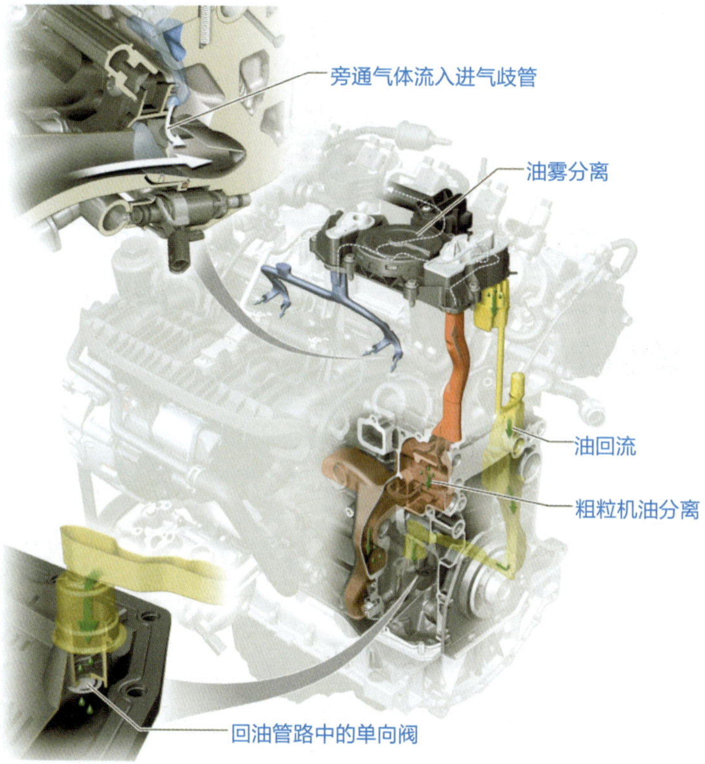

图 2-14　大众 EA888 发动机的曲轴箱通风装置

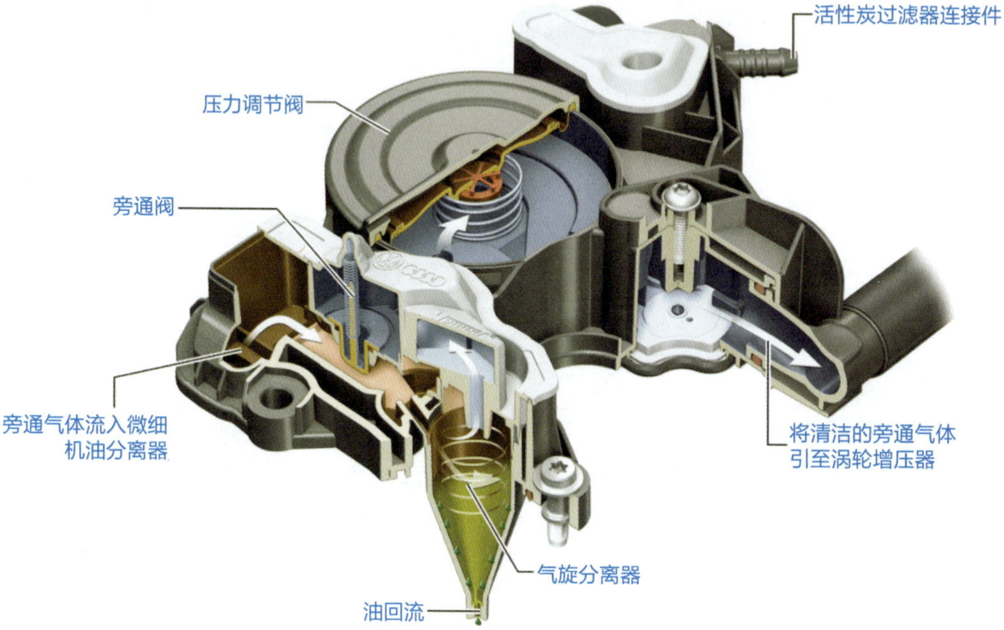

图 2-15　大众 EA888 发动机的油气分离器。

第43问 排气管漏水是什么故障?

目前一些发动机出现集成化，例如将排气歧管集成到气缸盖，废气离开气缸盖后直接排入排气总管，如图 2–16 所示。使用集成式排气歧管可显著降低涡轮增压器涡轮之前的废气温度。集成式排气歧管可让冷却液在发动机暖机阶段热得更快。排气歧管要防止排气出现紊流，各缸排气歧管尽可能独立，长度尽可能相等，如图 2–17 所示。排气软管能起到减少振动、降低噪声、方便安装等作用。排气管的密封垫表面采用纯紫铜的材料，紫铜材质非常柔软，可以起到良好的密封作用，中间层使用耐高温石棉材料，可以在高温工作环境下保持垫片良好的耐用性，如图 2–18 所示。

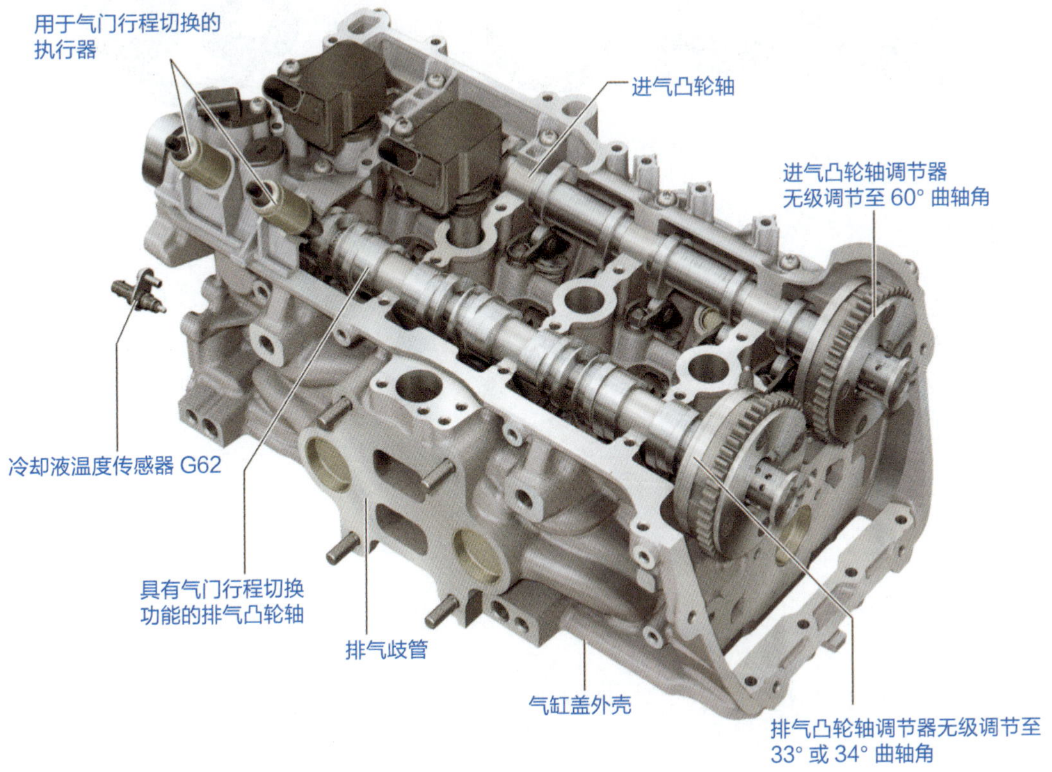

图 2–16　集成排气歧管的气缸盖

排气管通常使用吊胶悬挂在车身底板下，当车辆在有凹坑道路行驶时，容易碰伤排气管，如图 2–19 所示。

通过观察排气管道上有没有漏气的痕迹或破裂及其他损坏现象，如果存在漏气的现象，漏气处会留下黑色的烟煤；起动发动机，倾听或用手靠近排气管道感觉是否存在漏气。

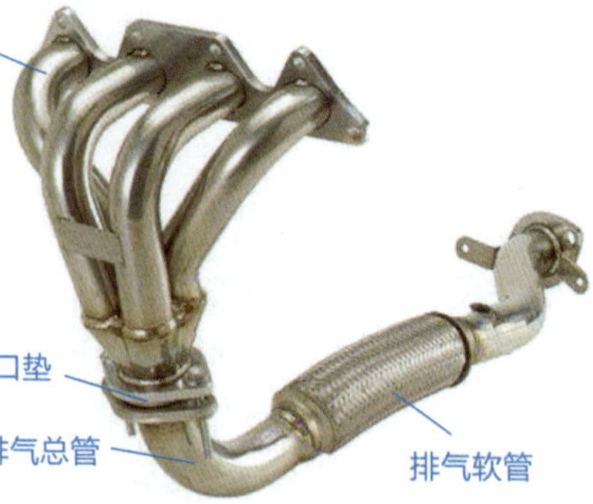

图 2-17　排气歧管

图 2-18　排气管接口垫

图 2-19　排气管吊胶

技师经验

排气尾管处少量漏水是正常现象，这是因为汽油完全燃烧后生成的水和 CO_2，水在高温下是水蒸汽，当气温低时，水蒸汽凝结成水。排气尾管处漏水量大时，此时应检查冷却系统，如果冷却液消耗过快，故障可能是冷却液进入了排气管路，需要采用对冷却系统加压等方法检查出故障部位。

第 44 问 消声器会产生什么故障?

排气消声器的作用是通过降低、衰减排气压力的脉动来消除噪声，其结构如图 2-20 所示。如图 2-21 所示，汽车消声器尾管又称汽车尾喉，它是安装在原装排气尾端的部件。汽车消声器尾管主要起装饰作用，它还能防止汽车尾气管变形外，起到减少噪声的作用。

图 2-20　消声器

图 2-21　消声器尾管

维修案例 一辆凯迪拉克轿车动力不足，排气歧管处的排气管密封垫烧毁，排出的热气已将排气歧管上方的继电器盒烤化，无法继续行驶。更换排气接口垫后，发动机仍加速不良，排气管排气无力，由此判定排气管堵塞。取下排气管整体，用压缩空气试验，排气管通气不畅，对排气管检查，发现是消声器堵塞。原来消声器曾被撞扁，外部用铁皮包裹焊接，故外部很难发现异常。

第 45 问
怎样发现三元催化器是否堵塞？

如图 2-22 所示，三元催化器是安装在汽车排气系统中最重要的机外净化装置，它可将汽车尾气排出的CO（一氧化碳）、HC（碳氢化合物）和 NO_x（氮氧化合物）等有害气体通过氧化和还原作用转变为无害的 CO_2、水和氮气。催化剂用的是金属铂、铑、钯，将其中一种喷涂在载体上，就构成了净化剂。

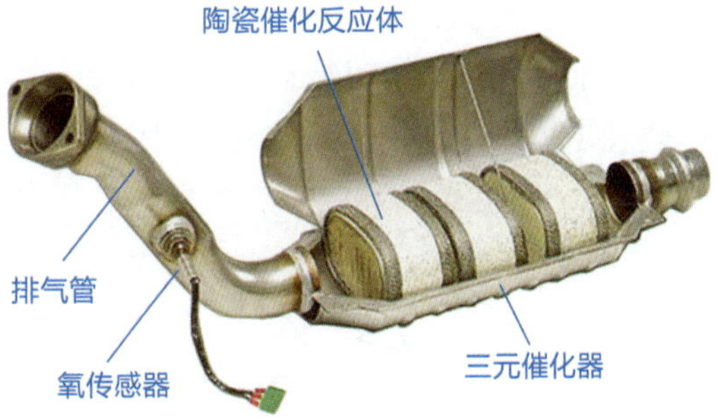

图 2-22　三元催化器

拆装检查排气管路时需要注意：在排气系统消声器、三元催化器等的检查与更换时要注意三元催化器的温度，以防烫伤。

检查三元催化器是否损坏。检查三元催化器外观是否有凹痕或其他损伤，是否存在斑点或变色；用橡胶锤敲击是否有物体移动的声音，如果有则说明三元催化器已经损坏。通过测量三元催化器氧传感器处背压或拆下三元催化器用手电筒照射等方法，检查三元催化器有无堵塞。

维修案例 一辆通用大宇最高车速只能达到 50 km/h，发动机最高转速只能达到 2 000 r/min。读取数据流，发现氧传感器信号电压为 0.9 V，极不正常。氧传感器电压偏高的原因包括混合气过浓、氧传感器损坏、三元催化器堵塞、发动机 ECU 故障等。联系该车的故障现象，可能性最大的为三元催化器堵塞，因为发动机 ECU 故障率低，氧传感器损坏不至于车速只有 50 km/h，混合气过浓往往伴随冒黑烟或尾气呛人等故障现象。拆下氧传感器，发动机加速马上正常了，更换三元催化器，故障排除。

故障机理：常见的三元催化器堵塞是在一定程度内堵塞，不会出现完全堵塞，因此，这种情况通常不会影响起动和小负荷，但会影响中大负荷。可能出现三元催化器转化效率低相关的故障码，三元催化器堵塞也会影响氧传感器的信号。

第 46 问 进气系统漏气有哪几种情况?

进气系统漏气的部位不同，其故障现象千差万别，因为漏气部位不同，其形成的故障机制也不一样，进气系统漏气包括以下 5 种情况。

（1）从外向内泄漏，主要包括从节气门体后方的进气总管、进气歧管、进气波纹管、真空管等处漏气，这种最为普遍，所以，通常漏气是指这种漏气。

技师经验

进气歧管垫密封不严导致的进气歧管压力值低，一般发动机表现为冷车怠速抖动，热车后漏气量减少，发动机抖动减轻甚至表现正常，动力略有降低（视泄漏情况而程度不同），加速松开踏板后，发动机转速高于怠速。

（2）从内向外漏气，涡轮增压式发动机可以从进气总管等处向外泄漏。

（3）从曲轴箱通风阀、EGR 阀、炭罐电磁阀等处向进气管内漏气。

（4）在节气门体阀门处向内漏气。

（5）节气门体前方漏气，发动机的进气先通过空气格栅、进气导入管、波纹管、空气滤清器后，再经过进气总管到节气门体，如图 2-23 所示。

图 2-23 发动机进气管路

第 47 问 怎样看懂真空度和绝对压力的数据?

进气系统漏气会使进气歧管真空度降低。如果用测量真空的方法进行检查，真空度会低于标准值（57 ~ 71 kPa），测量时，可以采用如图 2-24 所示的真空表。真空表常使用的压力单位有 MPa、kPa、bar、kgf/cm^2，它们之间的换算如下：1 MPa=1 000 kPa，1 bar ≈ 1 kgf/cm^2，1 bar ≈ 100 kPa。真空度与绝对压力、表压力关系如图 2-25 所示，例如发动机怠速时的真空度等于 70 kPa 左右，换算成绝对压力为 100 kPa（大气压力）- 70 kPa=30 kPa。

图 2-24　真空表

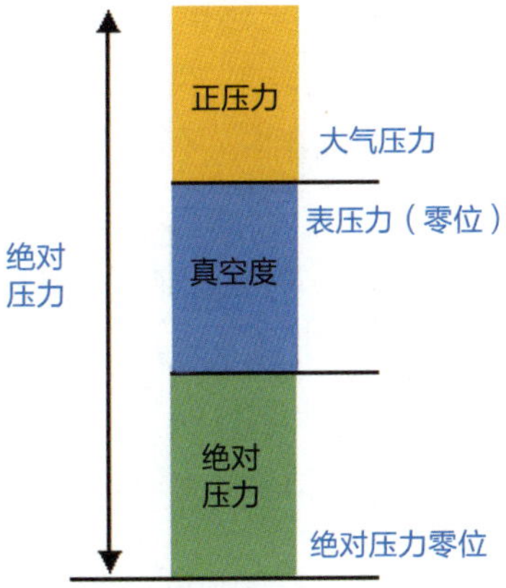

图 2-25　真空度与绝对压力、表压力关系

技师经验

如果漏气部位在节气门体与进气歧管之间，那么漏气对各缸的影响几乎相同，测量真空时，真空表的指针是稳定的；反之，如果漏气部位在进气歧管等部位，那么漏气对各缸的影响是不同的，真空表的指针会抖动。

第 48 问

怎样发现劣质燃油引起的故障？

燃油供给系统是燃料供给系统最主要的组成部分。目前普通（缸外）喷射发动机主要指将燃油喷射在进气歧管的发动机，其燃油供给系统主要由燃油箱、燃油泵、燃油滤清器、燃油分配管、喷油器、燃油压力调节器、回油管等组成，如图 2-26 所示。目前，很多发动机已经取消了回油管。

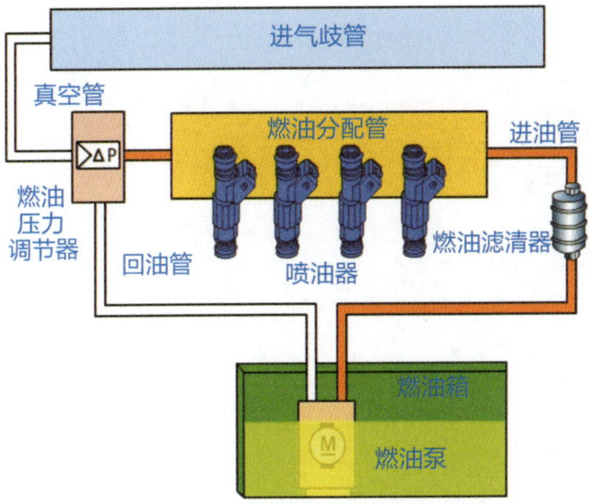

图 2-26　缸外喷射发动机燃油供给系统

燃油供给系统当然包括燃油，燃油中有水分或其他杂质或劣质燃油会引起复杂的故障，例如，发动机抖动、失火、加速不良等故障，通过故障问诊，观察劣质燃油对机油的影响，发动机燃油消化率变化等情况进行故障诊断。

维修案例 一辆奥迪 A6 1.8T 轿车行车时加速无力，同时伴随明显的气门异响。检查发动机供电与供油系统均正常，机械系统也正常。气门异响可能是机油润滑不良引起的，检查机油，感觉色泽与正常的有明细区别。怀疑劣质燃油腐蚀了机油，同时劣质燃油引起发动机无力。更换燃油，更换机油，故障排除。

技师经验

劣质燃油对发动机的影响如下。

（1）燃油中胶质和杂质会堵塞喷油器、燃油泵及滤网、燃油滤清器等，发动机因此出现加速不良或熄火、无法起动的故障。

（2）燃油中胶质和杂质在进气管道形成积炭，积炭对发动机产生多方面的影响，使发动机性能下降，甚至起动困难。

（3）有的劣质燃油抗爆性能很低，点火提前角可能被延迟到 −20° ，发动机加速无力。

（4）发动机异响且噪声大。发动机燃烧劣质燃油容易产生爆燃，发动机会产生敲缸的异响。发动机燃烧劣质燃油废气排放超标，废气到达曲轴箱，腐蚀机油，使发动机润滑性能变差，发动机噪声变大。发动机液压挺柱因机油差而工作不良，气门间隙变大，出现气门脚异响。

（5）劣质汽油不能充分燃烧，产生的功率不足，发动机出现怠速不稳定，燃油消耗率增大。劣质燃油还容易堵塞排气通道，影响氧传感器信号的准确性。

（6）如果燃油中有水，水会停留在油箱的底部，随着汽车行驶的颠簸同时一部分脏水进入油路，使混合气质量变差，造成行驶中坐车、加速动力不足的现象。

（7）燃油品质不良，导致燃烧后剩余氧含量增加，发动机控制单元认为混合气稀，一直增加喷油脉宽。当发动机控制单元调整达到最大值时，仍不能改变混合气稀的情况，发动机 ECU 会产生负荷超过上限等故障码。

维修案例 一辆雪佛兰发动机故障灯亮。读取故障码 P2097—后催化剂燃油调节系统上限。检查油压，低压侧为 400 kPa，高压侧为 3000 kPa，正常。进气压力为 40 kPa，说明无漏气。清洗喷油器，故障依旧。更换燃油，故障排除。

技师经验

维修时，问诊顾客，如果加油后出现加速挫车、急加速回火、怠速不稳、爆燃等现象，应考虑到燃油质量问题。一般劣质燃油很难辨别，可通过更换好的燃油，观察故障现象予以确认。

第 49 问

燃油泵滤网为什么会造成偶尔故障？

电动燃油泵的作用是提供给燃油供给系统足够压力的燃油。通常燃油泵安装于油箱内，与燃油油量表测量装置结合为一个整体。电动燃油泵的结构如图 2-27 所示，由电枢、电刷、单向阀、卸压阀等组成。油泵转子通电时旋转将燃油从进油口吸入，当达到一定值时，顶开单向阀经出油口输出。单向阀用于在电动燃油泵不工作时阻止燃油流回油箱，保持油路中有一定的残余压力，便于下次起动。滤网安装在电动燃油泵燃油入口，用于过滤大的杂质。

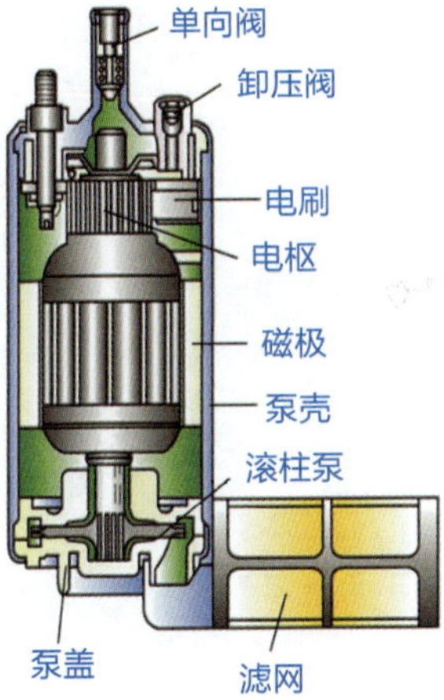

图 2-27　电动燃油泵的结构

维修案例 一辆吉利帝豪汽车发动机怠速时游车，运转无力，排气管没有冒黑烟，故障灯也未亮。用诊断仪诊断无故障码，发现火花塞跳火强烈。进行燃油压力检测，发现压力为 180 kPa，影响其压力的原因有燃油压力调节器和燃油泵，拆卸燃油泵，如图 2-28 所示，发现燃油泵出油口燃油管有裂纹漏油，更换软管，故障排除。

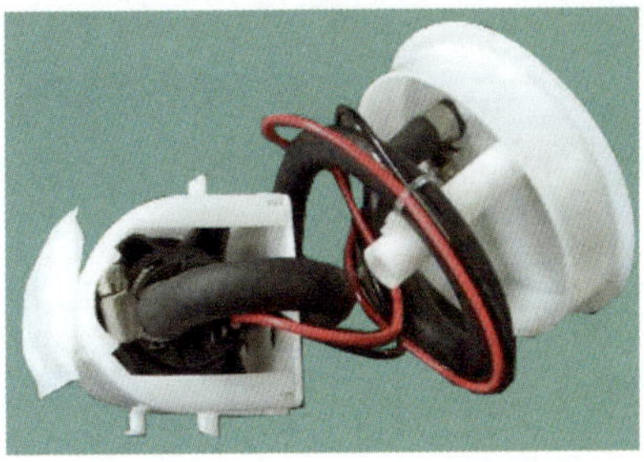

图 2-28　燃油泵出油口位置

技师经验

汽车长时间使用后，燃油泵滤网上有很多泥沙状的脏污，这会使发动机高速或加速时供油不足，车辆产生加速性能不佳或无高速等故障。有的车辆因燃油泵滤网而使得燃油压力过低，发动机因混合气过稀而熄火。但发动机熄火后，燃油泵停止转动，脏东西没有吸力掉下来，滤网没有堵死，发动机又能起动。当燃油泵转动后，脏东西又被吸到滤网处，造成堵塞不能吸入油的故障。由于油压低，造成混合气经常过稀，数据流中的长期燃油为正值。

第 50 问
燃油滤清器会造成什么故障？

燃油滤清器主要功能是滤除燃油中的杂质。一般 4 万 ~ 6 万 km 需要更换燃油滤清器，如果燃料杂质含量大时，燃油滤清器内部的滤纸容易堵塞，更换里程应相应缩短。如图 2-29 所示，燃油滤清器上标有燃油流动方向，不能装反。当更换燃油滤清器或油管后，油路中没有足够的油压会影响发动机起动。可以打开点火开关拨至 ON 挡，2 ~ 3 s 后，拨至 OFF 挡，如此重复 3 ~ 5 次来补充油压。

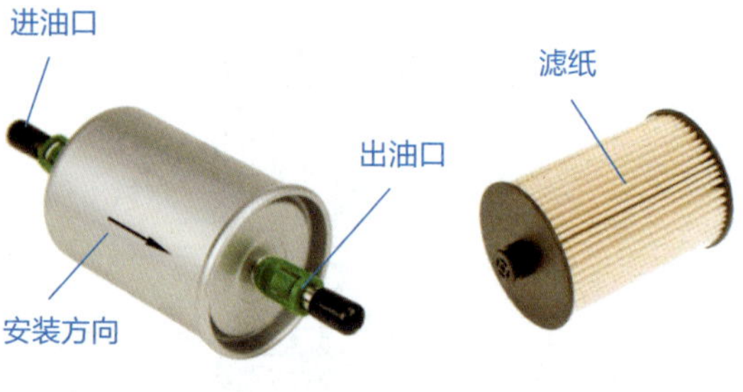

图 2-29　燃油滤清器

技师经验

燃油滤清器滤芯的脏堵会造成供油不畅，在怠速及小负荷时，由于耗油量少，供油量可以满足行驶需求，此时发动机基本正常，测试此时的燃油压力也会正常。随着转速的升高，耗油量也越来越大，由于脏堵滤芯的限流作用，造成供油不足，高速时汽油压力不足，造成混合气过稀，导致故障发生。

第 51 问
燃油压力调节器会造成什么故障？

燃油压力调节器的结构如图 2-30 所示，由真空管接头、弹簧、阀门等组成。其功能是使燃油管路与进气歧管之间的压力差保持恒定的 0.25 ~ 0.30 MPa，这样 ECU 控制喷油器通电时间长短就可以精确控制喷油量。

传统燃油系统油压调节器紧挨发动机，而发动机室内平均温度高达 70 ℃以上，燃油在高温下会变成蒸气而使油路产生热气阻，使发动机产生怠速不稳、加速不良等。

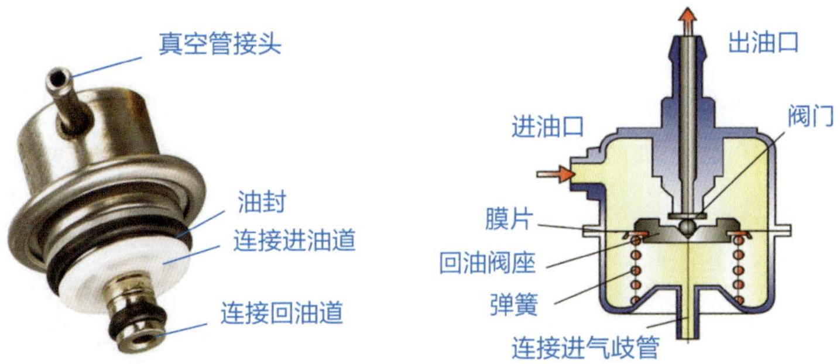

图 2-30　燃油压力调节器的结构和原理

维修案例 一辆斯巴鲁森林人汽车热车停车 10 min 后无法着车。发动机起动后，加速良好。检测起动瞬间的油压，打开点火开关，油压能瞬间达到 500 kPa 以上，怠速工作时油压逐渐降到 330 kPa。排气管出口有很多黑灰，说明混合气过浓。怠速时，拆下回油管，发现没有回油。更换燃油压力调节器，试车，故障排除。

第 52 问　换燃油滤清器后油压为什么升高了？

为了保证能提供足够的燃油压力和油量，必须提供比实际需要更多的油量，这使燃油多次往返流动而升温，因而会造成燃油箱内产生大量的燃油蒸气。为了减少燃油箱内产生燃油蒸气，很多汽车采用了无回流燃油供给系统。无回流燃油供给系统的压力调节器如图 2-31 所示，它没有和真空管连接，无论发动机工况如何，压力调节器保持稳定的压力。ECU 快速改变喷油器的脉冲宽度来适应当前工况的燃油量。

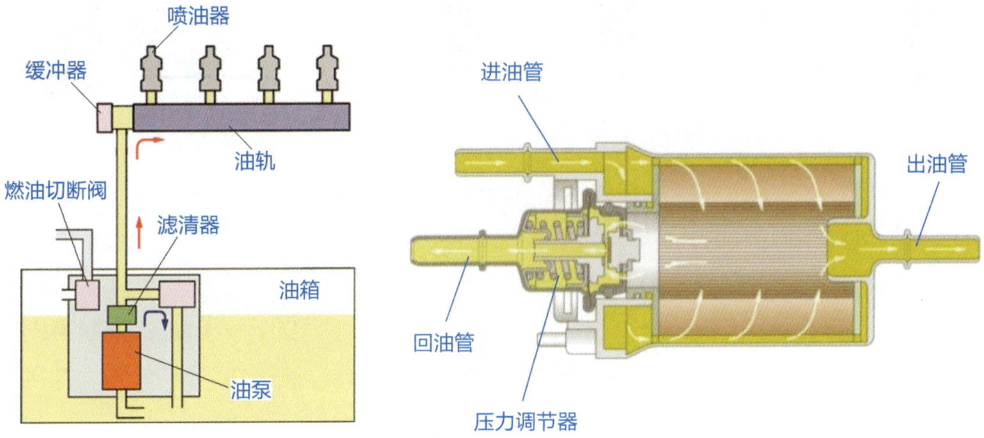

图 2-31　无回流燃油供给系统压力调节器

技师经验

燃油系统压力过高的故障出现不多，缸外喷射的发动机用油压调节器调节油压，缸内喷射的发动机用电脑通过电磁阀油压调节器调节油压。如果调节油压过高，就会造成混合气偏浓，使燃烧不完全，导致怠速抖动耗油量增大等。

维修案例 一辆奥迪 A6 L2.4 发动机故障灯点亮。读取故障码显示，第一列和第二列系统太浓。测量燃油压力为 6 bar，查找维修手册，正常燃油压力为 4 bar，说明燃油压力太高。奥迪 A6L 燃油压力调节器安装在燃油滤清器内部，因此，在燃油滤清器上有一条回油管。检查燃油滤清器，上面标有 6 bar 字样，说明使用的燃油滤清器型号不对。更换燃油滤清器，故障排除。

第53问

喷油器会造成什么故障？

如图 2-32 所示，喷油器安装在燃油分配管上，燃油分配管的功用是将汽油均匀、等压地输送给各缸喷油器。由于其容积较大，有储油蓄压、减缓油压脉动的作用，如图 2-33 所示。

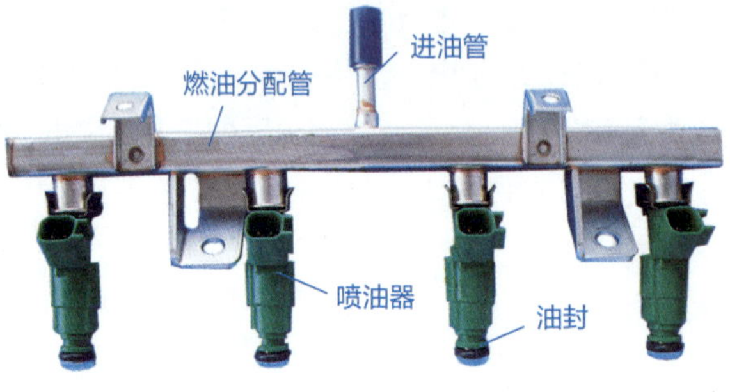

图 2-32 燃油分配管

图 2-33 燃油分配管脉动衰减功能

喷油器的结构如图 2-34 所示，主要由滤网、电磁线圈、阀体、阀座、复位弹簧等组成。当喷油器的电磁线圈接通电流时，线圈产生电磁力吸引阀体，当电磁吸力大于复位弹簧的弹力，阀体上升阀门被打开，燃油从喷孔喷出。

喷油器是电控系统的执行器，电控单元根据发动机不同的运转状况，控制不同的脉冲宽度信号给喷油器，喷油器接收 ECU 送来的喷油脉冲信号，根据信号的长短，精确地控制燃油喷射量。

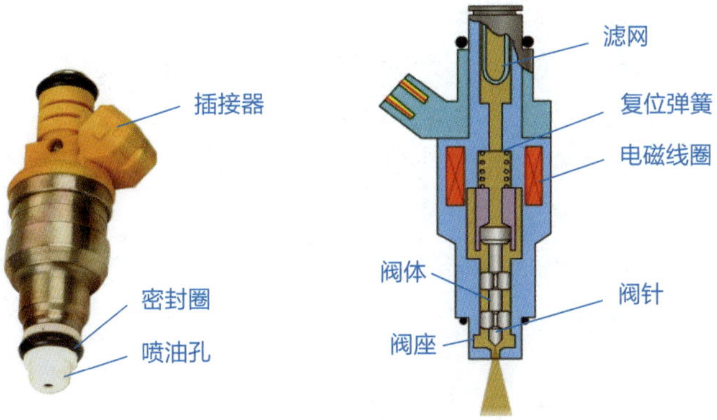

图 2-34　喷油器结构和原理

维修案例 一辆迈腾 1.8TSI 轿车的 BYJ 发动机，发动机抖动严重。试车发现加速无力，读取数据流：760 r/min，长期燃油修正量为 22.70%，负荷率为 36.10%，喷油脉宽为 3.06 ms，空气流量为 5.69 g/s，点火提前角为 8.3° ，燃油高压端油压为 4.32 MPa。分析数据流，长期燃油修正量偏大，说明混合气稀，喷油量 3.06 ms 的喷油量很大，油压正常，只能是喷油器堵塞了。拆了喷油器检测，确有堵塞，清洗喷油器，故障排除。

第 54 问

燃油系统如何泄压?

拆卸燃油供给系统都应该泄压，否则高压的燃油喷射出来非常危险。缸外喷射发动机和缸内喷射发动机泄压方法不同。

1. 缸外燃油喷射发动机泄压方法

通过断开燃油泵熔丝、或燃油泵继电器、或燃油泵连接器（见图 2-35）等方法，断开燃油泵电路。起动发动机，待发动机自动熄火后，关闭点火开关。再次起动发动机，确认发动机不起动。

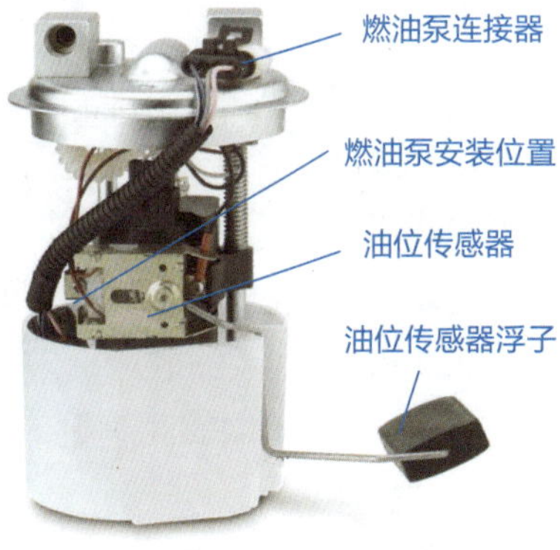

图 2-35　燃油泵连接器

技师经验

根据维修经验，需要重复起动发动机 2 ~ 3 次。在等待发动机自然停止时，不要提高发动机转速或行驶车辆。进行卸压之后，燃油管路中保留部分压力。断开燃油管路时，用棉丝抹布或一块布盖住，以防燃油喷出或涌出。

2. 缸内燃油喷射发动机泄压方法

（1）先拔下炭罐电磁阀插头，让该电磁阀断电处于截止状态。

（2）再拔下燃油泵熔丝，让燃油泵停止工作。

（3）连接诊断仪，起动发动机，观察燃油压力在下降，当燃油压力在 6 ~ 8 bar 时，关闭发动机，以防止三元催化器损坏。

（4）拆卸喷油器或其他燃油系统部件。

（5）完成维修后，清除故障码。

第55问

如何检查燃油系统压力？

可以用诊断仪读取缸内喷射燃油系统高压压力，其低压部分的燃油压力可参考如下缸外喷射发动机燃油系统压力的检查方法。在燃油系统卸压后，准备如图 2-36 所示的燃油压力表，然后安装燃油压力表，1ZR 发动机标准燃油压力为 304 ~ 343 kPa，发动机停机后 5 min 燃油压力不低于 147 kPa。

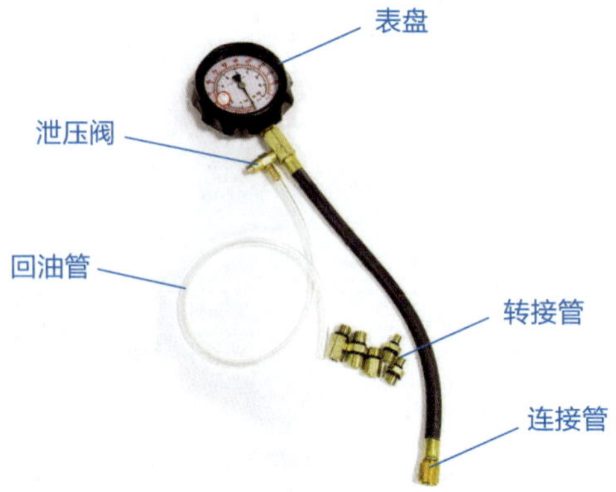

图 2-36 燃油压力表

（1）在拆卸油管之前，应擦除燃油滤清器进出油管接口处的污物，在拆卸油管后，应用碎布将进油管和出油管堵住，避免污物进入油管内污染燃油，加剧喷油器的磨损或会造成喷油器堵塞。

（2）拆卸和安装油管时，可以在鲤鱼钳和油管之间垫放棉纱或碎布，避免用鲤鱼钳直接夹在油管上而损坏油管。

（3）燃油箱内燃油严重不足时，不要运转发动机，防止未燃混合气进入三元催化器后对其造成损坏。

（4）避免橡胶或皮制零件接触到汽油。

（5）作业位置附近不能有任何火源及高温设备。

技师经验

测量燃油压力包括预置压力、供油压力、调节压力、供油量、残余压力等，要根据不同的故障现象，选择测量燃油压力的内容。维修人员检测系统油压时不仅要会读压力表的数，还要会观察油压表指针的变化，然后去分析变化的起因。

故障机理 燃油残余压力主要是解决热车起动问题，因在发动机较高温度时关闭发动机，此时，发动机冷却系统不再工作，发动机实际温度要回升，若燃油管中的油压过低，可能产生气阻，导致热起动不良，对冷车起动影响不大。该车可先接好油压表，观察打开点火开关和起动中的燃油压力变化，即可发现燃油系统压力建立过慢的问题。

第 56 问 燃油系统压力过低有哪些原因？

燃油系统压力过低会造成混合气过稀，燃烧速度慢，导致冷车难起动，怠速不稳，动力不足，甚至产生回火等故障现象。燃油系统可能会出现怠速时油压正常，而加速时油压不足，这是因为怠速和加速时消耗的燃油量不同。造成油压过低的故障原因包括以下方面。

1. 压力调节器回油量过大

当发动机怠速时，燃油消耗量小，燃油泵泵油量大于耗油量和回油量，所以发动机运转正常；高速时，燃油消耗量大，燃油泵泵油量小于耗油量和回油量，油压下降，发动机混合气稀可能熄火。

2. 燃油泵供油不足

燃油泵使用时间长，内部电刷磨损严重，不能压紧整流子，出现有负荷时工作不正常。电路接触不良也会造成燃油泵供油不足。测量油泵供电电压时，应测量工作电压，而不是空载电压，即在起动时测量燃油泵电压，而不能在打开点火开关的状态下测量。

维修案例 一辆沃尔沃 XC40 出现不易着车故障，着车后排气管出现“突突”抖动现象。读取故障信息为燃油压力信号故障。该发动机的燃油压力调节，通过燃油压力传感器信号和发动机转速信号提供给发动机 ECU，发动机 ECU 输出信号给燃油泵控制单元控制燃油泵进行燃油压力调节。故障现象证明了发动机确实存在燃油压力低，读取数据流显示燃油压力为 360 kPa，低于正常值 480 kPa。怀疑燃油泵故障，更换燃油泵，故障排除。

3. 漏油引起油压过低

燃油供给系统漏油又不能目测的部位，包括喷油器漏油和燃油泵。喷油器一般漏油量较少，而发生在燃油泵单向阀、燃油泵出口等位置漏油量往往较多，会引起油压降低。

维修案例 一辆奔驰 CLA 轿车停放一段时间后出现起动困难的故障。打开点火开关测量燃油压力，油压非常低。发动机能起动，说明油泵电路基本上无故障。拆下燃油泵检查，发现一段透明软管有一道细小裂纹。更换这段软管，故障排除。

4. 油管被压瘪，滤清器堵塞等原因

燃油滤网容易堵塞造成供油不足，但有些污物会自行脱落，行车时会堵塞滤网。燃油泵工作在滤网脏堵的状况下，长期高负荷的运转，加剧了泵的磨损，造成了泵力不足。燃油滤清器堵塞后不仅影响油压，而且油流变化可能引起燃油滤清器发出异响。

有些轿车采用马鞍形燃油箱，它利用虹吸原理将两部分连成一体，如果油箱两部分之间的管路损坏，也会导致油压过低故障。

提示 虹吸是一种流体力学现象，可以不用泵而吸抽液体。如图 2-37 所示，处于较高位置的液体通过一根倒 U 形的管状结构之后，可以流到开口更低的位置。

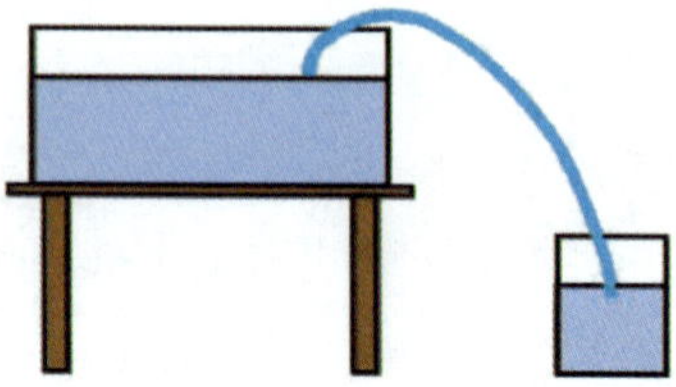

图 2-37 虹吸原理

如果是燃油系统熄火后残余压力过低，残余压力过低会造成发抖热起动困难。故障原因包括喷油器漏油、燃油泵单向阀损坏等。如果喷油器漏油，或其他原因导致燃油压力下降。在发动机高温时关闭发动机，此时发动机冷却系统水泵等停止了工作，发动机的实际温度要回升。这时燃油压力过低，燃油蒸发膨胀会在燃油管路中产生气阻，使热起动是实际喷入气缸的燃油减少，发动机因混合气稀而无法着车。多次起动着车后，积聚在进气歧管处的燃油急剧蒸发，又使混合气过浓，冒黑烟，怠速抖动。

第3章 发动机电控系统的工作原理和故障诊断

第57问 怎样使用万用表？

常用万用表来检测汽车电路，万用表是一种多功能、多量程的测量仪表，一般万用表可测量直流电流、直流电压、交流电压、电阻和电容等。万用表结构如图3-1所示，使用万用表时，需要注意以下事项。

（1）不能用手去接触表笔的金属部分，这样才可以保证测量的准确性。

（2）测量前，旋至欧姆挡的最小量程，红黑表笔相交，应显示小于1 Ω，否则说明万用表不准确。

（3）如果不知道被测电压范围，将功能开关置于大量程并逐渐降低量程，不能在测量中改变量程。

（4）测量电流时，选择相应的插孔连接红色表笔，当电流超过20 A或20 mA时，会烧坏熔断器或万用表。

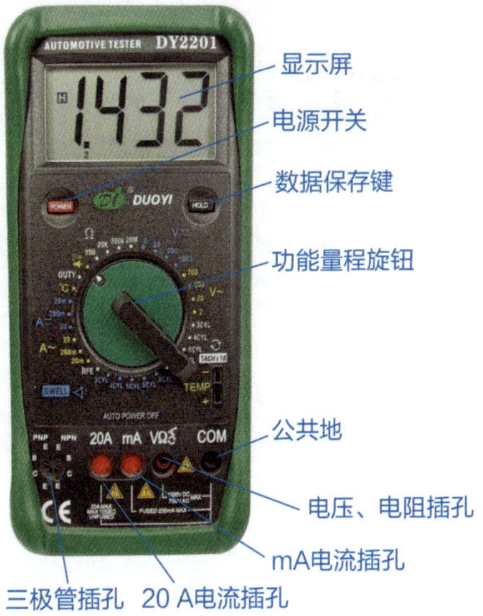

图3-1　万用表

第58问 怎样检查熔断器？

熔断器串联在其所保护的电路中起保护作用。熔断器有不同的规格和种类，如图3-2所示，为了便于检查，熔断器上有两个检查点，熔断器都有额定电流，禁止使用大于或小于额定电流的熔断器，更不准用电阻丝或其他导体代替，否则将失去保护作用。

检查熔断器时，需要使该电路处于导通状态。检查时，用万用表20 V电压挡，先后测量两个检测点的对地电压，红表笔触及检查点，黑表笔触及蓄电池负极或搭铁。

若两检测点电压均为 0 V，说明熔断器与电源之间的电路开路；若一个检查点的电压为 12 V 左右，一个为 0 V，说明熔断器断开；若均为 12 V 左右，说明熔断器是好的。在不便使电路导通时，可拆下熔断器，目测熔断器的金属丝是否断开，也可以检查熔断器阻值，标准阻值小于 1 Ω。

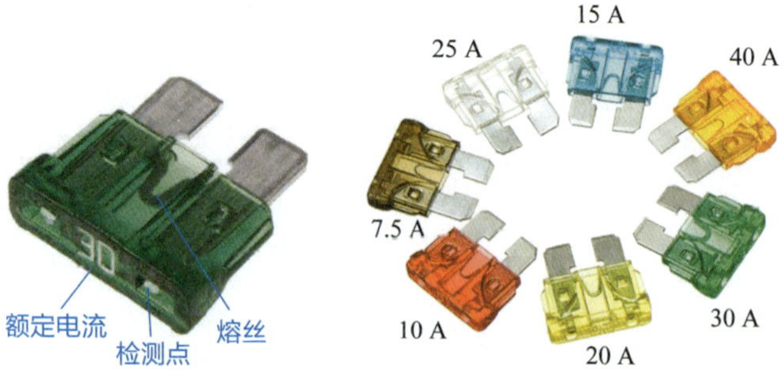

图 3-2 熔断器结构和类型

维修案例 一辆丰田威驰起动后自动熄火，试车，偶尔能起动，加速过程中自动熄火，发动机故障灯常亮。读取故障码为质量空气流量电路低电位，数据流显示空气流量一直为 0.06 mg/s，怀疑空气流量计有故障。检测空气流量计的电源和搭铁线之间的电压为 11.0 V，检测空气流量计和电脑之间的线束没有短路或断路，检测空气流量计的外观，也正常。觉得电源和搭铁线之间的电压为 11.0 V 过低，用负载试灯（一般用尾灯灯泡自制）检查，发现试灯不亮，检查空气流量计的供电熔丝，发现熔断。之前检查的 11.0 V 的电为虚电，一般有虚电"藏在"与带有线圈的电路中，查看电路图，发现空气流量计和"带有线圈"的氧传感器加热器及炭罐电磁阀通过同一熔丝供电，检查电路没有短路，更换熔丝后，故障排除。

第 59 问

怎样识别导线与插接器？

汽车上使用的导线通常为低压导线，为了便于辨别，导线采用带有颜色及辅助色的绝缘材料，如图 3-3 所示。导线、绝缘护套、接线端子等包扎成线束，连接电气部件。连接器就是通常所说的插头和插座，如图 3-4 所示，用于线束与线束或导线与导线间的相互连接。

（a）红色导线

（b）蓝色白条纹导线

图 3-3 导线

技师经验

断开连接器时，如图 3-5 所示，先将连接器两半配合部分紧压在一起以使其解锁，然后压下锁爪，并分离连接器。断开连接器时，严禁硬拉线束。连接连接器前，检查并确认端子没有变形、损坏、松动或丢失。连接连接器时，用力压直至听到连接器"咔嗒"一声而锁止。

测量线束连接器端子间的电阻时，应小心插入检测仪探针以防止端子弯曲。

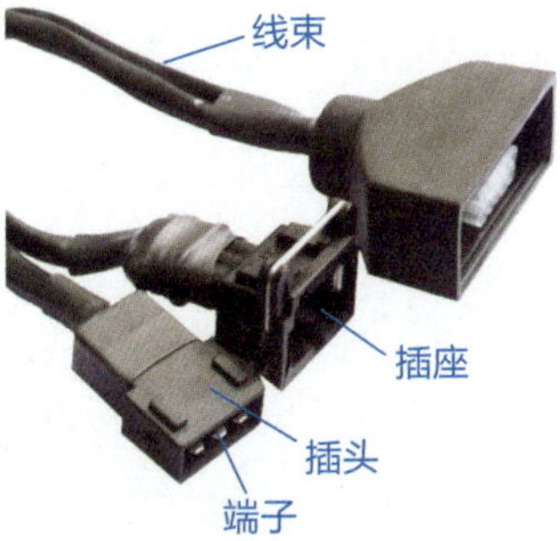

图 3-4　线束和插接器

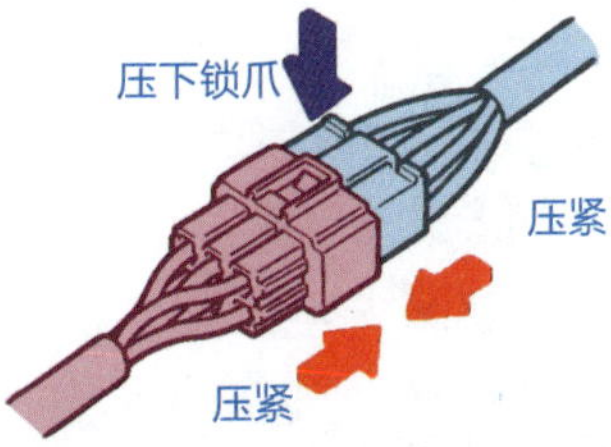

图 3-5　拆卸线束插接器

阳插接器和阴插接器引脚顺序不同，如图 3-6 和图 3-7 所示，阴插接器从左上到右下依次标出编号，阳插接器从右上到左下依次标出编号。

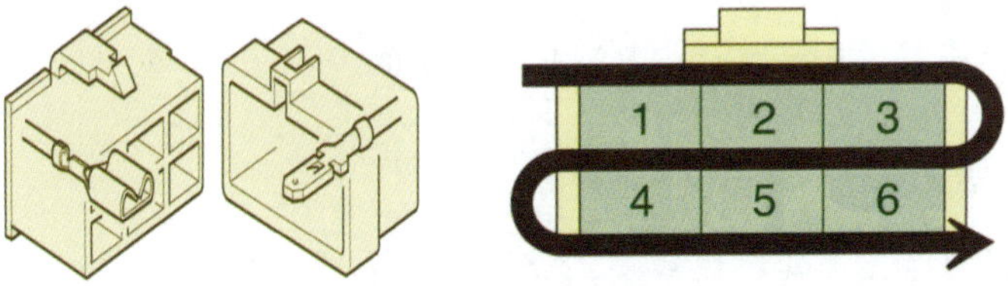

图 3-6　阴插接器

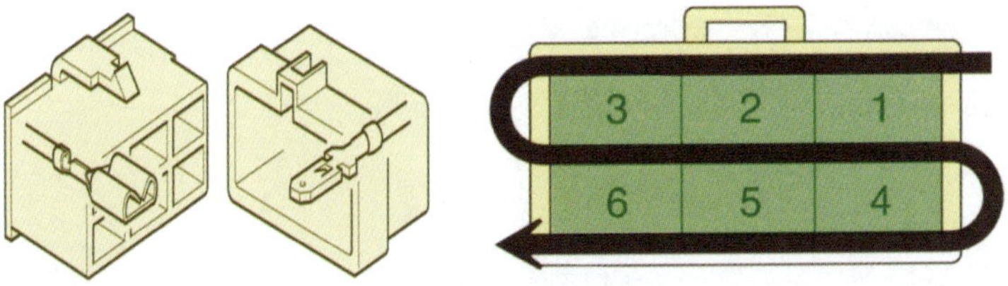

图 3-7　阳插接器

技师经验

插接器连接错误会导致复杂的故障，盲目维修找不到正确的切入点会走弯路，应先问诊，仔细观察故障现象，找到最佳切入点，才能快捷地找到故障原因。通常插接器连接错误出现在以下情况：①具有相同形状的两个元件，例如，进气和排气凸轮轴位置传感器，可能会出现插头互换连接错误的情况，插头互换后会影响线束的布置方式，仔细观察，线束会出现晃动或紧绷的现象；②在车辆维修过程（尤其是大修），有些维修人员不慎可能将结构类似连接器连接错误。遇到这种故障，要找出具体的电路图，根据电路图测量相应端子之间的阻值进行判断。

维修案例 别克君威 2.5 轿车发动机故障指示灯点亮，读取故障码为 P0481，含义为散热器风扇继电器 2 控制电路故障，经检查发现线束的布置方式很不合理，将左侧电子扇与右侧电子扇上的线束插头调换后，故障排除。

第 60 问 怎样检查传感器断路故障？

很多汽车发动机电路故障都与线路断路、短路有关，所以必须掌握对断路和短路的检查。电路断路的形式有熔断器、继电器、插接器等插脚与插座断路，线路内部断路（导线绝缘皮完好，内部铜线折断），电器元件内部断路等。线路断路可通过以下方法进行检查。

关闭点火开关，断开连接器 A 和 C，如图 3-8 所示，测量连接器 A 端子 1 与连接器 C 端子 1 之间阻值大于 10 kΩ。测量时轻轻晃动线束，防止漏检线路出现间歇性断路的情况。测量连接器 A 端子 2 与连接器 C 端子 2 之间阻值，若正常，应小于 1 Ω。进一步断开连接器 B，按以上测量方法，检查故障出现在 C 与 B 或 B 与 A 之间。

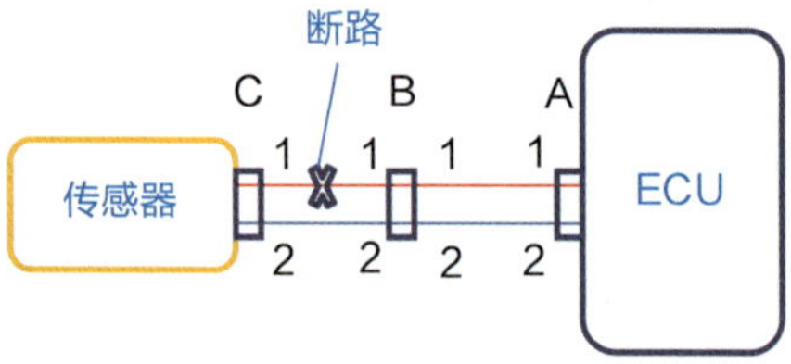

图 3-8　传感器断路处

技师经验

断开电子连接器时，严禁拉拔线束，应拉拔连接器本身。

检测传感器电压也可以判断是否存在断路，在各连接器保持连接时，测量连接器 A、B、C 端子 1 与搭铁之间的电压，若连接器 A、B 端子 1 与搭铁之间为 5V 左右，连接器 C 与搭铁之间低于 1 V，则说明连接器 B 和 C 处有断路。

第 61 问 怎样检查接触不良的故障？

发动机电路接触不良常常会引起复杂的故障现象。例如，一辆赛欧轿车，蓄电池负极线与起动机之间搭铁线的紧固螺母松动，车辆在低速行驶时，发动机水温正常，但水温表的指针会很快上升。再如，点火开关内部起动挡触点在温度低时接触不良，在温度高时正常，结果可能导致发动机冷车起动时，起动电压过低而不易起动。

1. 电路接触不良的类型

电路接触不良的原因包括虚接、接触电阻过大和偶发性接触不良等。偶发性接触不良包括随温度偶发、随振动偶发和无规律偶发等情况。电路接触电阻过大引起的接触不良，包括线路老化、接触部位氧化、脏污等情况，例如，蓄电池桩头与电缆线接头之间存在观察不到的粉状物质类氧化物，如图 3-9 所示。线路虚接引起的接触不良包括搭铁线的检查紧固螺母松动，熔丝松动，导线内部铜线多条折断等情况。

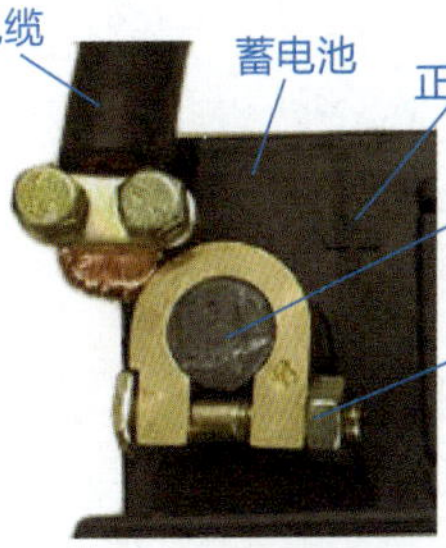

图 3-9 传感器断路处

维修案例 一辆搭载 2.0 TSI 发动机的帕萨特轿车发动机不能起动，仪表上的状态是 ESP 警告灯、胎压报警灯与电子驻车警告灯长亮，EPC 灯却没有点亮自检，电子风扇高速挡一直旋转。连接诊断仪，发动机控制单元 J623 不能被网关控制单元 J533 识别。分析故障的原因为：发动机控制单元的供电异常；数据总线断路；发动机控制单元内部损坏。检查发动机控制单元电路，发现接地线的固定螺母松动，重新紧固后，故障排除。

技师经验

测量时轻轻晃动线束，防止漏检电路出现间歇性短路或断路的情况。

2. 电路接触不良的检查方法

检查电路接触不良的方法比较如表 3-1 所示。检查电路偶发故障可以采用模拟法，例如，边晃动电路边测量电路。

表 3-1 电路接触不良的测量方法

方　法	优　点	缺　点
测电阻法	能测量出电路接触电阻过大类的接触不良	不能测出虚接引起的接触不良
测电压法	能测量电路断路的故障	无法测量虚接引起的故障
负载试灯法	能检测出接触不良的情况	不能检测类似起动电路等电流大的电路
测量温度法	接触不良会发热，能检测熔丝等器件接触不良的故障	需要在电路工作一段时间后检测；检测不出导线内部折断等接触不良
测电流法	接触不良会引起工作通流面积变小而电流变小，能测量出故障	要与标准值进行比较；不容易准确判断故障发生的位置
测量电压降	输入与输出端电压差大于 0.1 V，可以判断熔断器或插接器故障	不容易检测信号线虚接
测电路波形	观察电路的波形，能检测出电路接触不良的情况	需要有示波器和使用示波器的习惯

从表 3-1 可以看出，采用测电路波形的方法能方便地检测出电路接触不良的故障，但目前维修企业使用示波器的维修人员还未普遍。测量电路电压降也是检查电路接触不良比较好的方法。一个完整电路中的组件或负载必须消耗一定量的电压才能工作。电压“降”

意为当电流经过负载时而消耗掉的电压，因此，只有在电流流动的情况下，才会出现电压降。电压降不符合要求，表明电路存在故障。

第62问 检查接触不良要注意什么？

1. 使用负载试灯法不能检测电流大的电路

使用负载试灯法检测电路是否接触不良，不仅要看灯泡亮与不亮，更要看负载试灯亮的程度。但使用用负载试灯法不适合检测散热风扇电动机、起动机等大电流电路，因为当测试时，试灯可能点亮，但实际上电路是故障的。

例如，蓄电池电缆线需要更换，如果更换的新电缆线直径小，那么起动机起动时需要大电流无法迅速通过，起动机将无法正常运转，此时如果用负载试灯法检查，试灯会点亮，但不代表无故障。

2. 不能疏于对搭铁线的检查

搭铁线对电路影响较大，如图3-10所示，搭铁线和零部件接触不良，搭铁线和接头松动，固定螺栓松动，接触面锈蚀等原因都会造成搭铁不良。如继电器搭铁不良，会导致其内线圈电流较小，线圈吸力将不足，继电器内开关会出现断断续续闭合的情况，此时继电器会发出“嗒嗒嗒”的响声。被继电器控制的元件，也会出现工作不良的反应，例如，燃油泵在此时发出“咚咚咚”响声，但无法建立油压。

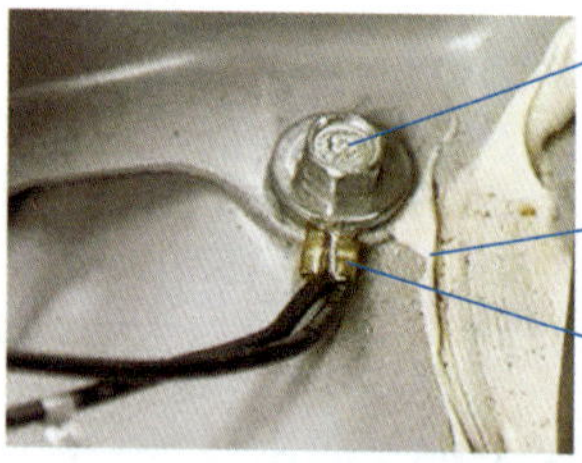

图3-10 搭铁线

维修案例 一台现代索纳塔轿车在冷车起动时，起动机工作出现间歇性停转现象。一旦起动成功，当水温上升到20 °C以上时，一切便正常。更换过起动机、蓄电池、空挡起动开关、起动继电器。跨接起动继电器30与87端子，起动机能正常起动，说明故障在起动继电器开关或继电器线圈控制电路，而起动继电器被更换过，说明故障在起动继电器线圈电路。继续检测发现，起动继电器线圈搭铁点处紧固螺钉松动，造成起动继电器线圈搭铁不良，是该继电器间歇性不工作的结果。

3. 多注意电压的差值

测量导线、熔丝、继电器、开关、连接器等元件的电压降时，分别测试电器件输入端与输出端的电压差，电压差应低于0.12 V，否则说明接触不良。测量电压降法同样适合查找搭铁线故障，测量时将红表笔接至元件搭铁端（搭铁线的输入端），将黑表笔接到蓄电池负极桩（搭铁线的输出端），其电压应低于0.12 V。

电脑通过控制节气门体电动机的电流控制怠速时的进气量，如果节气门体电动机接触电阻增大，节气门体电动机的运转就会受影响，导致节气门体的开度无法达到要求。节气门体的开度不足，会导致节气门体位置传感器的信号指示节气门体开度不足。发动机电脑根据节气门体位置传感器判定的怠速状态，发动机电脑还根据转速传感器的信号判定发动机的怠速转速，发现和目标怠速转速不一致从而进一步进行调节，因此出现发动机怠速不稳的现象。

维修案例 一辆帕萨特 2.0 轿车怠速有时会自动升高到 2 000 r/min。试车，怠速 750 r/min，发动机故障码 16502—冷却液温度传感器 G62 信号太大，间歇，数据流显示冷却液 95° 。试车，故障出现时怠速上升到 2 000 r/min，冷却液温度传感器突然从 95℃降到 −40℃，检查冷却液温度传感器电路有偶发性断路，更换其线束，故障排除。

技师经验

电控元件有故障时出现故障码，并非电控元件所有状态都是不正常的，监控故障状态时故障码所指电控元件的信号，例如，进气温度传感器电路断路或短路 0.5 s，发动机 ECU 产生 P0110 的故障码。所以，当出现故障码时，为了检查电控元件是否真的存在故障，可以监控故障状态下电控元件的信号，当信号存在异常时，证明该电控元件损坏。

第 63 问
怎样检查普通电路的短路故障？

汽车电路短路故障，不止造成汽车电气设备无法正常工作，更是发生汽车自燃的最大诱因，给用车造成极大的安全隐患。短路包括接地短路和电源短路。电源短路通常是一个电路的两个独立分支因导线绝缘层破损，或是连接器进水等原因相互连接。在图 3-11 中，电流绕过开关直接流至灯泡。这就出现了即使开关处于断开状态，灯泡也会点亮的情况。检修时，如果怀疑开关有故障，在开关断开时，检查开关两接线之间的阻值正常为无穷大，如果小于 1 Ω，说明开关处短路。

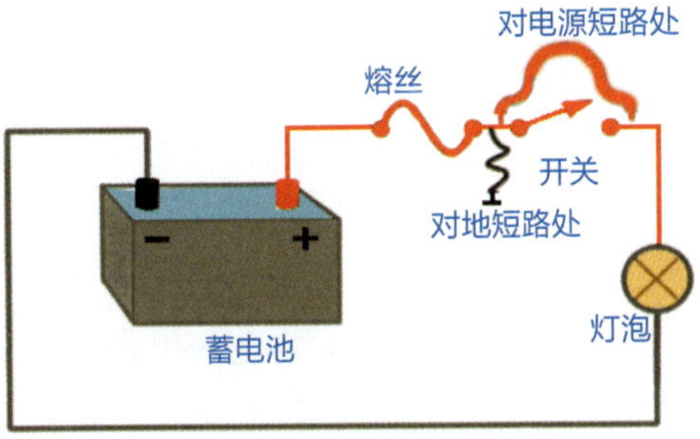

图 3-11　电路短路

接地短路是电路未经用电设备而提前接地的一种故障现象。短路可能会使大量的电流流过，过量的电流会熔断熔断器。检查时，可以利用万用表电压挡辨别熔丝座的输入端和输出端，检查熔丝的输出端与搭铁之间的电阻，如果小于 1 Ω，说明存在短路。

维修案例 长安福特福克斯 2.0 L 自动挡汽车熄火后起动机无法起动。检查蓄电池电量充足，起动继电器工作正常，F13 熔丝完好，变速器挡位信号正常。用万用表检查蓄电池到起动机的电路，发现该电路发生断路现象。经仔细观察，发现一个 150A 的熔断器熔断。根据该熔断器多次熔断的情况，可以判定起动机内部存在内部短路的情况。在更换起动机和新线束后，故障彻底排除。

第 64 问

怎样检查传感器接线是否短路?

断开连接器 A 和 C，如图 3-12 所示，检查连接器 A 端子 1 和 2 之间电阻器，以及连接器 A 端子 1 和 2 分别与搭铁之间的阻值，正常值应大于 10 kΩ，若小于 1 Ω，则为短路。进一步断开连接器 B 进行检查，则可以检查故障所在的部位。测量时需要轻轻晃动线束，防止漏检电路出现间歇性短路的情况。

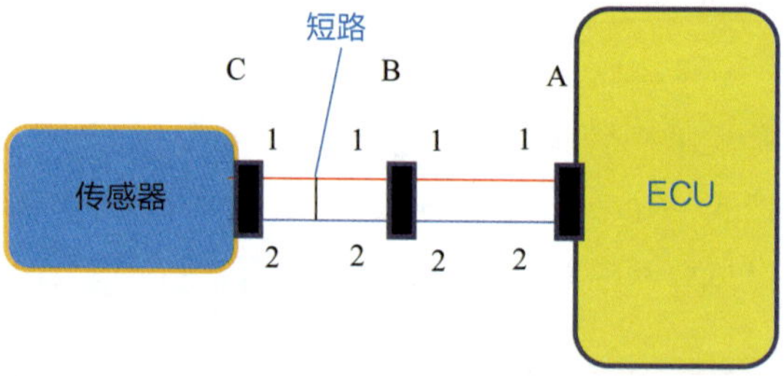

图 3-12 传感器接线短路

第 65 问

怎样检查电器元件内部是否短路?

测量电器元件的阻值即可以判断元件内部是否出现短路，如图 3-13 所示，就车检查燃油泵电阻，对比标准值过小，则说明燃油泵内部短路。测量时需要注意，短路也可能仅出现在某一个条件下，例如，某绝对压力传感器只在高温时出现短路，所以检测时，需要根据故障的描述进行故障症状模拟。

技师经验

故障征兆模拟法主要包括振动法、增减模拟法、状态模拟法、加热法等。振动模拟法可以用来检查导线连接器是否松脱或断路，还可以用来检查电器元件因振动引起的故障，例如发动机偶发性熄火，当敲击空气流量计发动机熄火，说明空气流量计有故障；增减模拟法是诊断由载荷而引起的疑难故障，例如，车辆大角度转向时，发动机负荷会增大；状态模拟将怀疑有故障的电器件某电路状态改变来验证故障；加热法是当怀疑某一部件热稳定性能差时，对其加热来验证故障。

元件内部短路，阻值会变小，消耗的电能将增加，工作电流大，会造成熔丝烧断，或者降低发动机蓄电池的电压。例如，起动机内部磁场绕组绝缘不良，在起动时，消耗电能过大，使得蓄电池电压降低，发动机 ECU 因为电压过低而不能正常工作，因而发动机会无法起动。

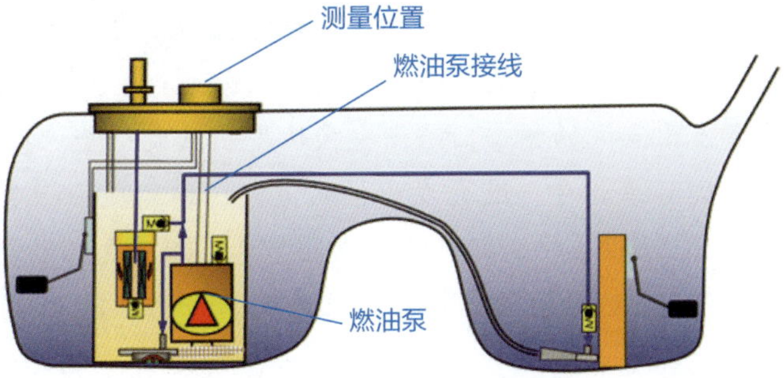

图 3-13　就车检查燃油泵电阻

第 66 问

根据控制系统原理怎样判断 ECU 是否正常？

发动机电控系统主要由传感器、电控单元（ECU）和执行器组成。传感器将信号输入给电控单元，执行器是受电控单元的控制，具体执行某项控制功能。如图 3-14 所示，发动机控制单元接收空气流量计（或者进气歧管压力传感器）和转速传感器传来的信号，确定基本喷油量；接收进气温度传感器和氧传感器等传来的信号，确定喷油修正量；接收冷却液温度传感器和节气门体位置传感器等信号，为特殊工况（如暖机、加速等）确定喷油增量。控制单元确定喷油量后，驱动喷油器，通过控制喷油器喷油时间实现对喷油量的控制。

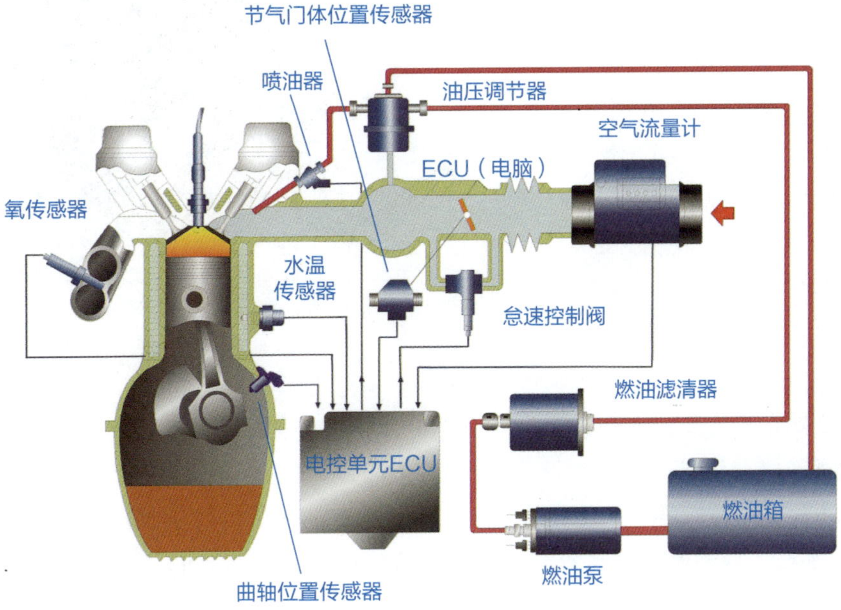

图 3-14　发动机控制系统

技师经验

发动机电控单元ECU接收传感器的信号，就会发出相应的指令。例如，ECU接收空气量信号和转速信号，就会发出喷油的指令，控制喷油器通电。例如，ECU接收曲轴转速信号和负荷信号，就会发出点火的指令，给点火模块发出点火信号。再如，ECU接收加速踏板位置信号和节气门体开度信号，就会发出控制节气门体开度的指令，控制节气门体电动机工作。如果发动机ECU能接收到相应的传感器信号，但不发出控制指令，即可以判断ECU不正常。此时，检查ECU的电源电路，如果无故障，说明ECU损坏。

第67问 空气流量计会产生什么故障?

空气流量计也称为空气流量传感器，其作用是将吸入发动机的空气量转换成电信号送至ECU，作为确定基本喷油量和基本点火提前角的主要依据之一。空气流量计安装在节气门体的前方，采用空气流量计测量进气的发动机称为L型发动机。目前常用的空气流量计是热线/热膜式空气流量计。

热线式空气流量计在其进气道内的取样管中有一根铂丝，经通电后发热。热膜式与热线式空气流量计原理基本相同，将热线改为热膜，热膜由发热金属铂固定在薄的树脂膜上构成。

如图3-15所示，当发动机起动后，空气流过热膜铂丝周围，使其热量散失，温度下降，此时与铂丝相连的桥式电路将改变电流，以保持铂丝温度恒定，维持电桥平衡。即当空气流量变化时，流过铂丝的电流也随之发生变化。ECU通过电量的变化得到空气流量。

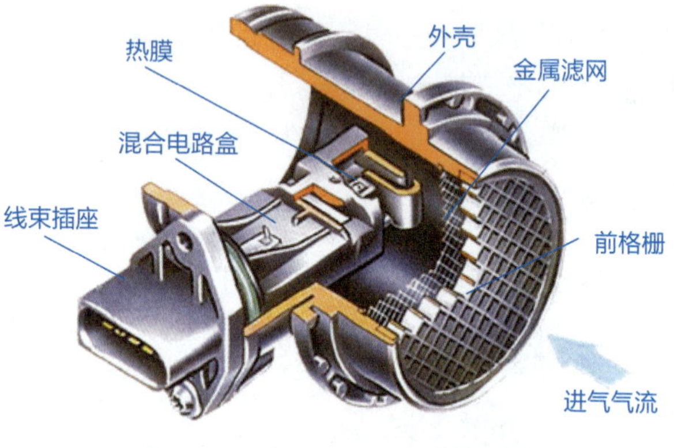

图3-15 热膜式空气流量计

技师经验

（1）空气流量计可能在某一个负荷下工作异常，信号失常可能引起混合气过浓，混合气越浓，其燃烧速度越快，此时气缸内压力，极容易发生爆燃。

（2）空气流量计内部断路后，没有信号电压输出。当改变油门踏板时，混合气浓度变化会引起发动机熄火。检测时，通过短期和长期燃油修正可以看出其具体情况。空气流量计信号失准后，也会引发类似问题。

（3）空气流量计脏污后其信号会出现偏差，ECU根据它的信号控制喷油会导致混合气过稀。在起动工况时，ECU 会加浓混合气，因此，起动工况基本不受影响。而在起动后，ECU 不再加浓混合气，此时混合气过稀，发动机无力，甚至会熄火。

（4）热膜式空气流量计前格栅起到阻挡异物进入进气管的作用。空气流量计前格栅中间变形会导致空气经过前格栅时产生涡流，热膜式空气流量计不能检测涡流，涡流使热膜式空气流量计计量失准，涡流流过热膜时，带走的热量大，发动机 ECU 就会控制多喷油，涡流不经过热膜时，带走的热量少，发动机 ECU 就会控制少喷油。同样，空气流量传感器格栅上有尘土、杂物等同样会引起空气流量信号失准。如果怀疑故障是前格栅所致，可以取小前格栅，对比故障现象就可以进行判断。

第 68 问 怎样检查空气流量计?

检查热膜式空气流量计时，参考图 3-16 的电路，燃油泵继电器为此传感器 2 号端子提供 12 V 左右的电压，ECU 为此传感器 4 号端子提供 5 V 左右的参考电压，此传感器通过 5 号端子向 ECU 提供信号电压和通过 3 号端子连接蓄电池负极。

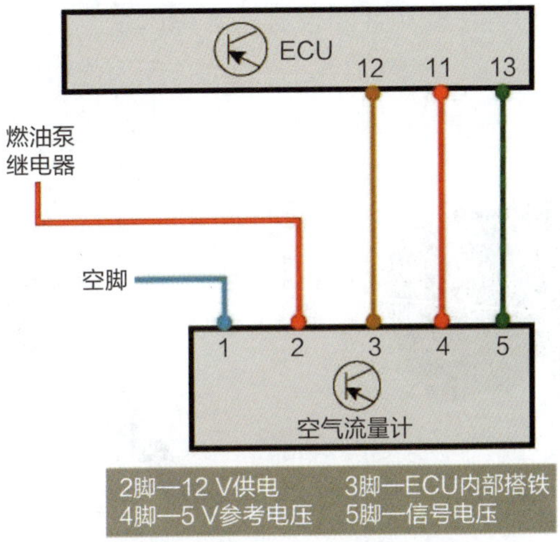

图 3-16　热膜式空气流量计电路

在怠速时，测量 5 号端子信号电压为 1.5 V 左右，此值参考桑塔纳 AJR 发动机，急踩加速踏板信号电压应增大；断开连接器，测量线束端 2 号端子为 12 V 左右，4 号端子为 5V 左右；检查空气流量传感器与 ECU 之间线束是否存在断路与短路。

灰尘或异物会影响空气流量的准确性。检测热线式与热膜式空气流量，不仅要检测传感器和电路，还要检查传感器是否被异物遮挡，传感器热膜或热线上是否有灰尘。因为异物遮挡或传感器热膜或热线上有灰尘会影响空气流量计的准确性。

技师经验

检查传感器不仅要检查传感器的本体和传感器电路，还需要检查传感器的其他部分，例如检查空气流量计的滤网部分应无堵塞不松动。还需要检查传感器的运行条件，例如空气流量计必须是进气管路不存在堵塞或泄漏，其信号才正常。节气门体位置传感器怠速时电压偏高，可能是积炭使节气门体无法关闭所致；进气歧管压力传感器波形不正常，可能是配气相位错误或是发动机三元催化器堵塞等原因导致发动机进气压力不正常。

有的发动机参考转速传感器和节气门体位置传感器信号来判断空气流量信号是否正常，当出现空气流量信号的故障，检查空流量计及电路正常时，需要检查发动机转速传感器和节气门体位置传感器信号是否存在偏差。

第 69 问

怎样分析空气流量计的故障码？

利用故障码分析故障，极大地提高了故障诊断的效率，同时也降低了排除故障的难度。但是，故障码并不能直接告诉维修人员故障确切的部位，所以需要认真分析。同时要注意针对故障码排除故障后，应继续使用诊断仪确认故障码是否仍然存在，可能一种以上原因造成同一个故障码出现。有关传感器的故障码通常是因为传感器的信号不正常引起的，其范围如图 3-17 所示。

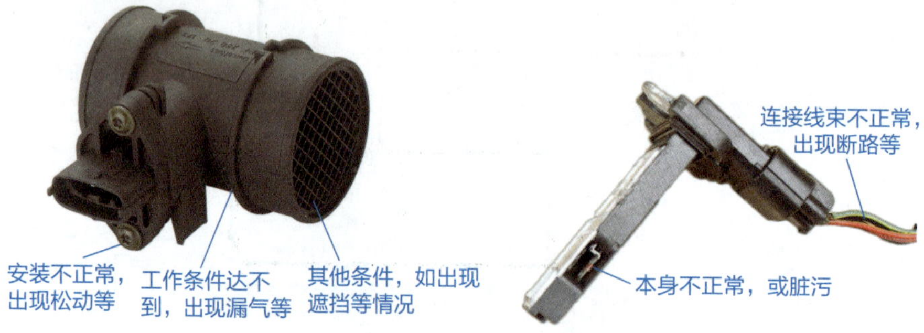

图 3-17　针对故障码检查范围

技师经验 1

空气流量是发动机工作时的主要参数之一，一旦空气流量计出现故障，发动机就会处于紧急运行状态，为了最大限度保护发动机，避免空调系统对发动机的影响，发动机控制单元通过空调控制单元停止空调压缩机的工作，以减小发动机的工作负荷。发动机在负荷过大、水温过高的情况下也会暂停压缩机的工作。而驾驶员没有感觉到负荷过大或水温过高带来的加速不良、达不到最高车速、油耗增加或高温等故障现象，只陈述空调不制冷的故障现象。

技师经验 2

当传感器发生故障时，传感器的信号电压超出电控单元存储器存储的正常值，自诊断系统即产生一个故障码，同时点亮故障指示灯，提醒汽车出现故障应该维修。此时，由于该传感器不能正确提供一个数据，电控单元用一个备用值使发动机能够工作，以便让司机能够将汽车开到维修站。传感器电路存在断路或短路故障时，通常会产生故障码。

第 70 问

怎样分析空气流量计的信号数据?

空气流量是一个数值参数，它表示发动机控制单元接收到空气流量计的进气量信号。该参数的数值变化范围和单位取决于车型和空气流量计的类型。空气流量参数单位：V、g/s、Hz 或 ms。一般发动机怠速时的空气流量传感器值在 2.5 ~ 3.5 g/s 变化（经验值在 3 g/s 左右为最佳）。

采用热线式空气流量计及热膜式空气流量计的汽车，该参数的数值单位均为 V，其在 0 ~ 5 V 变化。在大部分车型中，该参数的大小和进气量成反比，即进气量增加时，空气流量计的输出电压下降，该参数的数值也随之下降。5 V 表示无进气量，0 V 表示最大进气量。

进气流量不准会影响氧传感器及电控单元的工作。如图 3-18 所示，空气流量计计量错误，测量的数据值超出正常的范围，电控单元 ECU 根据多余进气量计算，使得实际喷油量就会超出正常值，导致发动机混合气过浓，由于混合气燃烧不完全，废气中 O_2 原子含量减少，氧传感器显示的数值就较高。发动机控制单元根据氧传感器的反馈信号，进行混合比空燃比控制，发动机控制单元要逐步地减少喷油量，以达到使混合气恢复正常范围的目标。进气流量失准，易引起以下故障加速不良，发动机回火或排气管放炮故障。

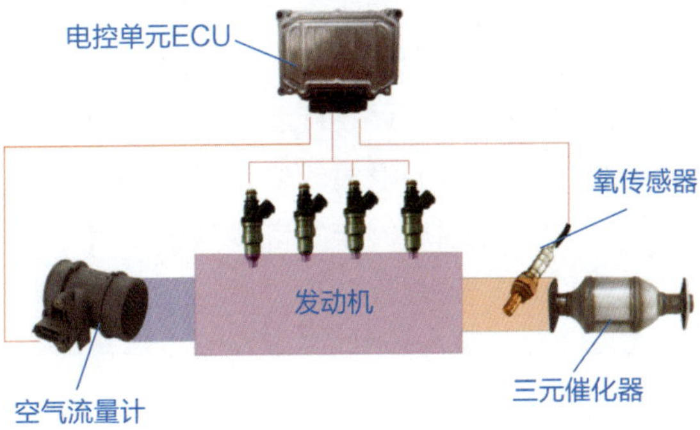

图 3-18　发动机控制原理图

在通常情况下，如果进气歧管漏气，空气流量计的读数一般都偏低，这是因为在发动机工况不变的状态下，发动机对进气量的要求基本是一致的，由于发动机的总进气量一定，而进气歧管处因漏气要进入一定量的空气，因此，流经空气流量计的空气量必然减少。

怠速时，当进气量大，而发动机怠速转速正常，燃油修正量也处于正常范围，说明发动机运行存在额外的负荷。发动机加速无力时，如果进气量与节气门体开度值不匹配，说明气缸充气效率过低，故障原因一般是进气堵塞、三元催化器堵塞等。

维修案例 一辆大众宝来轿车行驶中发动机极易熄火，且车辆加速无力。连接故障诊断仪检测，发现无故障码存储；连接燃油压力表测量燃油压力正常；检测进气管路，没有发现漏气迹象。在怠速状态下读取发动机数据流，转速为840 r/min，负荷率为36.8%（正常值20%），喷油脉宽为3.7 ms（正常值3.4 ms），进气量为5.0 g/s（正常值2.9 g/s）。负荷率、喷油脉宽和进气量数据都偏大，而转速正常。如果混合气量多于正常值，会引起发动机转速也会高于正常值，而此时转速正常，说明混合气中油或空气数据与实际量不相符。喷油量根据进气量来改变，说明空气流量计信号失准。测量空气流量计信号电压为1.58 V，更换空气流量计后测量值为1.39 V。故障排除。

第71问

进气歧管压力传感器会产生什么故障？

进气歧管压力传感器安装在节气门体的后方，进气歧管绝对压力传感器根据发动机的负荷状态测出进气歧管内绝对压力的变化，并转换成电压信号，与转速信号一起输送到电控单元ECU，作为确定喷油器基本喷油量的依据。

如图3-19所示，进气歧管压力传感器由硅膜片、应变电阻、硅杯、真空室等组成。硅膜片是压力转换元件，它是利用半导体的压电效应制成的。硅膜片的一面是真空室，另一面是导入的进气压力。集成电路是信号放大装置，其端头与ECU连接。

发动机工作时，从进气管来的空气作用在硅膜片上，硅膜片因进气压力而产生变形。硅膜片的变形，使扩散在硅膜片上电阻的阻值改变，导致惠斯通电桥输出的电压变化。传感器上的集成电路将电压信号放大处理后，作为进气管压力信号送到电控单元，此信号成为电控单元计算进入气缸空气量的主要依据。

进气压力传感器有故障容易引起怠速不稳，加速困难等故障。有的发动机压力传感器信号出现异常后，为了保护发动机，发动机控制单元切断2个缸的正常运转，发动机失去2个气缸工作后，发动机怠速抖动明显。

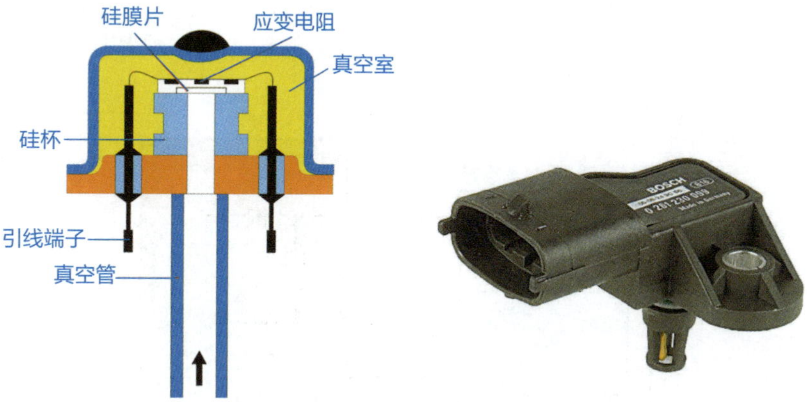

图 3-19　进气歧管压力传感器结构与原理

维修案例 一辆奥迪 V6 型车出现怠速不稳、尾气呛人、加速无力等故障。显示故障码为“00561 混合气自适应未达调节界限”，“01165 节气门体控制单元基本调整错误”。检查节气门体较脏，将其拆下清洗后装车，对节气门体控制阀进行基本设置，发现怠速不稳的症状有明显好转，但加速依然撮车。再次读取故障码，“混合气自适应未达调节界限”依然存在。

在怠速时，查看负荷值在 30% ~ 60%（正常为 27% 左右）波动变化，进气压力传感器的信号是负荷值的主要参考信号，测量怠速时进气歧管内的压力约为 0.67 bar，而进气压力传感器端的真空度却为 0.31 bar，说明真空管有破裂。检查发现此真空管中部有一处因老化有一细小裂口，这小裂口随着振动有时又能合上。更换此真空管，故障排除。

第 72 问

怎样检查进气歧管压力传感器？

进气歧管压力传感器的电路如图 3-20 所示，V_{CC}、PIM、E2、E1 分别为 ECU 供电、传感器信号、搭铁端子。

（1）在怠速时和全负荷时，测量 PIM 与 E2 之间的电压分别为 1.4 V 和 4.5 V。也可以用真空枪改变进气歧管压力传感器真空管的真空进行测量。

（2）将点火开关置于 ON 挡，检查 V_{CC}–E2 的电压应为 5 V 左右。

（3）检查传感器与 ECU 之间的线路是否短路或断路。

（4）检查进气歧管绝对压力传感器所连接的真空管是否破损或堵塞。

（5）检查发动机进排气管是否存在堵塞或漏气的故障。

进气管压力是一个数值参数，表示由进气管压力传感器送给电控单元的信号电压，或表示电控单元根据这一信号电压计算出的进气管压力数值。怠速时，使用真空表测量进气管真空度正常值是 57 ~ 71 kPa。

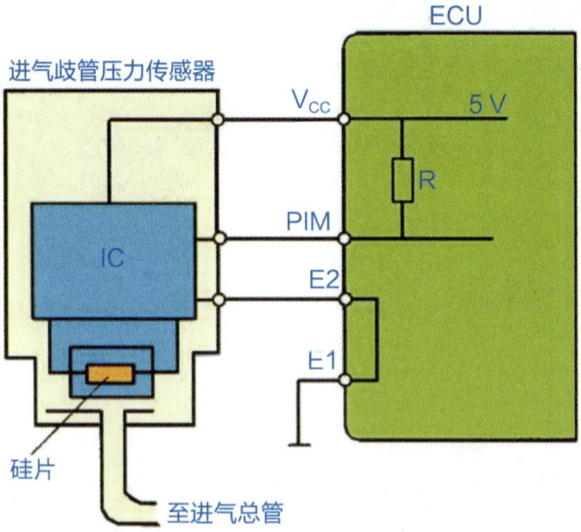

图 3-20 进气歧管压力传感器电路

V_{CC}-ECU 给传感器的供电 PIM- 进气歧管压力传感器的信号电压 E2、E1- 搭铁

发动机运转时进气歧管压力大小取决于发动机的转速和节气门体的开度。节气门体开度不变，转速越高，歧管压力越小（真空度越大）；转速不变，节气门体开度越大，歧管压力越大（真空度越小）。造成进气歧管压力异常的原因，有进气歧管垫密封不良，进气门密封不良，排气管堵塞、喷油器堵塞或点火不良导致的发动机某缸工作不良，EGR 阀门关闭不严等。

第73问

D 型发动机和 L 型发动机漏气有什么不同？

L 型发动机和 D 型发动机检测空气的方式不同，L 型发动机使用空气流量计在节气门体前方检测进气流量计，D 型发动机使用进气歧管压力传感器在节气门体后方检测进气歧管绝对压力，进而转换成进气量。

发动机进气管路常见漏气的位置有多处，如图 3-21 所示。L 型发动机进气系统如果漏气，漏入气缸的空气没有经过空气流量计的检测，混合气过稀，怠速时会产生抖动和“放炮”等现象。L 型发动机进气系统如果漏气，不仅影响怠速，而且对加速工况也影响较大。

D 型发动机进气系统如果漏气，会引起进气歧管压力传感器电压变化，ECU 会根据进气歧管压力传感器提供的压力进行喷油，这样发动机会使怠速增高。但由于发动机 ECU 对怠速的调节，发动机怠速可能也会波动。因为空燃比受 ECU 控制，所以排放不会超标。D 型发动机进气系统如果漏气，对于加速性影响不大。

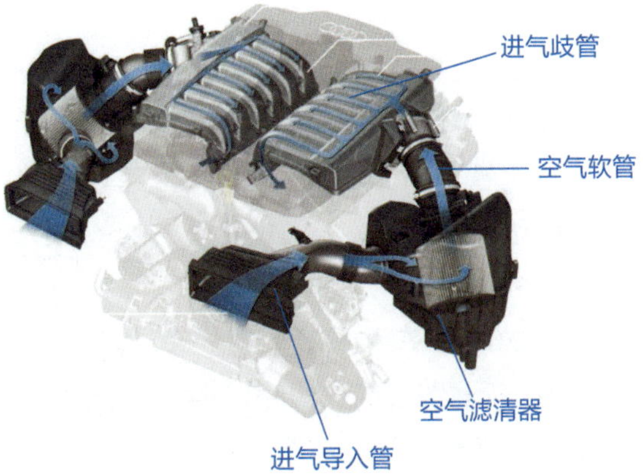

图 3-21　发动机进气管路

第 74 问
曲轴位置传感器会产生哪些故障?

目前普遍使用霍尔效应式和磁电式曲轴位置传感器，通常曲轴位置传感器安装在曲轴皮带轮侧面，如图 3-22 所示，或者安装在靠近飞轮的变速器壳体上，或缸体上。曲轴位置传感器也称为转速传感器，它是发动机电子控制系统中最主要的传感器之一，它提供点火时刻、确认曲轴位置的信号，用于检测活塞上止点、曲轴转角及发动机转速。曲轴位置传感器有以下作用。

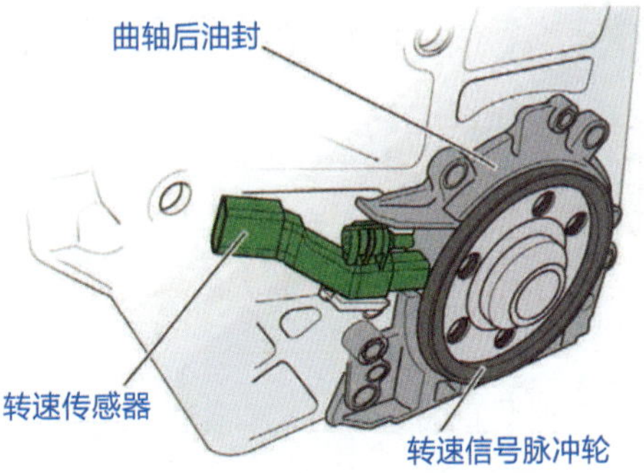

图 3-22　曲轴位置传感器

（1）曲轴位置传感器向发动机控制系统提供曲轴转角信号，控制单元通过曲轴位置传感器得到发动机转速的信号。

（2）曲轴位置传感器向发动机控制系统提供上止点数据，发动机控制单元用上止点信号控制点火提前角和喷油正时等。

（3）发动机 ECU 根据曲轴位置传感器提供的加速情况，识别发动机是否失火，同时控制单元依据凸轮轴位置传感器的信号，判断具体是哪个气缸失火。

（4）用于其他需要转速信号的控制。例如，废气涡轮增压控制，当转速低于某一值时（帕萨特 1.8 T 为 2 000 r/min），不进行增压；发动机怠速时转速超过一定时，实行断油控制。

（5）有的发动机曲轴位置传感器存在不能输出信号的故障，或出现偶发性不能输出信号的故障，发动机也能起动，因为发动机失效保护功能，电控单元根据凸轮轴位置传感器所提供的信号，来计算发动机转速并确定凸轮轴位置，为了保护发动机，电控单元会采取降低发动机最大转速的措施。

（6）有的曲轴位置传感器安装在飞轮处，如果驾驶员总踩着离合器踏板或其他原因导致飞轮温度升高，时间长了曲轴位置传感器就会变形，在热态下，变形更加严重，出现的故障现象越明显。例如，一辆雪铁龙轿车，曲轴位置传感器受热变形，起步时易熄火，熄火后需等待一段时间后才能起动。

维修案例 一辆现代途胜 2.0 L 轿车高速行驶时偶发性闯车，读码显示 P0741— 变速器锁止电磁阀打滑，更换自动变速器总成、线束及控制单元，故障依旧，分析故障发生在高速，可能与车速传感器与转速传感器有关系，检查曲轴位置传感器偶发故障，更换后，故障排除。

技师经验

曲轴位置传感器对于发动机控制系统极为重要，曲轴位置传感器的故障大体包括无信号故障和信号有偏差故障，曲轴位置传感器如果不能产生信号，会导致发动机无法起动的故障，曲轴位置传感器信号存在偏差的故障，会导致失火、抖动、加速发喘等故障。

第 75 问

怎样检查电磁式曲轴位置传感器？

常见的曲轴位置传感器包括电磁式和霍尔式。电磁式曲轴位置传感器结构如图 3-23 所示，它主要包括信号轮和传感器本体，信号轮有 N 个齿，其缺齿位置用于判别曲轴的相对位置。信号轮旋转时，随着每个齿经过曲轴位置传感器，产生一个脉冲信号，ECU 根据此信号计算出曲轴位置和发动机转速。

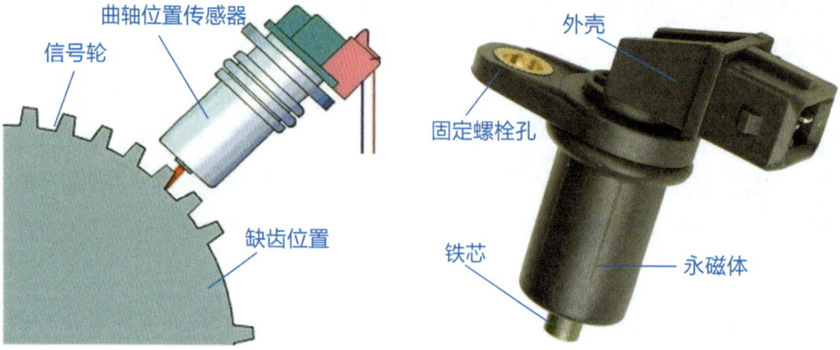

图 3-23 电磁式曲轴位置传感器

曲轴位置传感器正常，点火系统才能正常工作，观察火花塞跳火才正常；观察火花塞跳火正常，并不能代表点火系统正常工作，因为点火提前角未必合适，同样不能忽略对曲轴位置传感器的检查。卡罗拉 1ZR 发动机曲轴位置传感器电路如图 3-24 所示，NE+、NE- 分别是该传感器信号的正极、负极。

（1）检查曲轴位置传感器的电阻器，20 ℃时，其阻值为 1 850 ~ 2 450 Ω。

（2）检查曲轴的安装情况，是否松动，壳体是否变形。

（3）检查信号盘是否缺齿或存在其他损坏。

（4）检查导线是否存在断路或短路。

（5）利用示波器检查其波形。

（6）检查屏蔽线是否损坏。传感器电路安装屏蔽线是为了减少电磁干扰，使用示波器检测信号线波形时，示波器显示其他信号的波形，说明其受到干扰。在振动中，屏蔽线中金属细丝如果刺入传感器信号线，会造成信号线偶发性搭铁。

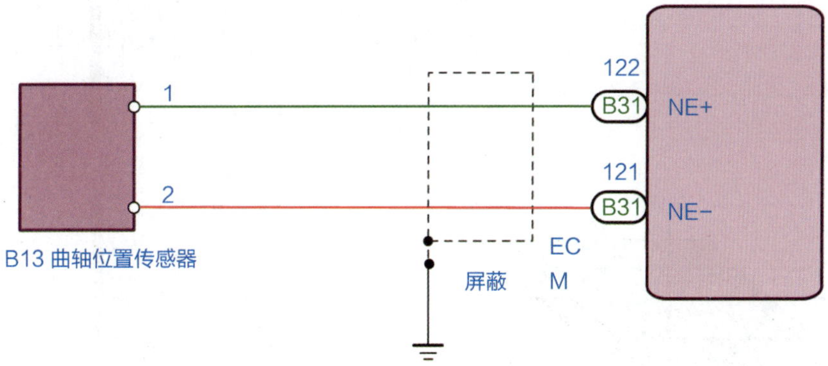

图 3-24　电磁式曲轴位置传感器电路

维修案例 一辆日产轩逸轿车出现起动困难的故障，起动后发动机工作正常。起动发动机时，感觉蓄电池电力强劲。检测无故障码，故障出现在起动时，读取起动后的数据流和起动后检测传感器都意义不大，于是分析曲轴位置传感器对发动机的起动工况影响较大，决定对其进行检查。顾客说之前更换过曲轴位置传感器，故障就是在此之后出现的。拆检曲轴位置传感器并对比其他同款发动机，发现曲轴位置传感器短一些，重新更换曲轴位置传感器后，故障排除。

第 76 问　怎样检查霍尔式曲轴位置传感器？

如图 3-25 所示，霍尔式和电磁式曲轴位置传感器外形基本相同，也包括信号轮和传感器本体。霍尔式曲轴位置传感器应用霍尔效应制成，如图 3-26 所示。当电流垂直于外磁场通过导体时，垂直于电流和磁场的方向会产生附加电场，从而在导体的两端产生电势差，这一现象就是霍尔效应，这个电势差也被称为霍尔电势差。

霍尔式曲轴位置传感器电路如图 3-27 所示。检修时断开传感器插头，测量电控单元 1 号端子和 3 号端子之间的供电电压应为 4.5 V，否则应检查 ECU 和插头之间的导线是否断路。检查信号线与搭铁线之间电压交替变化。

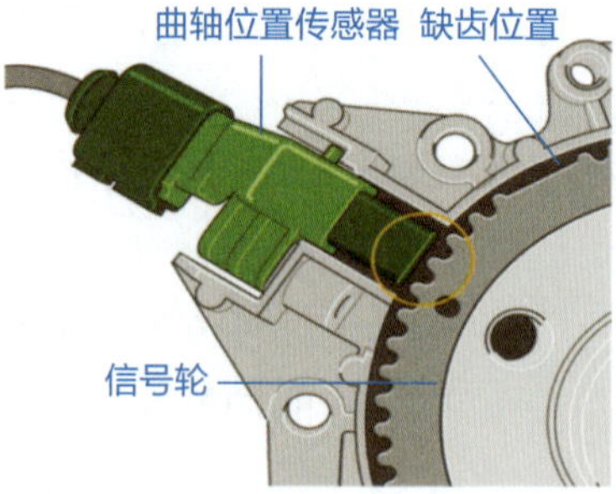

图 3-25　霍尔式曲轴位置传感器

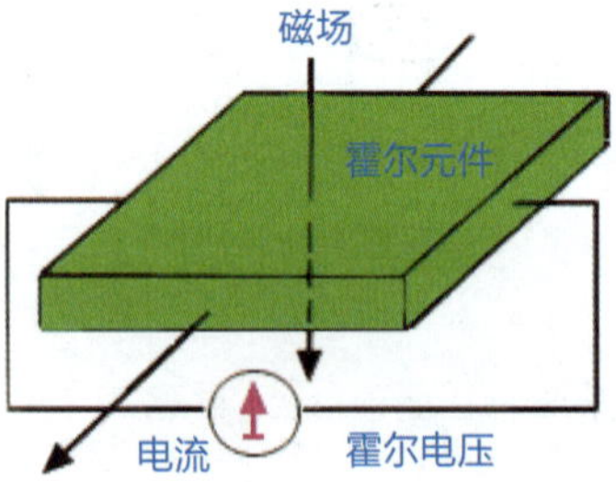

图 3-26　霍尔效应

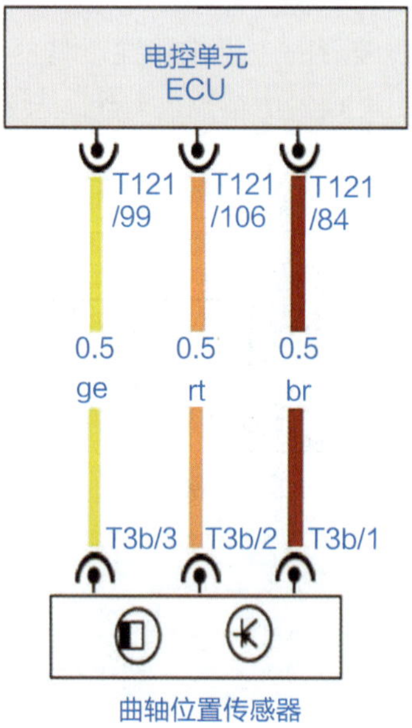

图 3-27　霍尔式曲轴位置传感器电路

第 77 问

怎样分析曲轴位置传感器的波形？

读取数据流时，数据流中的转速是 ECU 根据发动机点火信号或曲轴位置传感器的脉冲信号计算而得的，它反映了发动机的实际转速。发动机转速的单位一般采用 r/min，其变化范围为 0 至发动机的最高转速。该参数是发动机电控单元控制起动喷油量的依据。分析发动机起动转速可以分析其起动困难的故障原因，也可分析发动机的起动性能。该参数还通常用于对其他参数进行分析时作为参考基准。发动机怠速时转速参考值为（700±30）r/min。起动时发动机转速为 200 ~ 300 r/min，如果低于此转速，起动系统正常，则说明曲轴位置传感器工作不正常。

曲轴位置传感器会受污垢、电磁干扰、发动机振动等多方面影响，检查时难免出现缺漏。使用示波器检查曲轴位置传感器得波形，通过波形可以检查它是否正常，确定其不正常后，再对其相应的检测或更换，这样可以简化检测项目。

维修案例 一辆奇瑞艾瑞泽发动机在怠速时有抖动现象。用故障检测仪检查时未发现故障，对其油路和电路做仔细检查时也未发现故障，但在用示波器对所怀疑部件进行波形分析时发现：曲轴位置传感器输出信号不规则，且偶尔还有间断的现象，如图 3-28 所示。

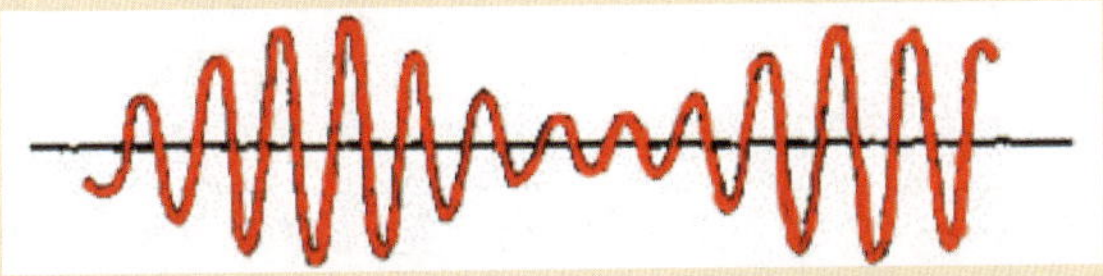

图 3-28　异常的曲轴位置传感器

在确定曲轴位置传感器工作性能及其电路良好后，初步断定故障在曲轴位置传感器的信号触发轮上。进一步检查表明，该车曲轴位置传感器的信号触发轮松动。在固定该信号触发轮后，故障排除。

第 78 问

节气门体位置传感器会产生什么故障？

节气门体位置传感器结构如图 3-29 所示，节气门体位置传感器将节气门体的开度转换成电信号输送给 ECU，作为 ECU 判定发动机运转工况的依据。节气门体位置传感器具体作用如下。

图 3-29　节气门体位置传感器

（1）发动机 ECU 根据节气门体开度信号，修正点火提前角和喷油量。

（2）节气门体位置传感器反应车辆的加、减速状态，在急加速工况，发动机 ECU 根据节气门体位置信号加浓混合气。

（3）在减速工况，发动机 ECU 根据节气门体位置信号实行断油控制。

（4）自动变速器根据节气门体开度信号进行换挡控制。

技师经验

变速器电控单元根据发动机节气门体位置传感器和车速传感器等信号，对换挡正时、换挡油压、变矩器锁止等进行控制，节气门体位置传感器的信号是发动机负荷控制的主要信号，会直接影响变速器的换挡时间、换挡油压和变矩器锁止控制，一旦节气门体位置传感器或其线路产生故障，变速器就会出现换挡冲击、换挡延迟、车速与发动机转速不匹配等故障。当 ECU 无法得到这一信号时，变速器控制单元采用跛行模式运行，因此变速器无 4 挡，换挡时也会出现闯车。

（5）电子节气门体系统根据节气门体位置信号和加速踏板位置传感器信号，控制节气门体电动机的开度。

（6）节气门体位置传感器还反映怠速工况，ECU 根据其信号判断是否属于怠速工况。如果属于怠速工况，此时转速传感器提供的转速过高时（如 2000 r/min），ECU 实现断油功能，切断对喷油器的控制，当转速下降到一定时（如 1500 r/min），ECU 恢复供油控制。

（7）当 ECU 判断节气门体位置传感器故障，可能以进气压力传感器或空气流量计信号替代此信号，所以加速和动力性能下降。加速时，若怠速开关闭合，ECU 根据怠速信号判断怠速超过了极限，从而实现断油功能，可能出现加速不良，甚至加速游车的现象。

维修案例 一辆现代 2.0 L 轿车行驶车速只有 30 ~ 50 km/h，并有游车现象。检查当发动机转速上升至 2 000 r/min 时，喷油器脉宽为零，从而证实了断油功能的起用。此时为加速而不是减速，但电脑判别的条件为只要在怠速工况，转速超过极限转速起用断油功能。更换节气门体位置传感器，故障排除。

第 79 问

怎样检修滑动电阻型节气门体位置传感器？

如图 3-30 所示，滑动电阻型节气门体位置传感器的触点可在可变电阻器上滑动，将节气门体开度值转化为电压信号，怠速触点专门用于确定节气门体完全关闭时的位置，提供准确的怠速信号，也有的车没有怠速触点。

组合式节气门体位置传感器电路如图 3-31 所示，VC、VTA、IDL、E2 分别为 ECU 给传感器供电 5 V、传感器提供给 ECU 信号、怠速触点、搭铁端子。当节气门体全闭时，检查传感器端 IDL-E2 端子间电阻小于 1 Ω，当节气门体打开时，IDL-E2 端子间应不导通；E2 和 VTA 之间的电阻应能随节气门体开度增大而呈线性增大。检查传感器端 E2 和 VTA 之间的电阻器，应能随节气门体开度增大而呈线性增大。

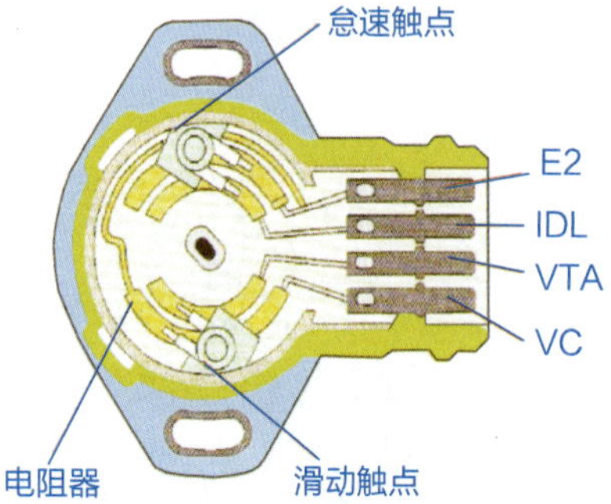

图 3-30　滑动电阻型节气门体位置传感器结构

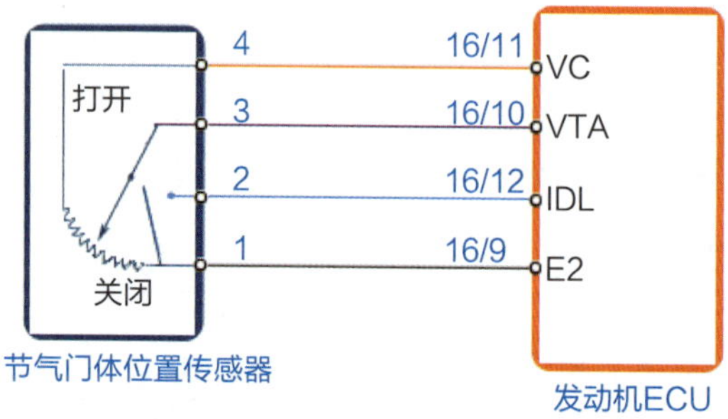

图 3-31　节气门体位置传感器

插好节气门体位置传感器的导线连接器，点火开关置 ON 位置，在节气门体全开时，IDL-E2、VC-E2、VTA-E2 的电压分别为 9 ~ 14 V、4.5 ~ 5.5 V、3.2 ~ 4.9 V；在节气门体全闭时，测量 VTA-E2 为 0.3 ~ 0.8 V。

技师经验

检查节气门体位置传感器包括：检查节气门体位置传感器的电路没有断路和短路、传感器的供电和搭铁等应正常。节气门体滑动电阻可能只是在某一处接触不良，检查时需要转动节气门体，以便观察每个点接触是否良好。如果节气门体传感器内滑动电阻接触不良，会导致电阻值不呈线性变化，电脑根据此错误信号控制发动机，从而出现了发动机工作失常的现象。可能出现发动机喘振、怠速时失速熄火、废气排放超标、变速器换挡不良等现象。

有的节气门体位置传感器没有怠速开关，发动机 ECU 根据节气门体位置传感器提供的电压信号大小来确定是否是怠速工况。需在怠速时检查节气门体位置传感器的电压，电压过高会引起怠速不良。怠速时节气门体不完全关闭，ECU 无法接收怠速信号就不能发挥稳定怠速的功能，容易出现怠速不稳故障。

第 80 问　怎样分析节气门体位置传感器的数值？

节气门体开度是一个数值参数，该参数的数值表示发动机电控单元接收到的节气门体位置传感器信号值，或根据该信号计算出的节气门体开度的大小。节气门体开度的数值单位根据车型不同有以下 3 种：若单位为电压 (V)，则数值为 0 ~ 5.1 V；若单位为角度，则数值为 0° ~ 90° ；若单位为百分数 (%)，则数值为 0 ~ 100%。节气门体开度值小，则表示节气门体开度小；节气门体开度值大，则表示节气门体开度大。

当节气门体全关时，以电压为单位的参数值应低于 0.5 V；以角度为单位的参数值应为 0° ；以百分数为单位的参数值应为 0%。当节气门体全开时，以电压为单位的参数值应为 4.5 V 左右；以角度为单位的参数值应大于 82° ；以百分数为单位的参数值应大于 95%。

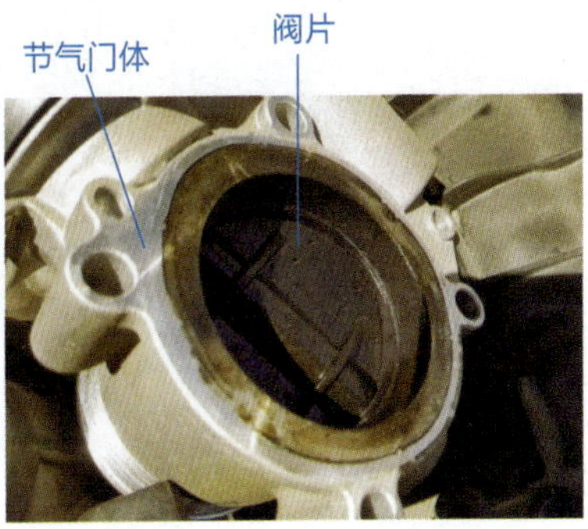

图 3-32　节气门体脏污

节气门体开度应与发动机负荷状态相匹配。在进行数值分析时，应检查在节气门体全关时参数的数值大小。很多车型节气门体都容易脏污，如图 3-32 所示，节气门体过脏导致节气门体位置传感器开度过大，引起怠速低或发抖，节气门体数据比正常大。可以利用故障诊断仪，通过数据流中节气门体开度检测积炭。怠速时，正常的节气门体开度在 1° ~ 3° ，最大极限在 5° 。如果在正常的温度怠速运转时，节气门体开度达到 5° 以上，可能存在严重的积炭。

线性节气门体位置传感器要输出与节气门体开度成比例的电压信号，控制系统根据其输入电压信号来判断节气门体的开度，即负荷的大小，从而决定喷油量等控制。如果传感器的特性发生了变化，即由线性输入变成了非线性输出，传感器输出的电压信号虽然在规定的范围内，但并不与节气门体的开度成规定的比例变化，就会出现发动机工作不良，而故障指示灯却并不会亮，当然也不会有故障码。

技师经验

发动机节气门体位置传感器和进气压力传感器之间存在相互关联的关系：节气门体开度小时节气门体位置传感器输出电压信号低，进气系统真空度低，进气压力传感器输出电压信号也低。反之，节气门体开度大时节气门体位置传感器输出电压信号高，进气系统真空度高，进气压力传感器输出电压信号也高。根据关联信号可以判断这两个传感器输出信号是否异常。

数据关联分析是根据数据流多个数据之间相互联系来判断是否发生异常，是对互为关联的数据进行逻辑关系分析。分析传感器数据时，要考虑几个相关传感器信号的关系，当发现它们之间的关系不合理时，电控自诊断系统会给出一个或几个故障码，此时不要轻易判断是某传感器不良，需要根据它们之间的相互关系做进一步分析，以得到正确结论。

第 81 问 冷却液温度传感器会产生什么故障？

水温传感器也称为冷却液温度传感器，一般安装在气缸盖水道上，它能感应冷却液的温度，其结构如图 3-33 所示。ECU 收到该温度信号后修正喷油量和点火时刻等。冷却液温度传感器信号作用可以细分为以下几种情况。

图 3-33 冷却液温度传感器

（1）起动时，发动机处于开环控制，发动机 ECU 根据起动信号和冷却液温度信号，加浓混合气。

技师经验

冷却液温度范围在 −46 ℃或 140 ℃，正常温度时为 80 ~ 105 ℃。冷却液温度传感器失灵，使得控制单元无法正确感知发动机的实际温度，因此计算出的喷油量出现较大偏差，造成起动困难，怠速严重抖动。发动机控制单元若错误地认为发动机处于冷机状态，发动机还会长时间处于高怠速运转。

冷却液温度传感器内部是负温度系数电阻，可能会出现偶发性断路，此时发动机将以很浓的混合气起动，所以发动机起动困难。起动后，发动机控制单元将以温度值 80 ℃替代实际温度，由于空燃比不精确，所以导致发动机怠速抖动。

维修案例 一辆宝来轿车起动很困难，经过很长时间才能起动，起动后再起动就一切正常。该车在别的维修厂做过多方面的检查，发动机有油、有火，就是不能起动。经过长时间能起动，故障很有可能是混合气稀造成的。检查火花塞却没有被“淹”的迹象，发动机无故障码。读取数据流，动机 ECU 输出的冷却液温度为 105 ℃，而此时发动机的实际温度只有 2 ~ 3 ℃，发动机 ECU 所收到的水温信号是错误的，说明冷却液温度传感器出现了问题。将冷却液温度传感器更换，再起动正常，故障排除。

（2）暖机过程中，水温低时，发动机开环控制。

（3）发动机达到规定的温度（约为 82 ℃），发动机闭环控制，ECU 开始修正长期燃油修正。一般利用电磁感应原理的传感器容易受到干扰，水温传感器也可能受干扰。如果冷却液温度传感器受到了电磁干扰，其信号出现偏差，会影响冷却液温度传感器的功能。

（4）用于风扇控制，80 ℃以上散热器温控风扇开始低速旋转，105 ℃以上风扇开始高速旋转。

第 82 问 怎样检修冷却液温度传感器？

如图 3-34 所示，发动机冷却液温度传感器细长的头部与冷却液接触，其内部装有负温度系数的热敏电阻。当发动机冷却液温度逐渐升高时，热敏电阻的阻值将逐渐减小。反之，当冷却液温度逐渐降低时，热敏电阻的阻值将逐渐增大。

参考卡门涡旋式空气流量传感器的电路，对进气温度进行检查。

（1）检测进气温度传感器的端子“THA”与“E1”端子之间的电阻，参考值如下：20 ℃时，2.0 ~ 3.0 kΩ，40 ℃时，0.9 ~ 1.3 kΩ。

（2）打开点火开关，检测发动机 ECU 端子 THA-E2 之间的电压，应为 4.5 ~ 5.5 V。如果电压为 0 V，需要检测线束是否存在断路。

（3）怠速状态下，检测 THA-E2 之间的信号电压，在进气温度 20 ℃时，电压应为 0.5 ~ 3.4 V。

（4）利用红外线测温仪检测冷却液温度传感器。

利用红外线测温仪可以检查水温数据和实际温度是否一致，从而发现水温传感器和水温表是否有故障。同样道理，利用红外线测温仪对进气温度、环境温度、变速器油温等都可以进行检测。

卡罗拉 1ZR 发动机冷却液温度传感器电路如图 3-35 所示，检查时步骤与进气温度基本相同，只是其阻值不同，在 20 ℃时，2.32 ~ 2.59 kΩ，在 80 ℃，0.31 ~ 0.32 kΩ。

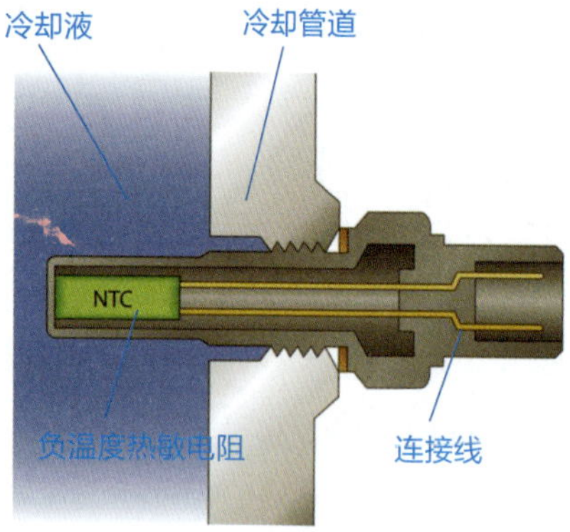

图 3-34 冷却液温度传感器工作原理

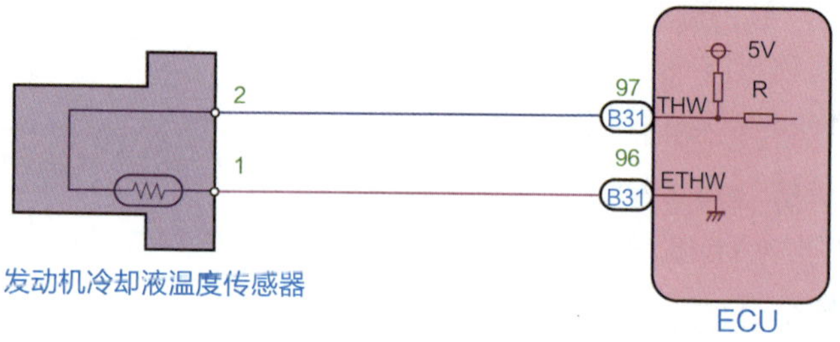

图 3-35 冷却液温度传感器电路

第83问 怎样分析冷却液温度传感器的数值？

冷却液温度是一个数值参数，其单位可以通过检测仪选择为℃或℉。其温度在 -40 ~ 199 ℃变化。该参数表示电控单元根据冷却液温度传感器送来的信号计算后得出的冷却液温度数值，分析冷却液温度传感器，可以参考表 3-2。

表 3-2 冷却液温度数值分析

序 号	数 值	说 明
1	85 ~ 105 ℃	在发动机完全热车后，怠速运转时的冷却液温度
2	-40 ℃	发动机不可能达到这么低的温度，说明传感器或线路断路
3	185 ℃	发动机不可能达到这么高的温度，说明传感器或线路短路
4	10 ~ 35 ℃	发动机冷却后，未起动时的静态数值，此时应接近环境温度。此时如果起动，发动机怠速属于冷怠速，其转速高于正常怠速
5	20 ~ 85 ℃	冷却液温度的数值应能在冷起动至热车的过程中逐渐升高
6	80 ℃	冷却液温度传感器发生故障后，ECU 调取的备用值

第84问 进气温度传感器会产生什么故障？

进气温度传感器测量发动机进气温度，它通常集成在空气流量传感器或进气歧管压力传感器中，其结构如图 3-36 所示。进气温度传感器能检测进入发动机空气的温度，补偿由于进气温度变化而导致的空气密度的变化，准确计算进气量，修正喷油量和点火时刻等。进气温度传感器失效保护操作 ECM 估计进气温度为 20 ℃ (68 °F)，进气温度传感器故障会影响喷油量和点火时刻，发动机会出现怠速抖动或加速不良的故障。

图 3-36　进气温度传感器

进气温度在 − 50 ～ 185 ℃变化。该参数表示电控单元按进气温度传感器的信号计算后得出的进气温度数值。该参数表示电控单元按进气温度传感器的信号计算后得出的进气温度数值。发动机通常不可能达到 − 50 ℃或 185 ℃的极值温度，若该参数显示为 − 50 ℃，则表明进气温度传感器或线路断路；若该参数显示为 185 ℃，则表明进气温度传感器或线路有短路。

在分析进气信号数值时，注意进气温度传感器正常值随外界环境温度的变化而变化。在冷车起动之前，该参数的数值应与环境温度基本相同；在冷车起动后，随着发动机的热起，该参数的数值应逐渐升高。如果显示值始终为 19.1 ℃不变化或与环境温度不符，则说明进气温度传感器有故障。

维修案例 一辆蒙迪欧在停车时容易出现熄火。运行发动机，在熄火时，观察发动机的数据流。在发动机抖动时进气温度出现 48 ℃，紧接着发动机熄火。分析引起故障的原因：进气温度传感器损坏；进气管内的空气被加热。检查进气温度传感器无故障，检查进气管路时，发现发动机滤清器盖没盖严。进入进气管的空气本来是先从前保险杠的下部进入，当滤清器盖没盖严时，空气从发动机室直接进入，因而引起熄火。重新安装滤清器，故障排除。

技师经验

节气门体前方漏气可能会引起发动机怠速运行熄火。如果发动机进气温度升高，则意味着空气质量在下降，进入气缸的混合气总量在减少，发动机的输出扭矩就会下降。虽然发动机ECU具备自动调节的功能，但如果漏气是突然性质的，发动机ECU还来不及调节时，发动机就熄火了。

第 85 问

ECU 何时开环控制空燃比？

发动机 ECU 对空燃比的控制分为开环控制和闭环控制，在闭环控制时，发动机 ECU 根据空气流量计等信号，设置基本喷油量对空燃比进行控制，当 ECU 收到氧传感器的反馈信号时，它会修正喷油量，如图 3-37 所示。开环控制时，电控单元控制脉冲宽度的变化而并不需要以氧传感器的信号作为反馈。有些故障会使发动机电控单元回到开环控制状态。

此外，有些车型在怠速运转一段时间后也会回到开环状态，这常常是因为氧传感器在怠速时温度太低所致。

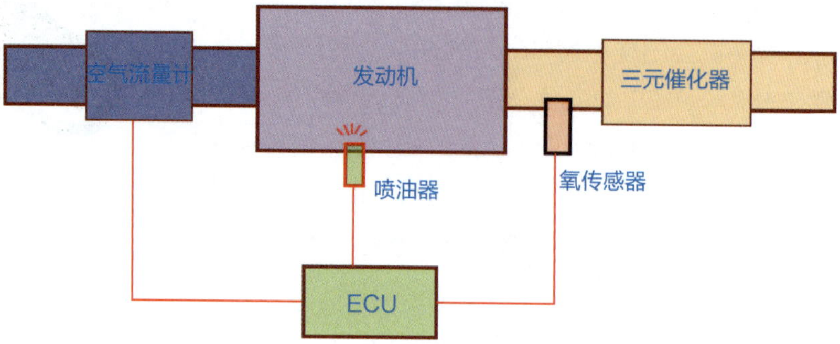

图 3-37　发动机闭环控制

在下述情况下 ECU 对空燃比将不进行反馈控制，而是进行开环控制。

（1）发动机起动时需要浓混合气，以便起动发动机。

（2）发动机起动后暖机时发动机温度低于正常工作温度 (80 ℃)，需要迅速升温。

（3）发动机大负荷 (节气门体全开) 时需要加浓混合气，使发动机输出最大功率。

（4）加速时需要发动机输出最大转矩，以便提高汽车速度。

（5）减速时需要停止喷油，使发动机转速迅速降低。

（6）氧传感器温度低于正常工作温度，如氧化锆式氧传感器的温度低于 300 ℃、氧化钛式氧传感器温度低于 600 ℃，氧传感器不能正常输出电压信号。

（7）氧传感器输入 ECU 的信号电压持续 10 s 以上时间保持不变时，说明氧传感器失效，ECU 将自动进入开环控制状态。

发动机暖机后，电控单元进入闭环控制，并开始接收氧传感器的信号。如图 3-37 所示，在闭环控制期间，发动机 ECU 根据氧传感器信号，做出短期燃油修正策略和长期燃油修正策略，对喷油量进行。

发动机理论空燃比为 14.7 ：1，但实际燃烧时出现由于各种因素影响，可能过浓或过稀。过浓时，排气中氧气较少，过稀时，排气中氧气充足。氧传感器用于监测排气中的氧含量，并将此信号反馈给 ECU。ECU 根据氧传感器信号修正喷油量，使发动机随时处于最佳的燃烧状态。

第 86 问

怎样检查氧传感器？

通常发动机采用氧化锆型氧传感器结构如图 3-38 所示。它由钢质护管、壳体、加热器、铂电极等组成。氧传感器的工作原理与干电池相似，氧化锆起类似电解液的作用，氧化锆表面的铂电极起催化剂的作用。氧化钛型氧传感器与氧化锆型氧传感器外形类似，只是它输出一个交替变化的信号。

如图 3–39 所示，发动机工作时，若供给的是稀混合气，废气中氧气的浓度高，氧传感器内外表面的氧浓度差小，几乎不产生电动势，约为 0 V。发动机若供给的是浓混合气，废气中的氧气比较富足，它与铂电极接触，在铂的催化作用下，它与废气中的 CO、HC 发生反应，使铂金属表面的氧浓度趋于零，氧传感器内、外表面的氧浓度差很大，在电极间产生约 1 V 的电动势。可燃混合气空燃比在 14.7 附近，电压产生突变，如图 3–40 所示。

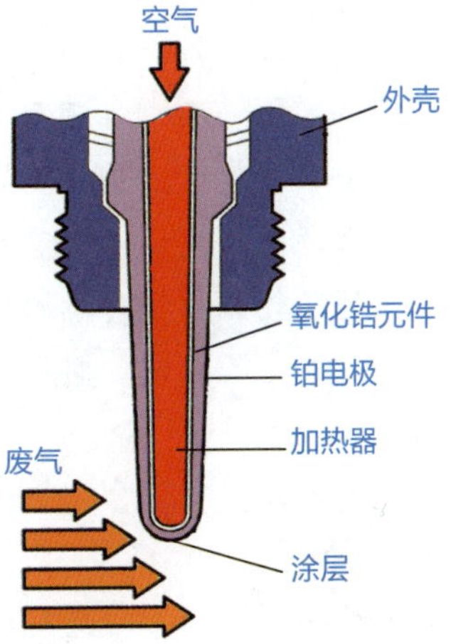

图 3–38　氧化锆型氧传感器结构原理

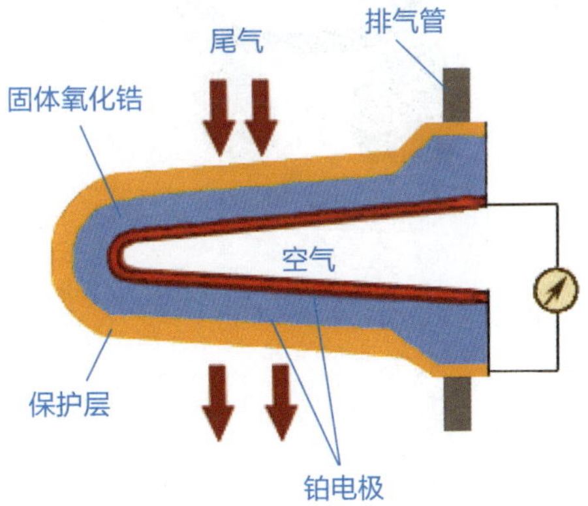

图 3–39　氧化锆型氧传感器工作原理

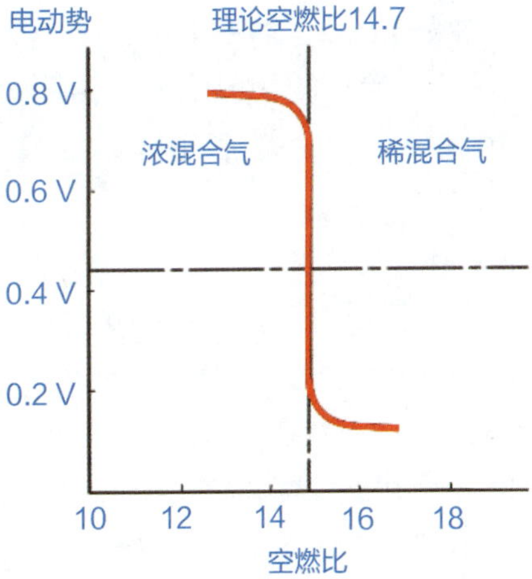

图 3–40　氧化锆型氧传感器特性

氧传感器的检测通常包括以下方面：①检查氧传感器加热的电阻器，例如，丰田 1ZR 发动机加热器 20 ℃的阻值为 1.8 ~ 3.4 Ω；②检查线束及端子有无短路或断路；③查找维修手册，检查电路是否异常；④暖机后，检查氧传感器信号电压应在 0.4 V 或更低于 0.55 V 或更高之间波动。

技师经验 1

如果怀疑检查氧传感器的性能异常，可以改变混合气的浓度，氧传感器在滞后一段时间后，其电压应该改变，混合气越浓，氧传感器电压越高。反之，混合气越稀，氧传感器电压越低。改变混合气浓度的方法包括：使用诊断仪主动测试功能，增加或减少喷油量；在进气管内，喷入化油器清洗剂类喷剂，可以加浓混合气；断开冷却液温度传感器，或人为增加或减少冷却液温度传感器的阻值等。

技师经验 2

有的 V 型发动机上有两个前氧传感器，当怀疑其中一个前氧传感器有故障时，可以换上另一个氧传感器，再检查故障现象是否消失，根据故障现象是否消失判断前氧传感器是否真正有故障。发动机上有很多结构相同的器件，如火花塞、喷油器、V 型发动机 2 列气缸组上的凸轮轴位置传感器、爆燃传感器、氧传感器等，对比结构相同的器件工作情况，容易发现其是否正常。同样道理，可以对比两台同样的发动机上的相同元件，分析它们是否正常。

第 87 问 氧传感器会产生什么故障？

氧传感器故障包括铅中毒、硅中毒；汽油燃烧不完全或油污等沉淀物形成积炭锆管碎裂；加热电阻丝烧断；内部线路或引出导线故障，如图 3-41 所示。

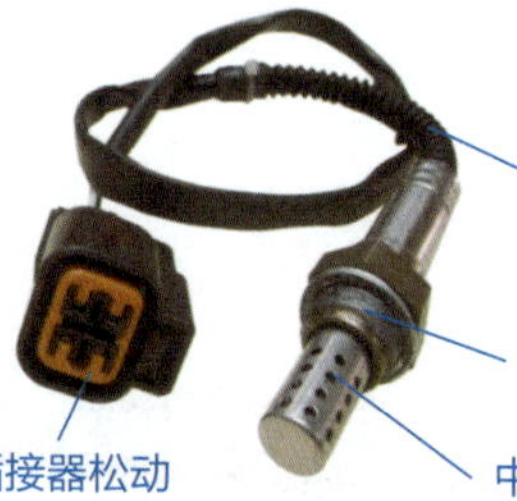

图 3-41　氧传感器故障

氧传感器故障通常不会影响发动机的起动性能，氧传感器的工作电压不正常会影响发动机混合气的浓度失调，进而引起怠速不稳、加速不良、发冲、冒黑烟甚至熄火、故障灯点亮等故障。

如果发动机经常在怠速或中低负荷下运行，三元催化器反应后的尾气中含有的水，会降低后氧传感器的工作温度，导致后氧传感器响应速度变慢。另外，如果加注了劣质燃油，燃油中含有的化学物质，会污染后氧传感器的铂金电极和氧化锆载体，导致后氧传感器响应速度变慢，检测灵敏度降低，发动机故障灯点亮。

氧传感器信号如果一直偏大，如 0.56 V（理论空燃比时为 0.45 V），发动机会不断降低喷油量，此时发动机容易出现怠速波动很大，加速无力，甚至会失速或熄火。

维修案例 一辆丰田锐志故障灯亮，故障码为 P2195—空燃比传感器信号持续稀。热车时读取数据流，怠速时右侧氧传感器为 3.4 V，左侧为 3.3 V。主动测试少喷油 12.5% 时，右侧氧传感器电压大于 4 V，而左侧氧传感器电压小于 3.8 V；主动测试多喷油 25% 时，右侧氧传感器电压为 0.8 V，而左侧氧传感器电压为 1.6 V。对比 3 组数据，发现右侧氧传感器怠速时，不在正常范围（正常时 3.2 ~ 3.3 V），在主动测试时，右侧空燃比传感器电压时而高于时而低于左侧空燃比传感器，怀疑右侧空燃比传感器故障，检测其加热器电路正常后，将其进行更换，故障排除。

技师经验

电器件接触不良，稳定性能差会引起发动机熄火，熄火后难以起动，例如，发动机喷油器电源线或控制线接触不良，就会导致发动机因喷油器不喷油而熄火。一般会伴随着振动、高温、潮湿等条件一起出现。氧传感器如果随车身振动出现偶发性断路，发动机 ECU 根据其信号调整混合气浓度，这样可能混合气浓度变化不是发动机需要的，发动机可能熄火。

氧传感器加热器或其电路出现断路故障，氧传感器工作温度不能上升到 300 ℃以上，会致使其无信号输出，ECU 就按稀混合气工况发出加浓混合气的命令，造成发动机排气管冒黑烟。当发动机工作一段时间后，氧传感器工作温度达到 300 ℃，故障现象会消失。

第 88 问

积炭对氧传感器有什么影响？

进气管路积炭会对氧传感器产生影响分析如下：气门积炭不仅影响氧传感器信号，还加速氧传感器失效，如图 3-42 所示，氧传感器被积炭覆盖后，其灵敏程度降低，信号出现偏差。因为气门上积炭会影响混合气浓度，混合气浓度不稳定会引起发动机工作不稳定。氧传感器在发动机工作不稳定的情况下会反复进行调整。由于气门上的积炭影响调整的频率，氧传感器的反应就相对滞后。

图 3-42　有积炭的氧传感器

上述情况时，ECU 会产生氧传感器损坏相关的故障码，如果更换氧传感器后故障排除。但几个月后，故障又重新出现。实际上氧传感器正常的使用寿命最低也应在 10 万 km 以上，这是因为刚换上的新的传感器工作有一个高峰期，反应相当灵敏，尽管有气门积炭的干扰，但它也能调节过来。使用一段时间后，氧传感器质量进入稳定期，反应电压的速度趋于正常，在积炭的干扰下，它也会反应滞后，从而使氧传感器失效速度加快。

积炭受温度影响改变混合气浓度，混合气浓度改变会引起发动机怠速不良，甚至熄火。喷油器堵塞也会引起混合气稀，虽然发动机控制单元能够根据氧传感器的信号调整喷油量，但随着燃油调整量超过一定程度时，会触发故障灯点亮，发动机可能熄火。

技师经验

有时候故障码不能直接指示故障部位，故障的真正原因需要根据故障现象，参考故障码，进行认真分析才能确定。若缺乏正确的分析，会使维修工作走弯路甚至走错路。故障码所示的内容与故障关联似乎不大，但故障的真正原因与它有很大的关系。任何资料都不可能将发动机全部标准数据提供出来，没有标准就无法判断，这给维修工作增加了难度。

将故障发动机的信息与正常发动机的信息进行对比，正常发动机的信息就有了判断的标准，有了标准就有下结论的依据。

第89问 ECU是如何设置氧传感器相关故障码的？

1. 氧传感器相关故障码产生机理

在发动机闭环控制时，氧传感器的信号电压 10 s 内在 0.45 V 上下至少变化 8 次，否则发动机 ECU 产生氧传感器相关的故障码，通过类似图 3-43 所示的诊断仪连接诊断插座，诊断座位置如图 3-44 所示，可以读取故障码的含义。例如，别克君威发动机 ECU 若检测到氧传感器信号电压低于 0.175 V 或在动力增强模式下低于 0.6 V 的状态达到 5 s，并且满足下列条件的情况下，则设置故障码 DTC P0131——氧传感器。设置氧传感器故障码的条件是：当前节气门体位置、进气歧管绝对压力、进气温度、冷却液温度、空气流量、曲轴位置、发动机缺火、喷油器电路、蒸发排放等均正常，无故障码；闭环指令空燃比为 14.4 ~ 14.9；节气门体开度为 5% ~ 40%。

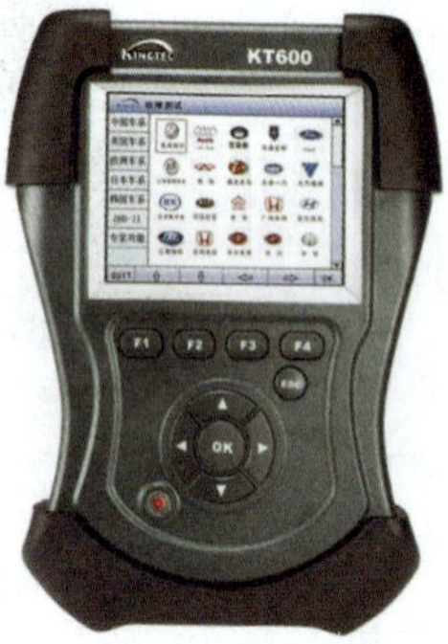

图 3-43 诊断仪

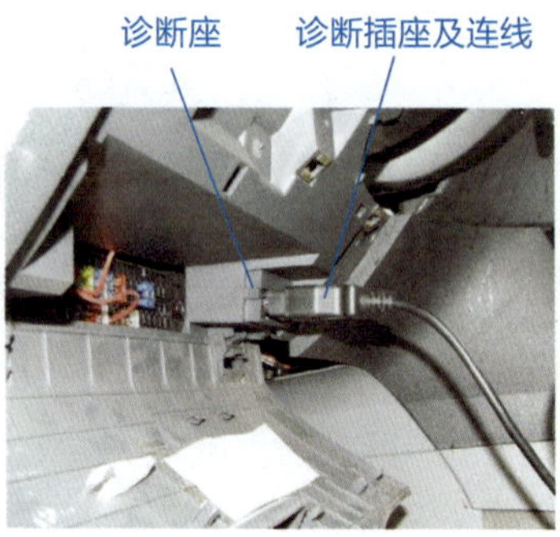

图 3-44 诊断座

技师经验

当电控单元通过检测发现，某一输入信号在一定时间内没有发生变化或变化没有达到预先的次数，自诊断系统就确认该信号出现故障，该方法称为时域判断法。时域判断法属于合理性检测，确保输入传感器处于正常范围。

2. 产生氧传感器故障码的原因

氧传感器检测发动机尾气中的氧含量，当氧传感器出现故障码时，有可能是氧传感器本身出现的故障，但在排除氧传感器本身良好的情况下，应把故障向与影响混合气浓度有关的其他方面分析。具体原因包括：氧传感器加热器故障、氧传感器故障、电路断路或短路、燃油压力过高或过低、进气系统堵塞或漏气、PCV 阀（曲轴箱通风阀）和软管连接漏气、喷油器堵塞或漏油、废气泄漏、发动机 ECU 故障等。

维修案例 一辆捷达轿车故障灯点亮，故障码显示氧传感器有故障，故障码无法清除。检查其他传感器和执行器，没有发现故障，更换氧传感器，故障依旧。读取数据流，怠速时节气门体的开度为 80%，节气门体开度正常时为 20% ~ 50%。对节气门体和进气管彻底清洁，试车，故障排除。

技师经验

怠速时，因为脏污节气门体开度增大，发动机 ECU 控制喷入较多的喷油量，因而混合气过浓，尾气中氧含量影响氧传感器信号，发动机 ECU 误认为是氧传感器出现故障，产生了氧传感器故障码。

第 90 问
怎样分析氧传感器的数值？

氧传感器工作状态参数表示由氧传感器所测得的排气浓稀状况。有些双排气管的汽车将这一参数显示为左氧传感器工作状态和右氧传感器工作状态两种参数。发动机电控单元必须处于闭环控制状态才能对氧传感器的信号做出反应，在闭环控制期间，发动机 ECU 根据氧传感器信号调整喷油量，进而改变混合气浓度。氧传感器数值分析如表 3-3 所示。

表 3-3　氧传感器数值分析

序　号	数　值	说　明
1	在 0.1 ~ 0.9 V，10 s 至少变化 8 次	空燃比在理论空燃比 14.7 ：1 的狭窄范围内，次数值为正常数值
2	大于 0.45 V	混合气偏浓，其主要原因如下：喷油器泄漏；燃油压力过高；活性炭罐的电磁阀常开；空气质量计有故障；氧传感器加热故障或氧传感器脏污等
3	小于 0.45 V	混合气偏稀，其主要原因如下：喷油器堵塞；空气质量计故障；燃油压力过低；进气管路漏气；在排气歧管垫片处漏气；氧传感器加热故障或氧传感器脏污等
4	3.23 ~ 3.31 V	空燃比传感器其电压在 0 ~ 5 V 变化。在怠速时，其信号电压在 3.23 ~ 3.31 V 变化。空燃比传感器电压在 2.2 ~ 4.2 V 变化

技师经验

分析数据流要与读取故障码和使用其他仪器测量等方法相结合，这样，才能有效地诊断故障。同时，分析数据流也不应该一次分析一个数据，要对相关数据进行组合和综合诊断。

例如，分析氧传感器数据时，可以人为改变混合气浓度、可以结合空气流量数据、喷油脉宽数据等，一起进行综合分析。

维修案例 一辆 Polo 轿车油耗突然增加，检查点火正时，换了火花塞，读取故障码为“氧传感器信号超差”。读取数据流，氧传感器显示为 0.01 V 不变。氧传感器电压过低，可能混合气稀或氧传感器自身信号错误。人为给混合气加浓（连加几脚油），同时观察氧传感器的数据变化情况。通过观察，在连加几脚油的情况下，氧传感器的数据由“0.01 V”微变为“0.03 V”，说明氧传感器损坏，更换氧传感器后，故障排除。

第 91 问 什么是短期燃油修正？

为了满足环保要求，氧传感器必须工作在合适的范围——即将空燃比保持在 14.7 ∶ 1 左右，因此需要对燃油进行修正。燃油修正包括短期（短效）燃油修正和长期（长效）燃油修正。燃油修正是指对基本供油程序的反馈调整，短期燃油修正是指动态或瞬时的调整，长期燃油修正是指比短期燃油修正对供油标定程序更多的逐步调整。长期燃油修正用于补偿汽车之间的差异和汽车随时间而发生的逐渐变化。

短期燃油修正 ECU 逻辑如图 3-45 所示。短期燃油修正是发动机控制单元做出的暂时策略，但它并不存储在电脑的存储器中。发动机开环控制时，ECU 根据空气量和转速信号等确定一个固定的基本喷油脉宽。

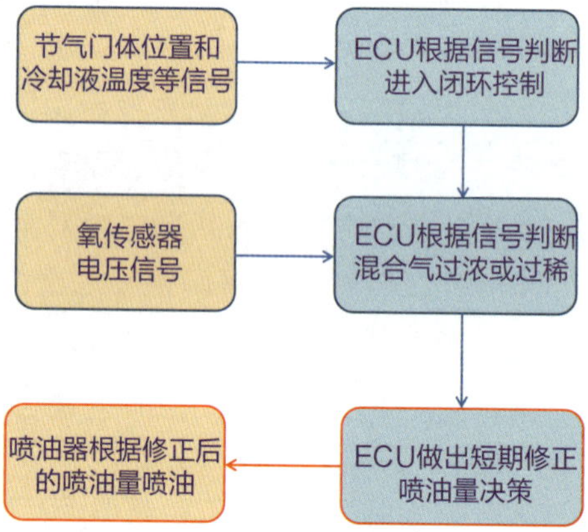

图 3-45 短期燃油修正 ECU 逻辑关系

短期燃油修正是对喷油控制策略决定理想值的基础上进行调整。发动机在起动、冷机和节气门体全开状态，发动机开环控制，电控单元控制脉冲宽度的变化而并不需要以氧传感器的信号作为反馈，喷油器有一个固定的基本喷油脉宽，并考虑空气流量传感器测得的空气量或进气歧管绝对压力传感器测得的负荷来调整脉冲宽度，此时短期燃油修正值为 1，代表 0 的变化。

闭环控制时，混合气浓氧传感器输出的电压会增加，短期燃油修正减少使喷油脉冲宽度将缩短，其数值小于 1，例如，短期自适应值为 0.8 表示脉冲宽度减少了 20%，改变的百分数在诊断仪显示为 −20。短期修正值固定在一个绝对值较大的值上，比如始终是 25% 或者 −25%，那么一定是有故障，常见的情况是前氧传感器信号故障导致的。短期修正值过大，需要从混合气浓度方面着手，综合其他情况分析故障。有的汽车短期燃油调整数值在 0.69 ～ 1.47 变化，为 0.69 时表明已达到调稀混合汽的极限，达到极限值时会设置相关故障码。

第 92 问 什么是长期燃油修正？

如果短期燃油修正值持续较长时间超过 3%，就会引起另外一个修正值——长期燃油修正值的变化。如表 3-4 所示，长期燃油修正改变脉冲宽度的长度，使短期燃油修正接近于 0。短期修正系数不保存在存储器中，通常是从 0 开始调整。长期修正值一般会保存在存储器中，存储的这些数据将在发动机再次在类似的环境和工况下工作时使用。当故障码清零以后，不论是短期修正系数还是长期修正系数均恢复成默认值。

表 3-4　长期燃油修正策略

长期燃油调整值	含　义	ECU 策略	短期燃油修正值
0	混合气合适	供油量正合适	不变
＞0	混合气过稀	加大喷油量	回到 0
＜0	混合气过浓	减少喷油量	回到 0

维修案例 一辆东风本田 CRV 发动机故障灯点亮，但是发动机运转。读取故障码为 P0171，混合气过稀，分析原因多为“油少气多”所致。读取数据流，发动机转速 800 r/min，空气流量为 2.5 g/s(正常为 3.0 g/s)，进气压力为 28 kPa，发现短期燃油修正值为 1.47（到达极限值），长期燃油修正值为 1.35（接近极限值）。分析以上数据流，发现发动机怠速偏高，进气量偏小，发动机电控单元一直在加浓混合气，说明极有可能存在漏气，检查发现有一个隐蔽处的真空管存在漏气，更换此真空管后，故障排除。

第 93 问 混合气稀为什么只在急加速时有故障？

通过燃油修正可以修正以下情况：当热线式空气流量传感器的热线由于空气中的灰尘脏污，导致检测的进气量小于正常值时，发动机电控单元依据进气量信号做出的喷油信号过小，导致系统混合气过稀，氧传感器电压小于 0.45 V，电控单元根据氧传感器信号做出燃油修正策略，增大喷油量，直到氧传感器信号正常。

如果是燃油系统出现故障，例如，燃油泵压力低或喷油器堵塞，会出现混合气稀的情况，发动机电控单元增加燃油喷射量使混合气达到规定范围。但是会出现发动机急加速时，混合气偏稀导致加速不良的状况出现。虽然发动机有燃油修正的功能，但混合气浓度偏差依然会造成发动机故障。这是因为燃油修正过程是一个较为缓慢的控制过程，当燃油修正的速率跟不上空燃比的变化速率时，或是在发动机急加速的瞬间，空燃比控制变为开环状态时，混合气的空燃比就不能保证随时符合理想状态。这种情况下，发动机的故障会表现出来。燃油修正量的偏差越大，燃油修正的速率越慢，故障表现得越明显。

第94问
火花塞故障为什么引起混合气过稀？

排气中氧含量不仅受喷油量的影响，还受点火系统的状况、气缸压力、进气系统以及排气系统等众多因素对其均有影响，发动机 ECU 不具备鉴别上述故障的能力，改变燃油量策略甚至加重了故障。例如，单个火花塞损坏（见图 3–46）使得单缸失火，排气中氧含量较多，氧传感器电压低于 0.45 V，发动机电控单元误判整个系统混合气稀，于是增加喷油量使混合气过浓。本来只有一个气缸工作不良，但发动机反馈控制的结果是所有气缸均工作不良。所以，如果混合气过浓或过稀导致长期燃油修正值达到修正极限时，在采用 OBD Ⅱ发动机控制系统中，会存储混合气过浓或过稀的故障码。

图 3-46　火花塞

第95问
为什么清洗节气门体怠速会高？

当对发动机进行过某项维修作业后，发动机的工作条件发生变化，但由于长期燃油修正值仍然保持在存储器中，这就使发动机在短时间内出现工作不正常的情况。如图 3–47 所示，发动机喷油器很脏，清洗完喷油器后，同样情况下喷油量会增多、混合气会出现过浓的情况等。因此，当发动机长期燃油修正系数被故障改变，在维修后，应断开蓄电池负极，再起动发动机进行自适应。在进行完发动机 ECU 的自适应后，检查短期燃油修正值与长期修正值应正常，否则说明引起发动机的故障原因未排除或未全部排除。

图 3-47　清洗前后的喷油器

第 96 问

后氧传感器有什么功能？

后氧传感器安装在三元催化器后面，如图 3-48 所示，ECU 通过对比前后氧传感器信号判断三元催化器性能，有的发动机后氧传感器也参与空燃比控制。后氧传感器可以是监视三元催化器的效率，补偿对空燃比的修正。ECU 利用安装在三元催化净化器前、后的加热型氧传感器来监测三元催化器的效率。因三元催化器对 HC、CO 和 NO_x 的转化效率与它的储氧能力有关，以及正常运行的三元催化器后氧传感器动态响应曲线的振幅非常小。反之，如果后氧传感器信号电压的波形非常接近前氧传感器，则说明三元催化器效率过低或失效。

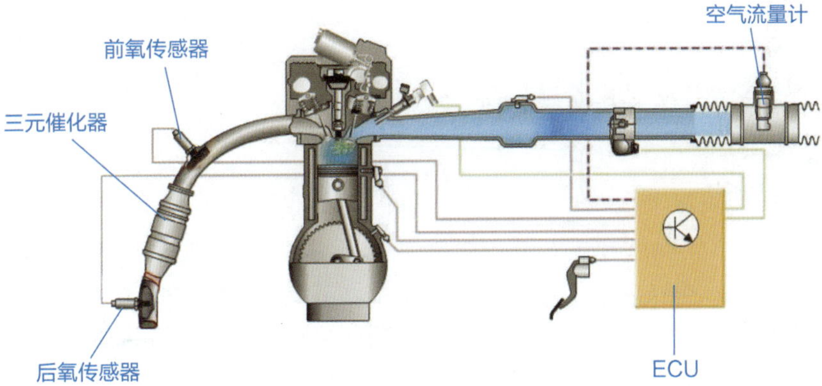

图 3-48　后氧传感器位置

第 97 问

离合器开关会产生什么故障？

离合器开关安装位置如图 3-49 所示，它可以在离合器结合和分离过程中，向 ECU 输入离合器的工作状态信号，以之作为喷油量及点火提前角控制的修正信号。当离合器未踩下时，离合器开关接通，动力处于传递状态，适当加大喷油量和提前点火提前角度；当离合器踩下时，离合器开关断开，动力处于非传递状态，适当减小喷油量和推迟点火提前角。在加速时，为防止踩下离合器后转速上升过快，发动机电控单元同时也会采用减慢节气门体开度的策略。

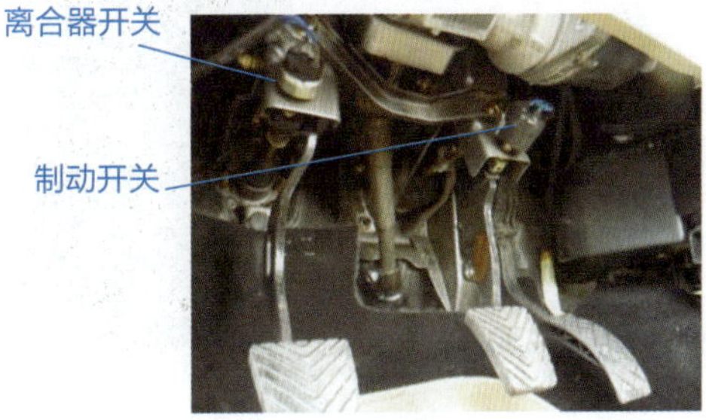

图 3-49　离合器开关位置

技师经验

如果离合器开关出现异常，使电控单元始终认为离合器处于踩下的状态时，从而喷油量和点火提前角度与车辆的实际状况不匹配，会导致车辆行驶不良，如加速发闯、油耗增加等。例如，在正常加速时，此时离合器踏板开关出现故障——长期处于打开（踩下）位置时，车辆就会有轻微发耸。

维修案例 一辆捷达轿车在低速挡行驶时，节气门体加至 2 000 r/min 左右收油，车身前后窜动。检查节气门体不脏，火花塞、喷油嘴、车速信号、真空管路等都正常。检查数据流发现，离合器开关信号处于常开状态，更换离合器开关，故障排除。

第 98 问

制动开关会产生什么故障？

制动开关结构如图 3-50 所示，发动机控制单元根据制动开关信号判断属于制动工况，减少供油或断油。有的制动开关上有 4 条线，有 2 条电源线，即 15、30，另外 2 条线分别控制单元和制动灯，如果 15 和 30 短路将会使发动机无法熄火；制动灯开关常闭导致制动灯不灭，蓄电池耗电，发动机无法着车；当制动开关向发动机、变速器等控制单元错误地传递制动信号，发动机单元就会减少供油或断油，变速器也相应地减少动力输出，造成加速无力，滑行拖滞的故障现象。

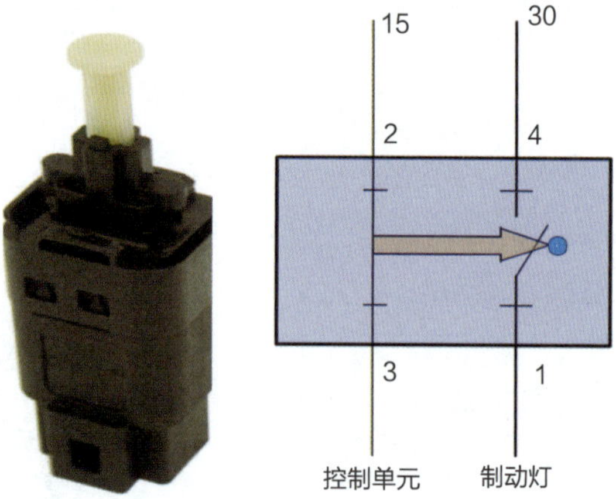

图 3-50 制动开关及电路

维修案例 一辆奥迪 A6 轿车出现加速无力、滑行拖滞的情况。在数据流中检查制动测试开关（传感给电控单元制动信号的开关型传感器）在踩下制动踏板时显示 ON，在没有踩制动踏板时，也常显示 ON，更换制动灯后，故障排除。

大众、宝马等汽车采用制动优先系统，当制动踏板被踩下时，不管加速踏板是否被踩下，车辆的节气门体立即处于关闭状态。所以，当受控制动踏板的制动开关出现故障时，在加速工况导通或偶发性导通会引起无法提速。

第 99 问　车速传感器会产生什么故障？

车速传感器如图 3-51 所示，车速信号给发动机控制单元提供一个车辆处于行驶状态中的信号，发动机控制单元接收到车速信号对喷油量及点火提前角进行修正。车速信号还用于废气涡轮增压控制，车辆停在原地时，不进行增压。

图 3-51　车速传感器

正常情况下，当车速达到一定程度，电控单元为了防止车辆超速行驶，切断燃油供给来限制车速。当车速传感器、电控单元等故障，电控单元误认为车辆超速，从而进行断油 ，这样会导致在低速正常，到了一定车速后，车辆加速无力的故障。

维修案例 一辆帕萨特轿车车速达到 130 km/h 以上时出现撮车、加速无力的故障，而低速行驶正常。检测无故障码，试换过火花塞、点火线圈、氧传感器。清洗过喷油器和节气门体。解体检测变速器，没有发现故障部位。在举升机上试验时，故障也会出现，在出现故障时读取数据流，诊断仪上显示车速 210 km/h，而里程表上显示车速 130 km/h，检查里程表到电控单元之间导线无故障，更换电控单元后，故障排除。

车速传感器的工作原理类似于转速传感器。很多车速传感器将车速信号传送给里程表，再由里程表将车速信号传给发动机 ECU。卡罗拉轿车轮速传感器监视车轮转速并且向防滑控制 ECU 传送信号，防滑控制 ECU 将这些车轮转速信号转换为脉冲信号，并通过组合仪表将其传输到 ECM，ECM 根据这些脉冲信号的频率来确定车速。

发动机设置车速传感器故障时，需要检查以下部位转速信号电路断路或短路、组合仪表、防滑控制 ECU、车速传感器、前照灯光束高度控制 ECU、主车身 ECU 等。车辆正常时，实际车速、仪表显示车速和 ECU 用于控制系统工作的车速一致，当不一致时，发动机会出现故障。没有车速信号时，发动机 ECU 就无法识别倒拖工况，这可能导致踩下离合器踏板时发动机转速过低甚至熄火。由于车速补偿的作用，在车辆滑行过程中出现发动机转速高于怠速工况的情况属于正常范围。

技师经验

有些发动机（如卡罗拉 2ZR 发动机）利用发动机负荷值作为衡量车辆是否行驶的判断因素，如果发动机负荷高并持续一段时间，没有车速信号进入发动机 ECU，发动机 ECU 判断车速传感器电路有故障，所以，车速传感器电路故障可能不会在低速时设置。

第 100 问 怎样检查喷油器？

1. 检测电磁喷油器的电压

喷油器电路如图 3-52 所示，拔下喷油器的连接器，将点火开关置于 ON 位置，检查连接器上供电端子 1 与搭铁之间的电压，应为 12 V 左右。如果电压为 0 V，说明电源电路不通，应进行检修。

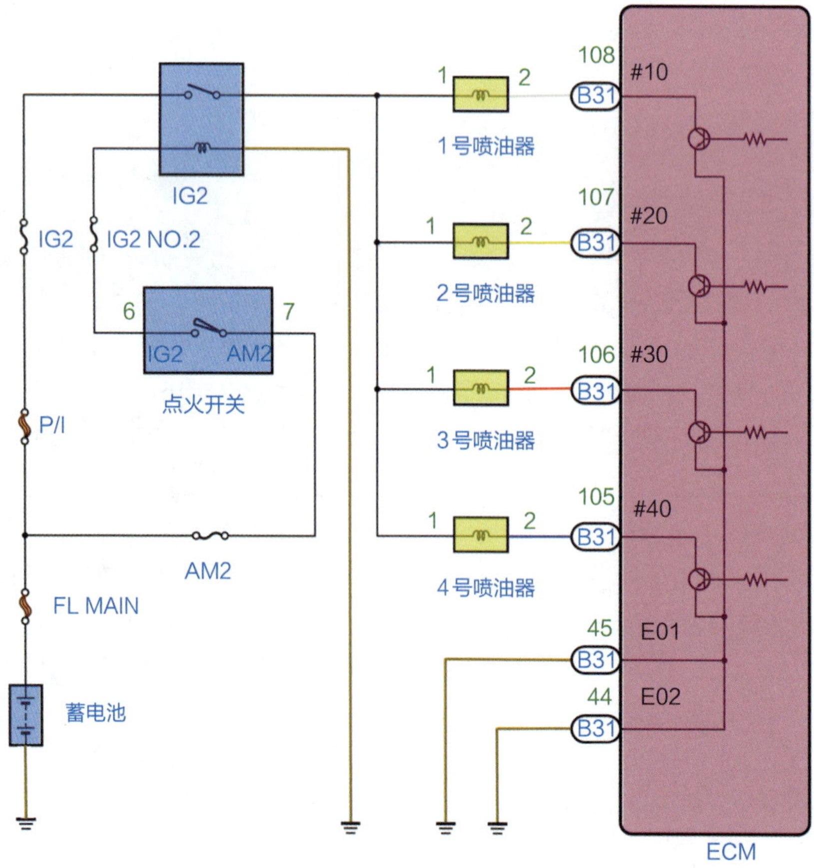

图 3-52 喷油器电路

技师经验

（1）当某执行器电路中熔丝熔断，需检查与其共用熔丝的所有执行器和电路。

（2）执行器供电电压波动，会引起执行器工作不良。例如，喷油器供电电压波动会引起供油不足。在发动机运行时，检查发动机执行器的电压，电压应接近蓄电池电压，而且不能有较大的波动，否则说明电路接触不良。

（3）2 个或 2 个以上的喷油器控制线短路，会导致喷油器喷油次数增加，发动机因混合气过浓而工作不良。

技师经验

如果 2 个喷油器控制线绝缘差而相互搭接在一起，将会造成喷油器喷油次数增加，发动机因混合气过浓而工作不良。通过示波器查看波形，如果某 2 缸喷油次数多；或测量喷油器控制线之间的阻值，如阻值小于 1 Ω；说明 2 个喷油器控制线搭接在一起。

2. 检测电磁喷油器的电阻

拔下喷油器的连接器，检测喷油器插座上两端子之间的电磁线圈阻值，如阻值为无穷大，说明电磁线圈断路，应予更换喷油器。1ZR 发动机在 20 ℃时，喷油器阻值为 11.6 ~ 12.4 Ω。

3. 检测电磁喷油器的控制脉冲信号

拔下喷油器线束插头，并在连接器的两个端子之间串接发光二极管和电阻。起动发动机时，发光二极管应当闪烁。如果二极管不闪烁或不发光，检查喷油器与 ECU 之间的接线是否断路，如无断路，检修 ECU 的电源电路，必要时更换 ECU。

第 101 问　怎样清洗和检测喷油器？

拆卸喷油器后，清除喷油器外部油污后，将喷油器放在超声波清洗槽支架上，操控如图 3-53 所示的面板，对喷油器进行清洗。完成超声波清洗后，将喷油器装在清洗仪量筒上，把驱动线插头依次插入喷油器插孔中，调整油压为 0.25 ~ 0.30 MPa，依次选择均匀性 / 雾化性检测功能、密封性测试功能、喷油量检测功能、自动清洗检测功能，对喷油器进行检测和清洗。1ZR 发动机喷油器每 15 s 内 60 ~ 73 cm^3，各喷油器间的差别不超过 13 cm^3，每 12 min 泄漏量不超过 1 滴。

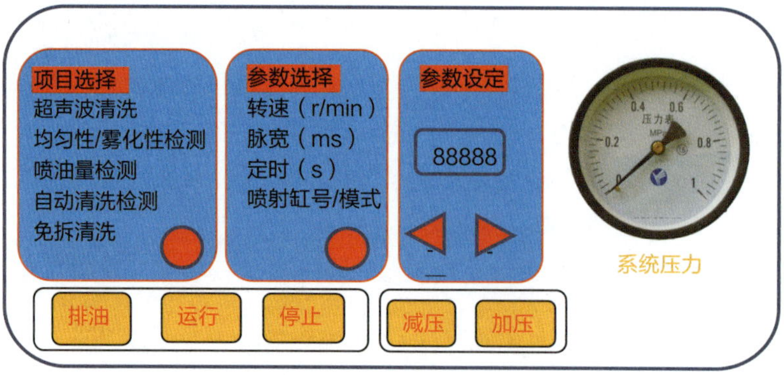

图 3-53　喷油器清洗检测仪

第 102 问 怎样分析喷油器脉宽的数值?

发动机电控单元用占空比信号控制喷油器喷油，如图 3-54 所示，占空比信号是指在一个脉冲循环内，通电脉宽时间相对于周期所占的比例。较高的喷油脉宽表示打开的时间较长，因而产生较浓的混合气；较低的喷油脉宽表示打开的时间较短，因而产生较稀的混合气。喷油脉宽是喷油器工作是否正常的最主要指标，该参数所显示的喷油脉冲宽度数值单位为 ms。热车怠速正常运行时，脉宽一般为 1.5 ~ 2.9 ms。喷油脉冲宽度随着发动机转速和负荷的不同而变化。

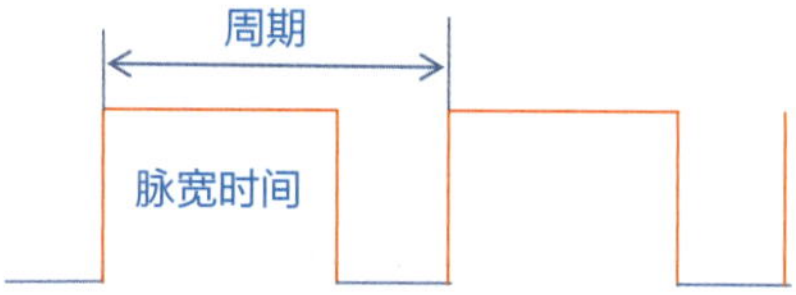

图 3-54　占空比信号

技师经验

标准数据就是给定的范围值，其实就是电脑认定的极限范围，数据在此范围内，电脑就不记录故障。有的数据虽然还在标准范围内，但是已经接近标准范围的极限值，一般这样的数据就已经表明有故障了。例如，奥迪 A6 1.8T 手动挡轿车在怠速时，维修手册上提供喷油时间正常值在 1 ~ 4 ms，但是标准数据是正常值范围中间值附近一个很小的范围，喷油时间标准数据应该是 2.5 ms 左右。

影响喷油脉宽的因素有很多，包括蓄电池电压、氧传感器信号、活性炭罐的混合气浓度、空气流量计信号、额外负荷、冷却液温度、进气压力等传感器偏离特性、节气门体过脏等。利用喷油脉宽可以判断 ECU 是否进入空燃比闭环控制，具体方法如下：热车进入闭环控制状态，关掉所有附属用电设备，测量喷油脉宽；人为制造轻微漏气，如果 ECU 进入了空燃比闭环控制，氧传感器正常，可以看出喷油脉宽增加，这是 ECU 对过稀的混合气进行修正的结果。

第 103 问 喷油器会产生什么故障？

1. 喷油器少量漏油的故障

在发动机运行时，喷油器漏油会使混合气过浓，但由于漏油量小和混合气浓度闭环控制的原因，不会表现出明显的故障现象。而在发动机熄火后，喷油器漏油会使其再次起动时，混合气过浓而无法起动。踩下加速踏板后，混合气浓度会降低，起动 2 ~ 3 次，发动机一般可以起动。

喷油器漏油大多是在燃油压力较高的状态下渗漏的。在熄火后，检查燃油压力，如果油压缓慢下降，将进油管上油压表的切断阀关闭，同时将回油管钳住，油压依然下降，说明喷油器漏油。在无回油管燃油供给系统中，连接油压表，在发动机熄火后观察油压下降过快，一般原因是喷油器出现漏油。

维修案例 一辆马自达轿车怠速抖动，发动机故障灯点亮。读取故障码，P2188—燃油系统在怠速时浓度过高。读取数据流，喷油时间为 1.85 ms（正常为 1.85 ~ 1.95 ms），燃油长期修正值为 −14.8%（正常为 0 ~ 20%），燃油短期修正值为 −14.25% ~ 0（−1.5% ~ 2.56%），进气压力为 34 kPa（正常值为 33 kPa），进气流量为 3 g/s（正常值为 2 g/s），前氧传感器在 −460 ~ 102 mA 变动（−8 ~ 16 mA），后氧传感器为 0.05 V。

故障码指示怠速时混合气浓度过高，从长期燃油修正值和短期燃油修正值可以看出，混合气浓度确实偏高，从前氧传感器和短期燃油修正数据波动和怠速抖动的情况分析，应该是单个气缸混合气偏浓。影响单缸混合气的是喷油器，检查 4 个气缸的喷油器电阻，依次是 5 Ω、15 Ω、14 Ω、15 Ω。说明一缸喷油器内部短路，导致喷油器开启时间过快，使 1 缸喷油量过多。更换 1 缸喷油器，故障排除。

技师经验

发动机故障码指示了发动机故障原因的方向，而数据流能反映发动机运行的具体情况，将故障码与数据流相结合分析故障，往往能快速地诊断故障。

2. 喷油器漏油严重的故障

喷油器雾化不好或漏油会导致混合气过浓。因为冷车发动机混合气需要的浓度较高，热车发动机充气效率低于冷车，若混合气浓度过高，对热车的影响大于冷车。

维修案例一辆别克君威 2.0 L 轿车在冷车时能够顺利起动，但有时热车起动困难。分析混合气过浓是造成热车不易起动的原因。检查冷却液温度传感器及其控制线路，均属正常。检查燃油系统，接好燃油压力表，起动发动机，压力正常。熄火后再看油压表，发现油压很快下降，断开回油管接头，无回油，说明漏油在油泵至喷油器之间。拆下 4 个喷油器检查实验，发现喷油器都有严重的漏油现象。更换全部喷油器，故障排除。

3. 喷油器堵塞的分析

如图 3-55 所示，喷油器堵塞后，喷油雾化情况会变差，其喷油量减少，混合气变稀，可能会引起发动机 ECU 产生故障码，点亮发动机故障灯。通过数据流看到喷油量较大，而从氧传感器数据观察混合气反而过稀，一般原因是燃油压力低或喷油器堵塞。单缸喷油器喷油量少或不喷油，此缸功率偏低，氧传感器会指示混合气稀，此时发动机 ECU 会增加喷油量，增加喷油量后，其他缸混合气偏浓。检测尾气时发现尾气排放数值不稳定。

（a）喷油器堵塞喷油情况

（b）喷油器正常喷油情况

图 3-55　喷油器喷油情况

维修案例一辆捷达轿车怠速轻微抖动，急加速时有顿车现象产生。检测无故障码。读取发动机数据流：转速 850 r/min 时，水温为 88 ℃，节气门体开度为 6°，进气绝对压力为 32 kPa，喷油脉宽为 5.6 ms，氧传感器信号电压为 0.3 V 左右。分析数据流：节气门体开度为 6°（正常值为 2° ~ 5°），说明节气门体脏污，正常值一般为 5° 以下；喷油脉宽为 5.6 ms（正常值为 2.0 ~ 5.0 ms），说明怠速状态下喷油量过大；氧传感器信号电压为 0.3 V，则说明混合气过稀。如果漏气，也会造成混合气稀，但如果漏气的同时喷油量又大，发动机转速会高于正常范围。氧传感器故障一般不影响急加速，分析故障为喷油器堵塞。清洗节气门体和喷油器后，故障排除。

第 104 问

怎样检查故障指示灯？

故障指示灯 MIL 用于指示 ECU 检测到的车辆故障，其工作电路如图 3-56 所示。当点火开关置于 ON 位置时，给 MIL 电路供电，并且 ECU 提供电路搭铁以亮起 MIL。正常状态下，点火开关首次置于 ON 位置时，MIL 亮起达几秒。当发动机起动时 MIL 熄灭。

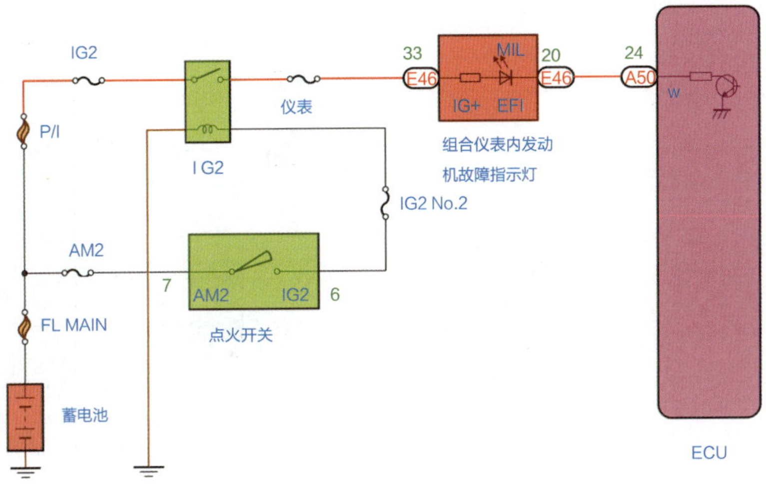

图 3-56　故障指示灯电路

如果 MIL 常亮，需要检查组合仪表 E46-20 和 ECU A50-24 是否短路。如果 MIL 一直不亮，发动机也不能起动，需要检查 VC 输出电路，发动机若能起动，按以下方法检查。

（1）断开 ECU 连接器，将点火开关置于 ON。

（2）测量 ECU A50-24 与车身搭铁之间，应为 11 ~ 14 V，如果正常，则更换 ECU；如果异常，则进行下一步。

（3）断开组合仪表连接器，断开 ECU 连接器，测量组合仪表 E46-20 和 ECU A50-24 之间的阻值应小于 1 Ω，如果正常，则维修或更换线束或连接器；如果异常，则进行下一步。

（4）更换组合仪表总成。

维修案例 一台卡罗拉更换蓄电池后，出现无法起动的故障。打开点火开关，发动机故障指示灯不亮，连接故障诊断仪，发现无法进入。检查电控单元 ECU 电源电路，发现正常，更换发动机电控单元，故障排除。估计在更换蓄电池过程中接反或有其他违规操作，导致 ECU 损坏。

第105问

怎样检查燃油泵?

如图 3-57 所示，当发动机起动时，当 STA 信号和 NE 信号输入 ECU 时，油泵继电器线圈接通，给燃油泵提供电源，从而使燃油泵工作。发动机运转时，ECU 根据产生 NE 信号接通油泵继电器线圈，从而燃油泵也保持运转。需要注意的是，燃油泵故障若使泵油量将不足，尤其是在高速时泵油量不足，在原地试车很难发现故障。

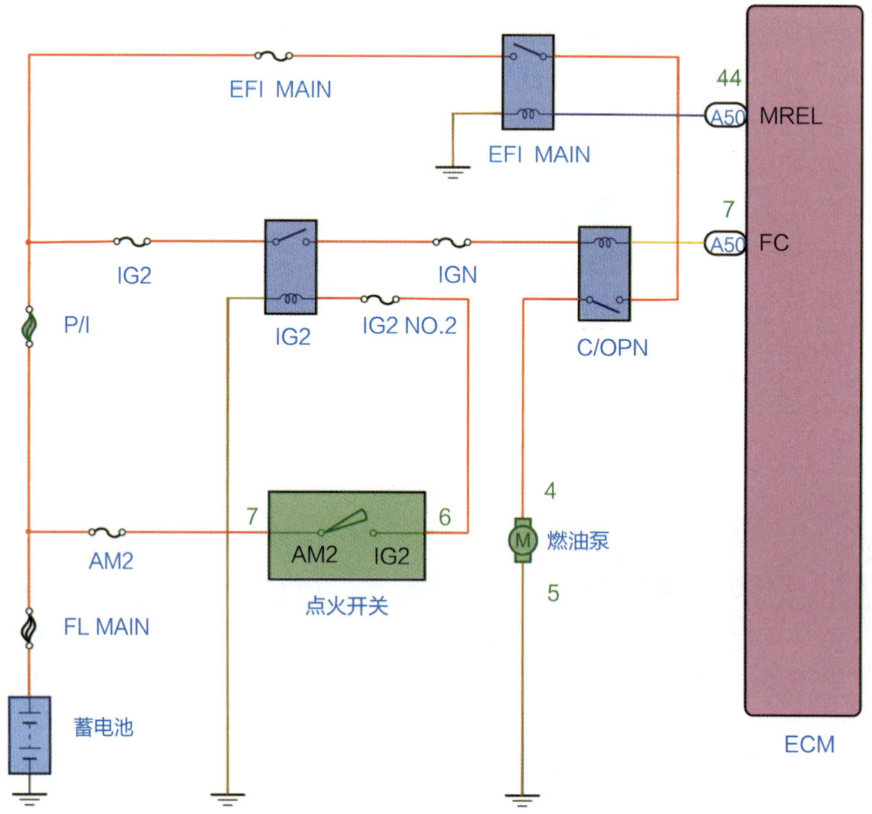

图 3-57 燃油泵电路

（1）检查燃油泵电阻。在 20 ℃时，燃油泵电阻值为 0.2 ~ 3.0 Ω。

（2）在两个端子之间施加蓄电池电压，注意不要将正负极接错。检查并确认燃油泵工作。测试必须少于 10 s，以防止线圈烧坏；使燃油泵尽量远离蓄电池。如果燃油泵不工作，则更换燃油泵。

（3）检查燃油泵供电情况。检查检修燃油泵负极线与车身之间电阻，应小于 1 Ω。起动时，检查燃油泵的供电电压，应为 12 V 左右。

（4）点火开关置于 ON 位置时，检查 FC 的电压值为 12 V 左右，起动时低于 1.5 V。

（5）若根据电路检查相关燃油泵继电器、EFI 主继电器、EFI MAIN 熔断器、IGN

熔断器等是否正常，检查导线是否存在断路、短路。

维修案例 一卡罗拉发动机无法起动，检查火花塞跳火正常，检测燃油压力发现为零，于是检查燃油泵电路。打开点火开关，跨接燃油泵继电器 30 与 87 以后，燃油泵工作，证明故障在燃油泵控制继电器线圈控制电路上。将燃油泵控制继电器 86 直接搭铁，燃油泵工作，但发现将继电器 86 直接搭铁时火花较大，怀疑燃油泵控制继电器到发动机 ECM 之间的电路对电源短路。将燃油泵控制继电器拔下，测量继电器 86 插脚的孔内依然有 12 V 的电压。检查电路，发现其与车主加装的喇叭开关电源线短路，将其修复后，起动依然不能建立油压。分析电路短路后，大电流进入发动机 ECM，将发动机 ECM 内三极管击穿。试修复发动机 ECM 后，多次起动，发动机正常，故障排除。

2016 款 1ZR 发动机使用燃油泵 ECU 控制燃油泵，其电路如图 3-58 所示，打开点火开关，检查 1 号和 4 号端子电压为 12 V 左右；起动发动机时，用二极管试灯检查 FPC 信号；检查燃油泵与燃油泵 ECU 之间的线应无断路与短路现象。

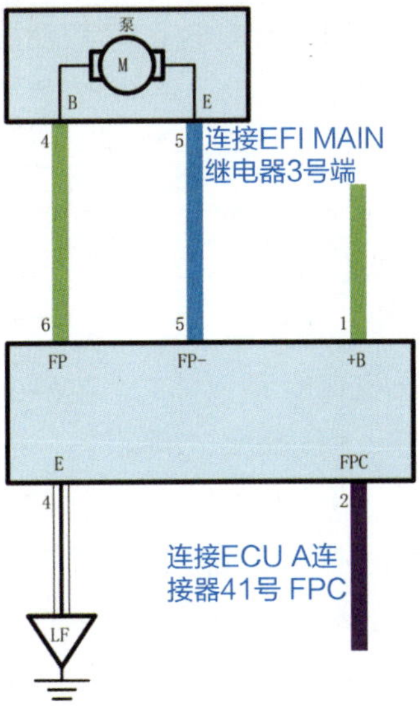

图 3-58　燃油泵 ECU 电路

第 106 问 怎样检查继电器？

1. 继电器的工作原理

常见继电器是利用电磁原理实现的，它能自动接通或切断一对或多对触点，其作用在于用小电流控制大电流，减小控制开关触点的电流负荷。继电器工作原理如图 3-59 所示，30 脚连接不受点火开关等控制的电源，87 脚连接负载设备，86 脚连接电源，85 接脚连接搭铁。

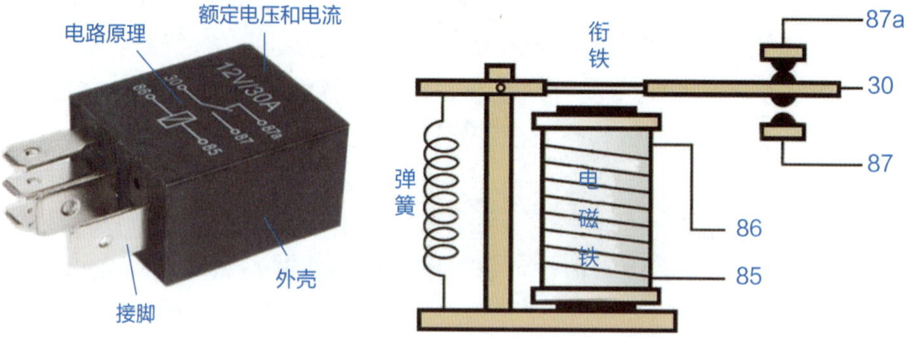

图 3-59　继电器结构和原理

2. 继电器的检修

（1）检查继电器电磁线圈两端的电阻，大多数继电器的电阻为 50 ~ 150 Ω，电阻不应为 0 或无穷大，否则说明电阻短路或断路。

（2）检查继电器常开触点或常闭触点的电阻，常开触点电阻应为无穷大，常闭触点应小于 1 Ω。

（3）根据图 3-60，在继电器电磁线圈两端加 12 V电压，检查继电器常开触点或常闭触点的电阻，常开触点电阻应小于 1 Ω，常闭触点应为无穷大。继电器受潮会引起触点烧蚀，造成触点接触电阻大或不导电，通过上述检查，可以发现故障点。

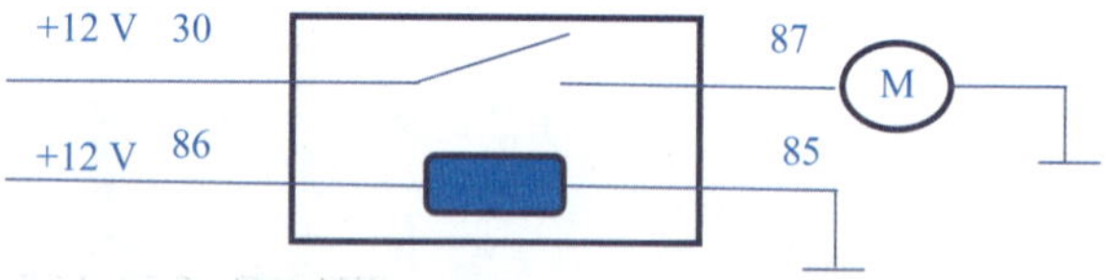

图 3-60　继电器电路控制原理

（4）继电器内接脚焊点松脱，会引起继电器所控制电路出现间歇性故障，因此针对间歇性故障检查继电器时，需要边测量边晃动继电器脚或使用换件法检查。

（5）检查继电器对应的继电器座接线是否正常，在相应条件下，检查对应的 30、86 脚应为 12 V 左右，对应的 85 脚与搭铁之间电阻应小于 1 Ω，对应的 87 脚与负载设备之间阻值小于 1 Ω。

技师经验

有的维修人员检查继电器时，容易疏忽对继电器控制线即 86 脚的检查，例如，检查燃油泵继电器时，起动发动机，86 脚依然有 12 V 的电压，说明发动机 ECU 不能对继电器进行控制，需要检查控制线是否断路或发动机 ECU 是否能正常工作。

维修案例 一辆马自达轿车因肇事进行修复后，发动机不能起动。检查喷油器和点火线电源线都无电压，检查熔丝完好和继电器无损坏现象。检查 ECU 的电源电路，发现只有常电源，没有受点火开关控制的主电源。进一步检查发现故障原因在主继电器电磁线圈的电源线 (85 脚) 对应的继电器座插脚是悬空的，修复后故障排除。

第 107 问

ECU 的主要功能是什么？

发动机电控单元简称 ECU，俗称电脑，如图 3-61 所示，它实质上是车载微型计算机，是发动机控制系统的核心。ECU 的主要功能是接收和处理信息。ECU 主要控制喷油量、喷油正时及点火时刻，除此以外，它还可以对怠速、排放、进气增压等进行控制。例如，发动机怠速时，电气、空调、转向等需要消耗发动机的能量，因此，ECU 需要提高发动机的转速来适应负载的变化。

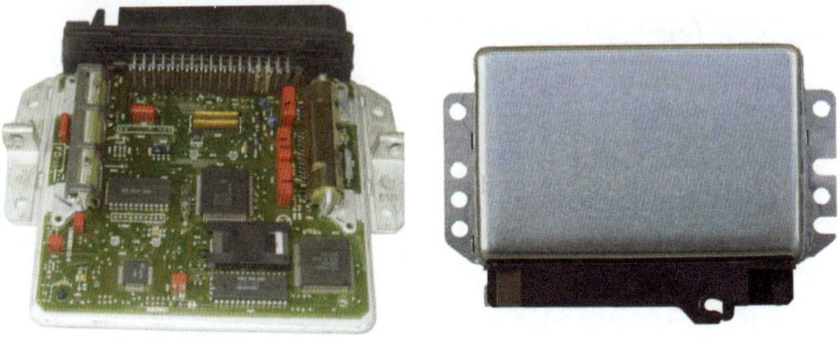

图 3-61　发动机控制单元

技师经验

若 ECU 连接器或 ECU 本身故障，可能会导致各种故障码。检修传感器时，若未发现故障原因，应检查 ECU 连接器或更换 ECU 进行确认。ECU 故障率极低，不要轻易怀疑 ECU 损坏。

维修案例 一辆大众途安怠速偏高，起动后 5 min 发动机转速出现 960 r/min。查看数据流正常，分析怠速偏高是发动机 ECU 主动控制的结果，检查发动机 ECU 提高转速的条件，发现发动机负荷率保持在 80% 上，这不正常。检查发电机调节器与发动机 ECU 之间的 LIN 线，发现断路。修复线路后，试车，怠速稳定在 680 r/min，发动机的负荷率为 13%。

技师经验

发动机负荷是由控制单元根据传感器参数计算出来的，它用进气压力或喷油量显示，单位为 ms 或%，发动机负荷正常值为 20% ~ 30%，相当于喷油脉宽 1.0 ~ 1.5 ms。负荷异常的主要原因如下：进气系统漏气、真空管堵塞、排气堵塞、配气正时错误、燃油压力异常、有额外负荷等。

第 108 问 ECU 的失效保护功能是什么？

发动机电控单元还具备失效保护功能，有些传感器有故障，但是发动机 ECU 并没有发现，依然按照传感器的信号来控制喷油和点火，这就有可能产生各种各样的故障。人为把传感器信号断开，让发动机利用失效保护功能来工作，这样来判定传感器是否异常。例如，进气压力传感器失准，当将其插头拔掉之后，发动机控制单元记录故障码并进入故障运行模式，ECU 用转速传感器和节气门体位置传感器的数据来计算发动机的实际进气量，从而控制基本喷油量，所以车辆故障现象会消失。表 3-5 所示为 ECU 部分常见的失效保护措施。

表 3-5　ECU 部分常见的失效保护措施

序　号	失效的元件或系统	ECU 失效保护措施
1	冷却液温度传感器	给 ECU 提供设定的冷却液温度信号，通常为 80 ℃
2	进气温度传感器	给 ECU 提供设定的进气温度信号，通常为 20 ℃
3	电子节气门体系统	让 ECU 切断节气门体电动机的电流，节气门体被弹簧拉到一定的角度
4	爆燃传感器	给 ECU 将点火提前角固定在一个适当值
5	点火确认信号 IGF	使 ECU 切断燃油喷射，使发动机停止运转
6	进气流量传感器	使 ECU 根据起动信号和节气门体位置信号按固定的喷油量喷油

维修案例 一辆日产轩逸轿车发动机热车容易熄火。当空气流量计损坏时，断开空气流量计连接器，发动机使用失效保护功能，出现怠速不稳及加速无力（发动机进入失效保护模式），但不熄火了，说明空气流量计损坏。

技师经验

当某传感器特性并没有变化，而是 ECU 处理该信号的电路发生故障，这种情况下拔掉某传感器导线插头，由于发动机失效保护功能起到的作用，发动机性能也会有明显好转。这时就不能误判传感器有故障。

利用失效保护功能诊断故障，不仅局限于断开被怀疑有故障的电控元件连接器，还可以断开与其相关的元件。

维修案例 一辆大众途安汽车发动机抖动，同时 EPC 灯报警。读取故障码，00801—点火，发动机转速，输入电路范围 / 性能（静态）。同时发现，转速在 1800 r/min 时发动机出现抖动。分析故障原因是在 1800 r/min 时，没有接收到转速信号，发动机 ECU 用凸轮轴位置传感器信号代替转速信号。断开凸轮轴位置传感器，起动发动机，加速到约 1800 r/min 时发动机熄火。检查转速传感器电路正常，更换转速传感器，故障排除。

第 109 问

ECU 系统电压有什么用？

ECU 电路图如图 3-62 所示，该电路在点火开关置于 OFF 位置时，蓄电池仍为 ECU 供电。这一电源可让 ECU 存储数据，如 DTC（故障码）记录、定格数据和燃油修正值。如果蓄电池电压降至最低限值以下，该存储信息就会被清除，ECU 会确定电源电路出现故障。发动机下次起动时，ECU 将使 MIL 亮起并设置 DTC。

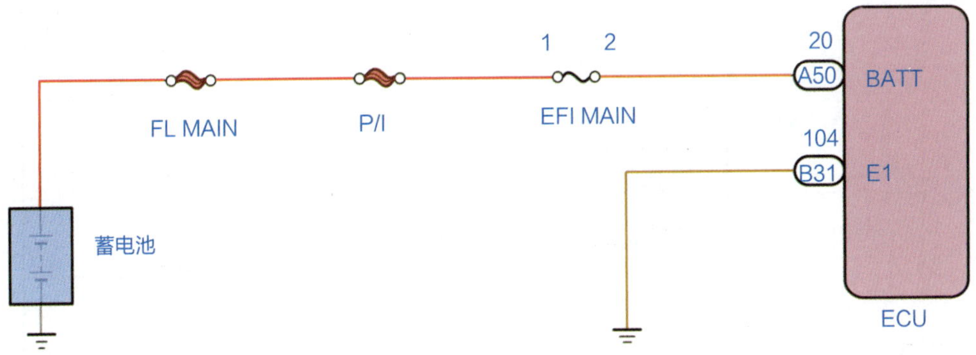

图 3-62　电控系统电压电路

检查蓄电池端电压应不低于 11 V，检查蓄电池端子，应无松动或锈蚀现象；检查 BATT 和 E1 之间电压应为 12 V 左右，否则应先检查熔断器，再检查线束无断路或短路现象。注意：检查时不要将连接器从 ECU 上断开，从线束侧连接器的后侧执行检查。

维修案例 一辆雪佛兰科鲁兹轿车，出现起动困难故障。读取故障码，B1517—蓄电池电压异常，U0100—与发动机控制单元失去通信。怠速测量蓄电池电压为 14.4 V，测量发动机 ECU 的电源电压为 12.6 V，电压相对大，说明存在接触不良现象。根据电路图查找，发现电压降来自 ECU 电源线，该线有轻微松动。修复后，发动机能顺利起动，故障排除。

第110问

怎样检查ECU电源电路？

ECU 电源电路如图 3-63 所示，当点火开关置于 ON 位置时，蓄电池电压被施加到ECU 的端子 IGSW 上。ECU MREL 端子的输出电流流向集成继电器线圈，集成继电器（EFI MAIN 继电器）内开关触点闭合，蓄电池开始向 ECU 的端子 +B 或 +B2 供电。

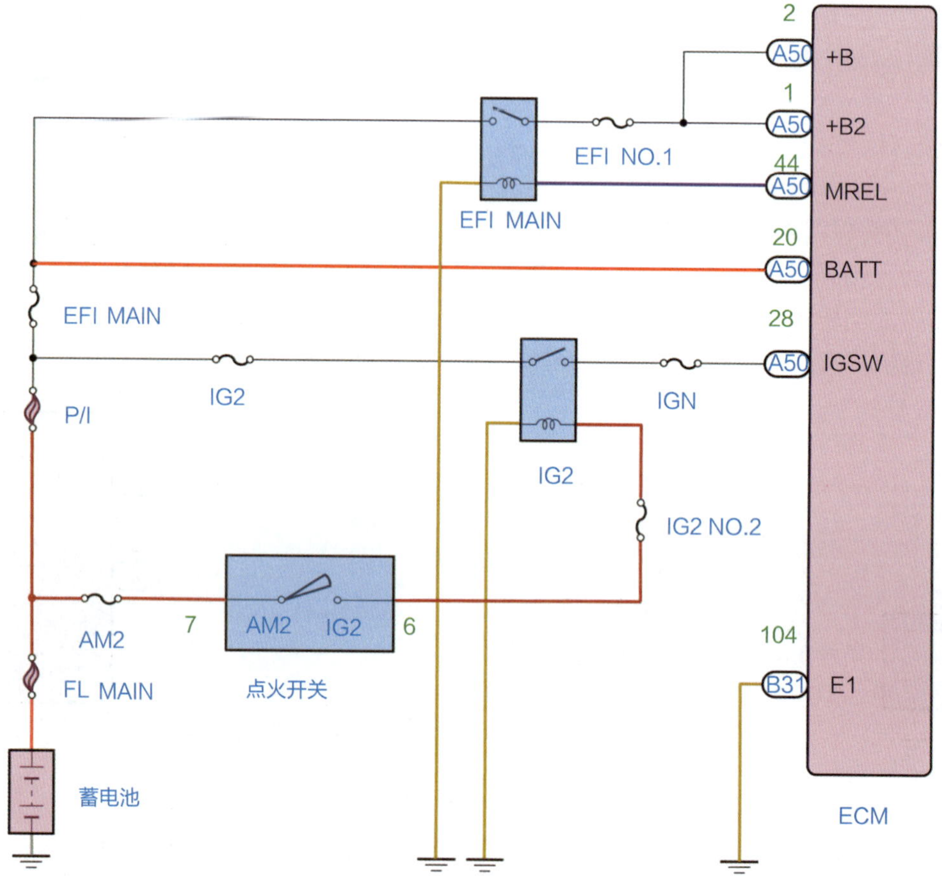

图 3-63 ECU 电源电路

技师经验

不能使用功率较大的试灯，检查 ECU 提供给传感器的电源，以免损坏 ECU。

（1）检查 E1 与搭铁之间阻值应小于 1 Ω。

（2）打开点火开关，检查 IGSW 与 E1 之间的电压应为 12 V 左右。否则，检修仪表板接线盒上 IGN 熔丝和发动机继电器盒上 IG2 熔丝，检修 IG2 继电器，检查点火开关，检修相关线束。

（3）分别检查熔丝 EFI MAIN 和 EFI NO.1 的阻值应小于 1 Ω，否则更换熔丝。

（4）检查 EFI MAIN 主继电器开关接柱，在线圈通电状态下阻值小于 1 Ω，在线圈断电状态下阻值大于 10 kΩ。

（5）检查相关线束和连接器没有短路和断路现象。

维修案例 一辆奥迪 A6 防盗系统间歇性锁止及起动后怠速不稳。故障码显示发动机防盗系统锁止的间歇性故障；防盗系统存在钥匙信号过弱的间歇性故障。清洗怠速阀和节气门体，检查节气门体位置传感器和怠速阀电路，没有发现故障。用检测仪读取数据流，稍微加一点油，检测仪就会与 ECU 失去通信，即无信号。这一现象表明车载电控系统的电源供电系统供电不足的可能性。于是测量起动时的电压，只有 7 V 左右（正常测试应在 9.6 V 以上），更换蓄电池后进行怠速学习，故障排除。

技师经验

在维修过程中，很多人都有这样一个经验性，认为只要起动机能够起动发动机，蓄电池就是正常的。实际上经验是有局限性的，起动机只要电流足够大即可运转正常，而很多车载电控系统的核心部分是含有通信 IC 芯片的电控模块，电控模块的正常工作电压在 10.5 ~ 15.0 V 内，如果汽车电源系统提供的工作电压低于该值，就会造成一些对工作电压要求高的电控模块出现短暂的停止工作。

第 111 问

ECU 5V 供电电路是怎样的？

如图 3-64 所示，ECU 持续将端子 +B (BATT) 上的蓄电池电压转换成 5 V 电源以操作微处理器。ECU 同时通过 VC 输出电路将该电源提供至传感器。VC 电路短路时，ECU 中的微处理器和通过 VC 电路获得电源的传感器由于没有从 VC 电路获得电源而不能运行。在此条件下，系统不能起动且即使系统出现故障 MIL 也不点亮。

维修案例 一辆卡罗拉出现无法起动的故障，检查火花塞不跳火，喷油器也不喷油，诊断仪与电脑无法通信。查找该车电路图，检查 ECU 的所有电源线 BATT、+B、+B1 以及所有搭铁线 E、E01、E02，发现都很正常。检测节气门体位置传感器工作电压时，只有 0.3 V 的电压（正常 5 V）。说明 5 V 电压直接与车身搭铁短路，短路电流过大时，使得发动机 ECU 进入自保护状态不工作以防止烧蚀，更换节气门体位置传感器线束，故障排除。

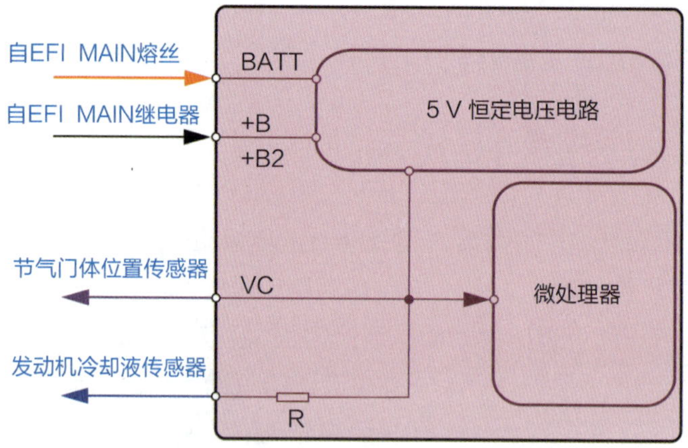

图 3-64 VC 输出电路

第 112 问 怎样检查发动机 ECU 搭铁线？

发动机 ECU 除了自身需要搭铁，还需要为传感器和执行器提供搭铁，通常发动机 ECU 的搭铁线有多处。如果搭铁不良，会造成信号失准。发动机 ECU 搭铁线与蓄电池负极的电压降在 0.2 V 以下，才能保证传感器输入信号处于正常的范围之内。例如，冷却液温度传感器在 90 ℃工作时，工作电压应在 0.45 V 左右，但是由于搭铁线接触不良，如果搭铁线电压为 0.5 V，那么实际输入控制电脑的冷却液温度传感器信号电压为 0.95 V（相当于 40 ℃的电压信号），成为冷车信号。此时发动机工作肯定会出现不良现象，如出现热车不好起动等故障。在测量搭铁线的电压降时，保持连接器在 ECU 上，从线束侧连接器的后侧检查，如图 3-65 所示。

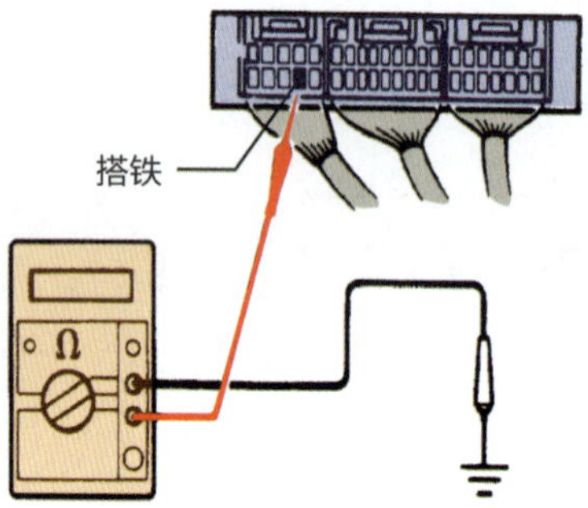

图 3-65 检查搭铁线

第 113 问 怎样通过执行器不工作确定 ECU 故障？

有时发动机 ECU 能控制大多数执行器，只是不控制某个执行器。例如，发动机 ECU 不控制某缸的喷油器，或不控制某缸的点火模块，或不控制油泵继电器。出现这种故障时，发动机 ECU 的电源电路通常是好的，当检查执行器及电路无故障时，通常可以判断发动机 ECU 内部驱动电路损坏。

维修案例 一辆君威起动时，起动机无任何反应。直接给起动机供电，起动机能运行。检查发现起动机无搭铁信号，起动继电器不吸合，检查发动机 ECU 到起动继电器搭铁线 86 之间连线的阻值小于 1 Ω。起动继电器控制逻辑如图 3-66 所示，检查发动机 ECU 的起动信号正常，但 ECU 不控制起动继电器，检查发动机 ECU 供电和搭铁无故障，更换发动机 ECU，故障排除。

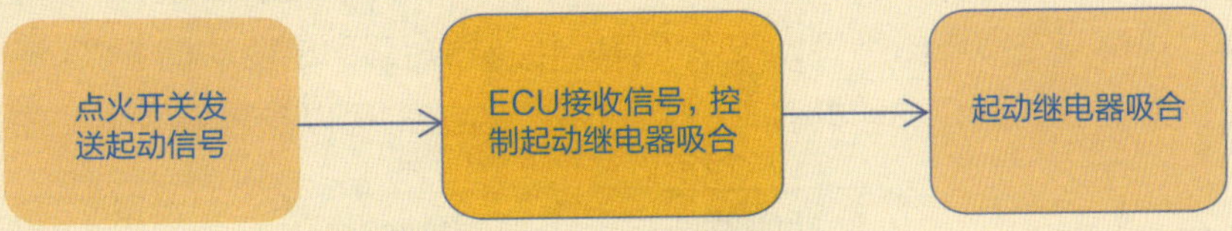

图 3-66　起动继电器控制逻辑

第 114 问
怎样通过执行器工作异常确定 ECU 故障？

发动机 ECU 控制执行器工作的信号如果不符合要求，将导致发动机工作异常。例如，发动机输出点火信号不正常，导致点火线圈产生的点火能量不足，发动机单缸工作异常。检查发动机 ECU 对执行器控制不正常比发动机 ECU 不控制某个执行器困难，遇到此类故障时，需要根据发动机工作原理及综合分析来推断 ECU 的异常。

维修案例 一辆雪铁龙 C5 轿车加速无力，有明显加速滞后感觉，且有回火现象，有时加速熄火。检测无故障码，读取数据流如表 3-6 所示，分析各参数均无异常。将加速踏板急踩到底，转速缓慢上升到 2 000 r/min，当可听到回火声，同时用诊断仪查看点火提前角，发现点火提前角在急加速时会急剧减小，出现 −20 ℃以下的情况。分析只可能为发动机电控单元故障，更换电控单元，故障排除。

表 3-6　故障数据流

项　目	数　值	单　位	项　目	数　值	单　位
发动机转速	670	r/min	节气门体	0.66	V
进气歧管绝对压力	35	kPa	进气温度	57	℃
喷油脉宽	3.9	ms	冷却液温度	86	℃
前氧传感器	0.7	V	蓄电池电压	14	V
后氧传感器	0.4	V	点火提前角	8 ~ 9	°

第 115 问

怎样诊断发动机 ECU 不工作的故障?

发动机 ECU 不工作的现象是:同时不控制点火和不控制喷油,故障指示灯不亮,发动机 ECU 与其他控制单元通信故障等。发动机 ECU 不工作的原因包括:发动机 ECU 电源电路故障,可能是主继电器不良,线束不良;传感器短路引起发动机 ECU 不工作,如节气门体位置传感器等短路;发动机 ECU 内部不良,检查时可以参考图 3-67 的流程。

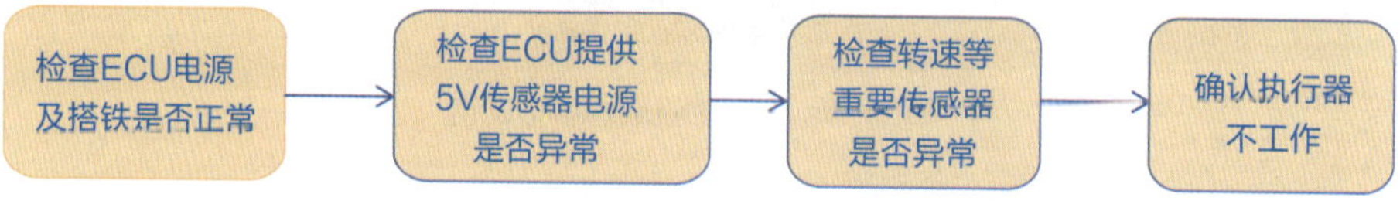

图 3-67 执行器不工作判断 ECU 不工作的参考流程

有的发动机 ECU 故障只表现在发动机热态时,这是由于发动机 ECU 热衰退导致。发动机 ECU 热衰退是电控单元内电子元器件受热之后,性能发生变化导致的,即电控单元在冷态时正常,当温度高了之后电子元器件失去原有的功能,从而导致故障发生。

维修案例 一辆飞度 1.5 L 行驶中熄火,发动机不能正常起动。等待 30 min 后才能起动。检查故障灯不亮,检测仪无法通信,没有点火和喷油,说明发动机 ECU 不工作。检查发动机 ECU 供电和搭铁正常。决定检查传感器的供电情况,查找相应的电路,发现发动机 ECU A20 给节气门体位置传感器、发动机冷却液温度传感器、CVT 主动带轮转速传感器供电,ECU A21 给 CVT 从动带轮转速传感器、进气歧管绝对压力传感器、CVT 转速传感器供电。起动发动机,利用示波器监控 A20、A21 的电压情况,在故障再现时 A20 从 5 V 降为 0 V。逐步拔掉节气门体位置传感器、发动机冷却液温度传感器、CVT 主动带轮转速传感器后检查 A20 的电压,当拔掉 CVT 主动带轮转速传感器时,A20 的电压为 5 V。测量霍尔式 CVT 主动带轮转速传感器的电源与搭铁端阻值,发现短路。更换 CVT 主动带轮转速传感器,故障排除。

技师经验

使用换件法要确保替换件为正常件,维修人员容易将新件误认为正常件,即使质量正常的器件,也可能因为型号不同也不属于正常件。使用换件法检测电器元件时,应尽量将怀疑器件安装在良好器件位置,这样可以排除电路的影响。例如,当用换件法检测 ECU 时,要将有故障的 ECU 安装在正常的发动机上,以免因电路影响再次损坏 ECU。

第 116 问

发动机 ECU 损坏的原因有哪些？

发动机 ECU 损坏，一定要找到发动机 ECU 损坏的原因，否则，又会造成新换的发动机 ECU 损坏。发动机 ECU 损坏的原因有以下几种情况。

（1）发动机 ECU 控制执行器的搭铁线与电源线短路，造成内部贴片三极管损坏。如图 3-68 所示，如果发动机 ECU 控制燃油泵继电器的搭铁线 FC 和电源线短路，会造成发动机 ECU 损坏。

（2）传感器的信号线与电源线短路。例如，氧传感器供电线与信号线烧结到一起，造成发动机控制单元损坏。

（3）发电机输出电压过高。

（4）蓄电池内部损坏。另外，人为将蓄电池正、负极接错，很容易烧坏发动机 ECU。

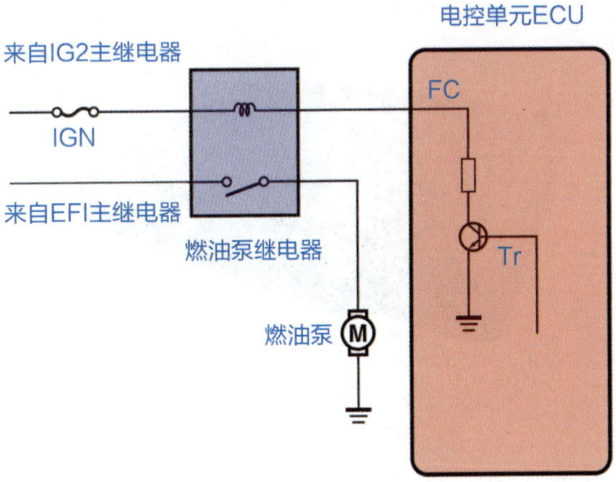

图 3-68　燃油泵控制电路

维修案例 一辆致炫轿车无法起动。连接诊断仪，诊断仪无法进入系统。检查蓄电池电压 12.5 V，正常。检查 K 线与搭铁之间的电阻，为 0.5 Ω，说明 K 线短路。断开发动机 ECU，检查 K 线，依然与搭铁导通。检查线束无破损处，分析可能是其他控制单元搭铁。断开制动防抱死控制单元后，K 线不搭铁，再次连上发动机 ECU，K 线还是搭铁。说明发动机 ECU 和制动防抱死控制单元损坏，更换后发动机顺利起动。问诊顾客，更换蓄电池时将正、负极接反就出现故障。

（5）其他原因。例如，ECU 外壳密封不良，导致发动机 ECU 受潮，发动机 ECU 自身原因，热稳定性差。新换的发动机 ECU 版本太低（也称为软件故障），不能正常工作。

第117问

检查及更换发动机ECU的步骤有哪些？

当检查确定发动机ECU工作不正常时，需要进行以下步骤的检查，确认无误后，再更换已损坏的ECU，最后需要确认故障已排除。

（1）检查发动机ECU电源电路。如果故障检测仪和发动机ECU无法建立通信，说明发动机供电和搭铁正常。有些车辆如果发动机ECU搭铁不良，接上故障检测仪发动机反而能正常起动，拔下故障检测仪发动机却无法起动，这主要是接上故障检测仪之后，通过故障检测仪构成了搭铁回路。

（2）检查发动机传感器5 V基准电压。

（3）检查并确定连接器完全就位。检查导线是否松动、腐蚀或断裂。断开ECU连接器，检查ECU侧和线束侧的连接针脚或连接端子是否弯曲、腐蚀或存有异物，如图3-69所示。

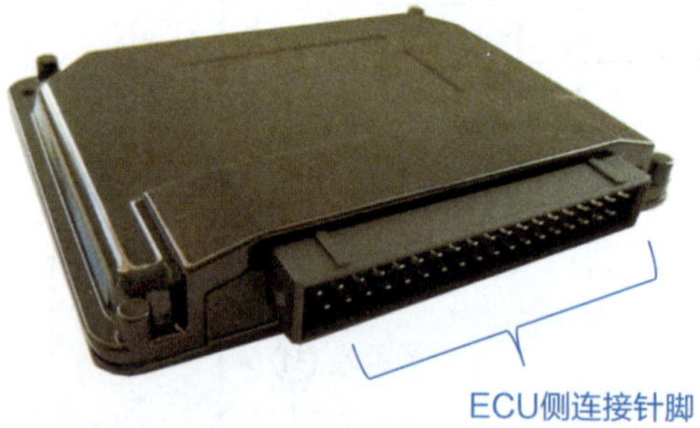

图3-69　ECU

（4）将发动机ECU安装在正常的车辆上，如果出现故障，则说明发动机ECU损坏。

（5）排查损坏发动机ECU的因素，需要注意的是，发动机ECU是否受电磁干扰。

发动机ECU如果受到电磁干扰，也会出现工作不正常，常见发动机ECU被电磁干扰后发动机突然熄火。电磁干扰主要来自点火系统、发电机和起动机。在搭铁不良的情况下，起动机形成电磁波的可能性很大。氙气大灯工作时需要将电压提高到20 kV以上，在其变光时，也会产生很强的干扰。

在当前普遍采用多路通信的情况下，当出现单个或多个控制单元失去联系的情况时，更应当谨慎行事，确认总线是否良好，避免因某一模块异常造成的电路异常个技术人员带来的误判。

第4章 直喷发动机电控系统的结构原理和故障诊断

第118问 燃油供给系统低压部分是如何工作的？

缸内喷射电控发动机也称为直喷发动机，其燃油供给系统分为低压部分和高压部分。如图 4-1 所示，燃油供给系统低压部分主要包括电动燃油泵、燃油泵 ECU、燃油滤清器、低压燃油压力传感器等。低压燃油压力传感器用来监控不同压力的保持状况。发动机控制单元通过燃油泵 ECU 来控制燃油泵的转速，这样可以实现按照实际需要来调节，从而节省所消耗的电能。

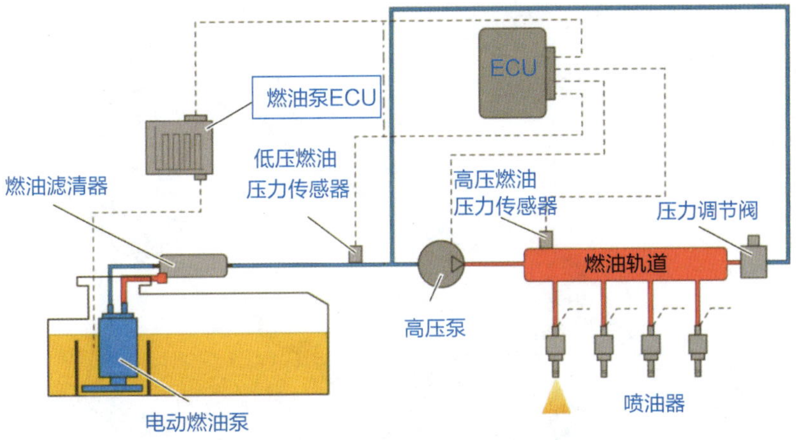

图 4-1 燃油缸内直喷系统构造

缸内直喷燃油系统的低压油路增加了燃油泵门控开关，燃油泵门控开关能使打开驾驶人侧车门时燃油泵即开始工作，车门开关信号被送至发动机控制单元，燃油泵被触发 2 s。燃油泵提前工作是为了迅速建立高压以缩短起动时间。燃油滤清器内部集成了压力调节器，错装以后会导致燃油低压部分压力偏低。

电动燃油泵给高压泵供应压力约为 6 bar 的燃油。在下述工况时，预供油压力必须提高 2 bar：在发动机停机时；发动机起动前；在发动机起动过程中以及发动机起动后的 5 s 之内；在热起动以及热机运行时，其控制时间取决于温度，其目的是防止燃油内产生气泡。

维修案例 一辆丰田混动版卡罗拉加速不良，发动机故障灯常亮。路试后检查发现有P3190发动机动力不足的故障码。检查汽油油压，正常，检查进气系统，未见漏气及老化现象，检查空气流量计，静态数值为0.35，起动发动机后数据正常，在故障未再现时，短期燃油修正为5%，长期燃油修正为3%，都在正常范围内。连接好汽油压力表后，在移动车辆的过程中偶然发现燃油压力为0。检查燃油泵搭铁点，发现虚接，修复后，故障排除。

第119问 燃油供给系统高压部分是如何工作的？

燃油供给系统高压部分主要包括高压燃油分配管、高压燃油压力传感器和燃油压力调节器、高压燃油喷油泵、高压燃油管、高压喷油阀等。如图4-2所示，高压泵通常由凸轮轴以机械方式来驱动，发动机电控单元根据发动机负荷和转速，控制高压泵上的燃油压力调节器，可以使高压泵输出燃油达到50 ~ 110 bar。限压阀被拧紧在燃油分配器上，它保护部件不因过高燃油压力而热膨胀或损坏。该阀在压力超过120 bar时打开。它通过泄漏管路把燃油分配器中的燃油送回至供油管路中。

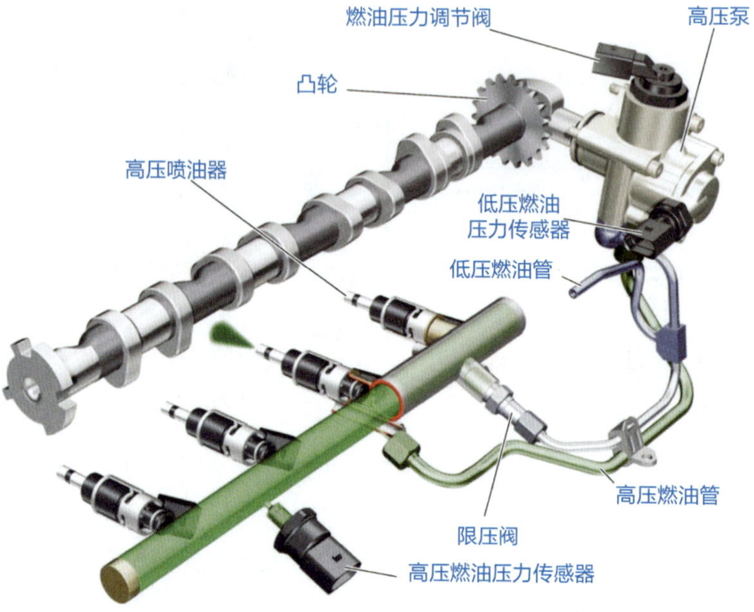

图4-2 燃油缸内燃油供给系统高压部分

有的发动机具有双喷射系统，其工作原理如图4-3和图4-4所示。也就是说有两种油气混合方法：一种方法是使用TSI高压喷射系统在气缸内进行直接喷射；另一种方法是使用进气歧管燃油喷射系统（大众汽车称为 SRE）。进气歧管燃油喷射会显著减少细微碳烟颗粒的排放。在部分负荷范围下主要使用进气歧管燃油喷射。燃油油滴有充分的时间雾化并与空气混合。在点火前很长时间形成混合气，从而减少微粒质量以及碳烟的形成，减少 CO_2 排放量，降低油耗。

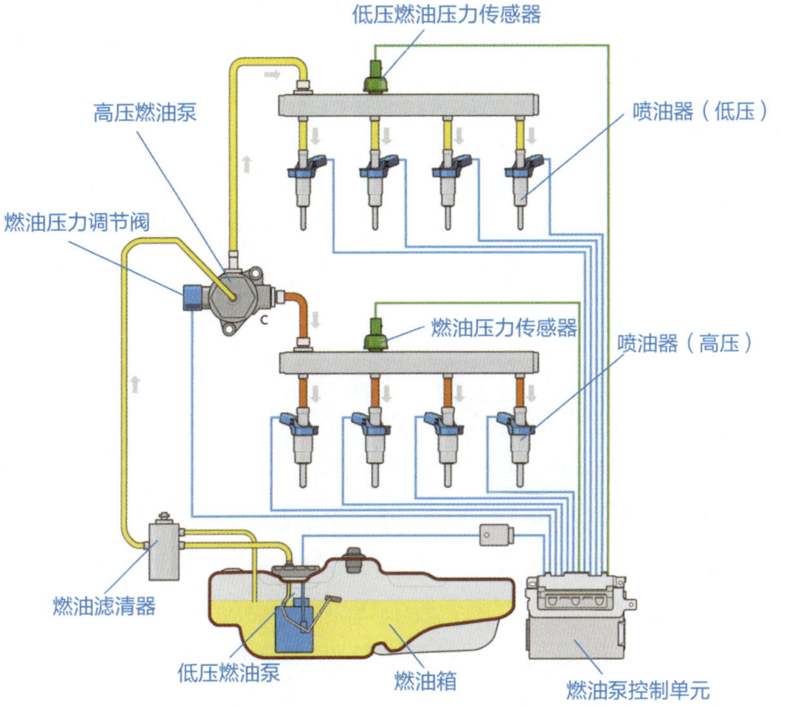

图 4-3　双喷燃油喷射控制系统油路

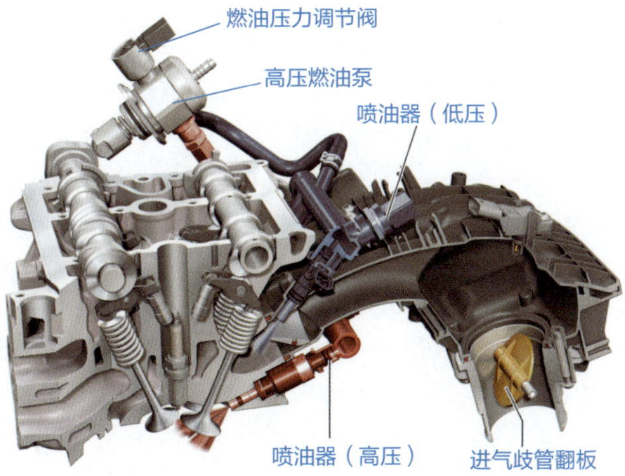

图 4-4　双喷燃油喷射控制系统喷油器位置

双喷燃油喷射控制系统有以下运行模式：进气歧管单喷射模式、高压单喷射模式、高压双喷射模式、高压三重喷射模式，发动机控制单元根据温度、负荷和发动机转速，在各个运行模式之间切换。

（1）发动机起动工况的喷射控制。当发动机处于冷态且冷却液温度低于 45 ℃时，每次发动机起动，就在压缩循环中通过高压喷射系统进行三重直喷。

（2）暖机和催化转换器加热工况的喷射控制。在此暖机和催化转换器加热工况，在进气和压缩循环中进行双重直喷。此时，进气歧管翻板关闭，点火时刻有一定的延迟。

（3）发动机在部分负荷范围下运行的喷射控制。如果发动机温度高于 45 ℃，并且发动机在部分负荷范围中被驱动，则发动机切换到进气歧管单喷射模式（SRE 模式）。进气歧管翻板在大多数情况下保持关闭。发动机在全负荷下运行的喷射控制。基于高性能需求，系统切换到高压模式。在进气和压缩循环中进行双重直喷。紧急运行工况下的喷射控制。如果任一喷油系统发生故障，发动机使用另一系统由发动机控制单元驱动，从而确保车辆仍可继续行驶。此时，组合仪表中的红色发动机指示灯亮起。

第 120 问 怎样检查燃油压力传感器？

缸内喷射发动机燃油压力传感器包括高压燃油压力传感器和低压燃油压力传感器。高压燃油压力传感器能将燃油的压力转换为电信号传给发动机控制单元，发动机控制单元分析高压燃油压力信号，通过燃油压力调节阀来调节燃油分配器内的压力。如果高压燃油压力传感器失灵，发动机控制单元以一个固定值控制燃油压力调节阀。

发动机控制单元根据低压燃油压力信号控制低压燃油系统中的压力。根据不同的发动机，燃油压力在 0.5 ~ 5 bar。如果低压燃油压力传感器失灵，发动机控制单元将用固定脉冲宽度调制信号来控制电子燃油泵，低压燃油系统中的压力将会升高。

工作原理如图 4-5 所示，当燃油通过测压口流向燃油压力传感器，传感器内电阻应变片形状和电阻发生改变，进而引起惠斯通电桥输出端的电压变化，通过集成电路的处理，使信号端输出的电压发生变化，ECU 根据此电压计算出当前的燃油压力。

高压燃油压力传感器电路如图 4-6 所示，发动机控制单元给传感器供电，供电电压 5 V，燃油压力升高时电阻降低，于是信号电压升高，可以在不同油压下测量其信号电压。

维修案例 一辆大众迈腾轿车加速动力不足，且发动机故障指示灯亮。试车加速时，转速超过 3 000 r/min，发动机故障指示灯就会点亮。连接诊断仪发现有“燃油油轨压力传感器，电路电气故障”的故障码。故障码和故障现象相关，分析故障原因为油压过低或燃油油轨压力传感器电路故障。检查燃油油轨压力传感器和电控单元之间的电路，是否存在断路、短路或松动，检查过程中发现燃油油轨压力传感器的信号线在电控单元插接器端出现松动，将其修复后，故障排除。

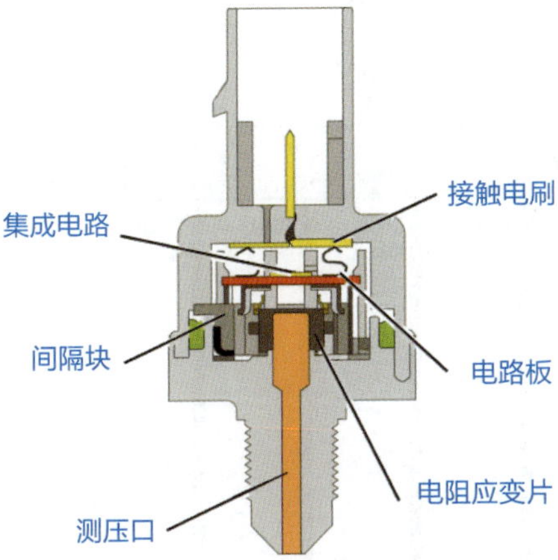

图 4-5　高压燃油压力传感器

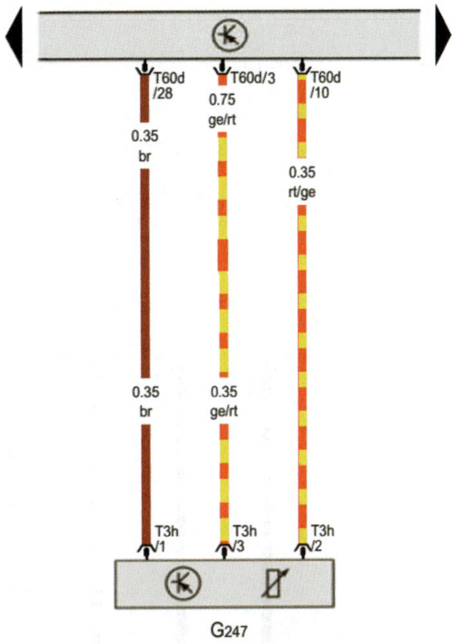

1—电源线　2—信号　3—搭铁

图 4-6　高压燃油压力传感器电路

第 121 问　怎样检查缸内喷射系统的喷油器？

燃油经过高压油泵加压后，进入高压油轨，燃油在高压油轨内稳压。由于高压油轨和燃烧室之间存在压力差，燃油可以直接喷入气缸内。喷油阀的任务是在精确的时刻将精确的燃油量喷入燃烧室。喷油器内部还有电磁阀，可以实现对喷油量和时机精度的控制。喷油器外形与结构如图 4-7 和图 4-8 所示，在 ECU 控制电磁线圈通电，衔铁带动针阀打开，喷油器虽然只有一个喷孔，但是它能在短时间内能喷出大量的燃油。

图 4-7　喷油器

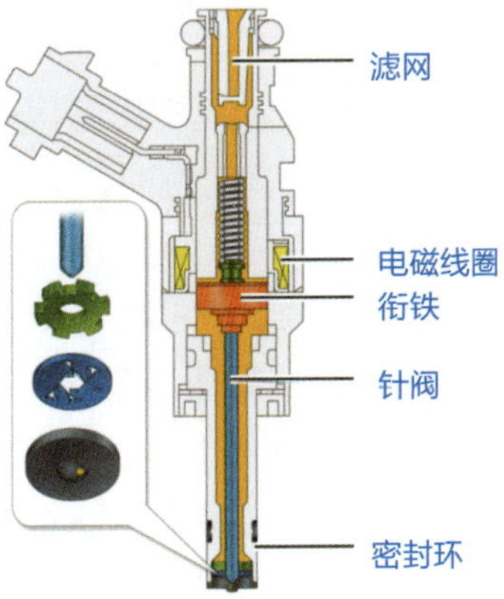

图 4-8　喷油器结构

喷油器工作电压约为 65 V，喷射出的燃油量由阀开启时间和燃油压力来决定。2015 款途安 1.4 T 发动机喷油器电路如图 4-9 所示。喷油器通过电插头上的连接导线连接 ECU，ECU 直接用脉冲电流的宽度，通过电流控制针阀的开闭，实现对喷油量的精确控制，它利用特殊的喷孔形状，向气缸内喷出旋转的雾状燃油，与挤压涡流快速混合，以便点火燃烧。高压喷油器没有进气管沉积油膜的缺点，又因喷油压力较高，喷油器的自洁功能高，不易产生脏堵故障。

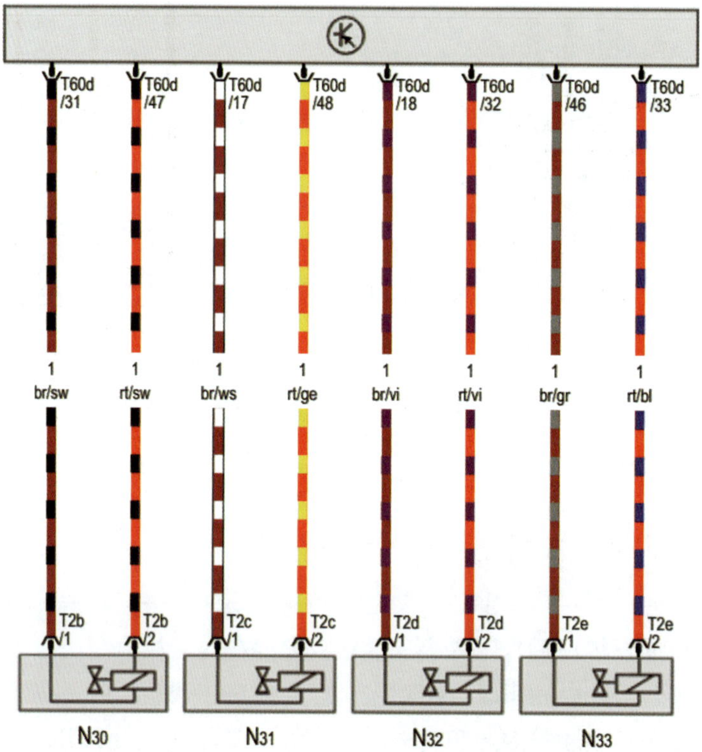

图 4-9　2015 款途安 1.4 T 发动机喷油器电路

测试喷油器波形时应注意：在大负荷工况下，应加浓可燃混合气以获得大功率值。电控单元控制喷油器，采用“两次喷油方式”。第一次是在进气行程，喷入适量燃油，形成均质燃烧混合气；第二次是在压缩行程的后期喷油，形成浓稀不均的层状稀混合气，再点火燃烧。因此，在大负荷工况时，一个工作循环中，喷油器发生两次脉冲信号。

“两次喷射”也可在起动工况、急加速工况出现，以调节空燃比 A/F 的大小，改善使用性能。测量喷油器的阻值应在 2 Ω 左右。

需要拆卸喷油器或其他高压系统部件时，需要卸压，否则高压时流出的燃油可能会严重灼伤皮肤和眼睛。该燃油供给系统卸压方法是：①拔下活性炭罐插头；②拔下燃油泵熔丝；③起动发动机；④连接专用诊断仪，注意 01/08/106 的显示区 1 下的燃油压力（怠速时为 50 bar）；⑤当燃油压力在 6 ~ 8 bar 时关闭发动机（否则会损坏三元催化器），拆下喷油器或其他高压部分；⑥完成修理后要清除故障码。

第 122 问

怎样检查缸内喷射系统的燃油压力调节器？

如图 4-10 所示，燃油压力调节器集成于高压油泵，它是一个由 ECU 控制的电磁阀，ECU 以脉冲宽度调制的方式控制燃油压力调节器。燃油压力调节器结构如图 4-11 所示，它由线圈、针阀和衔铁等组成，它通过控制流入高压泵的燃油量来调节高压区域的燃油压力，使高压油泵仅产生当前工作状态必需的压力，从而减小功率消耗，避免没有必要的燃油加热。

图 4-10　燃油压力调节器的位置

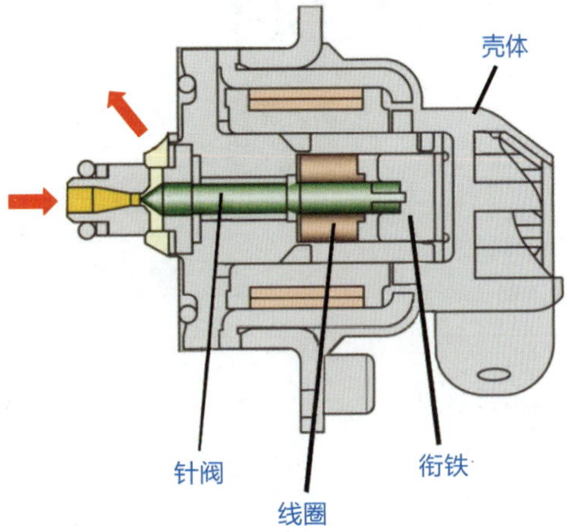

图 4-11　燃油压力调节器的结构

出于安全原因，如果不通电，燃油压力调节器打开。高压泵通过打开的阀座将总供油量泵回到低压循环回路中。当驱动线路失效时，高压油泵进入低压模式，发动机仍可应急运行。

如图 4-12 所示，高压泵建立油压时，燃油压力调节器通电时产生磁场，使进油口的低压油与泵腔内高压油通道关闭。泵活塞向下运动时，燃油经进油阀进入泵腔。泵活塞向上运动时，燃油被压缩，高压燃油就被输送到燃油分配管内。高压泵的单向阀用于防止燃油分配管内的压力卸掉。当燃油压力超过所需压力时，燃油压力调节器在供油升程结束前起动，使进油口的低压油与泵腔内的高压油通道连通，泵腔内的压力就会卸掉，燃油流回高压泵的进油侧。燃油压力调节器的电路如图 4-13 所示。

技师经验

高压泵的传动凸轮机械磨损了，那么就达不到做需要的泵塞行程，这就导致油轨压力波动。

检查油压调节阀时，可测量其占空比信号波形来分析其控制及电路工作情况。其连接端子一个连接 12 V 电源，另一个端子是控制端。测量其电阻应符合要求，1.8TSI 发动机其阻值为 1.5 ~ 2.0 Ω，1.4TSI 发动机其阻值约为 10 Ω。

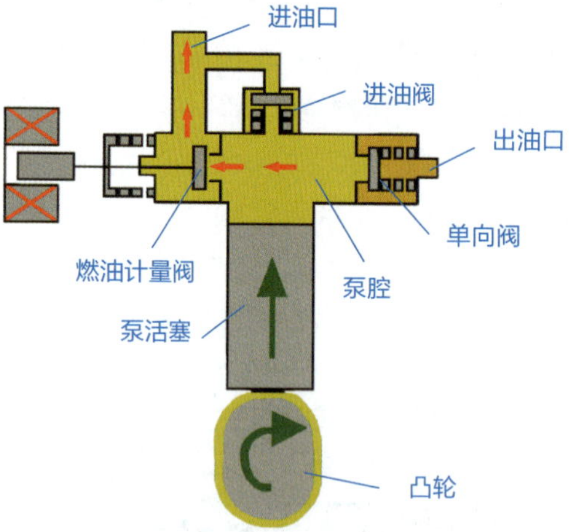

图 4-12　燃油压力调节器工作原理

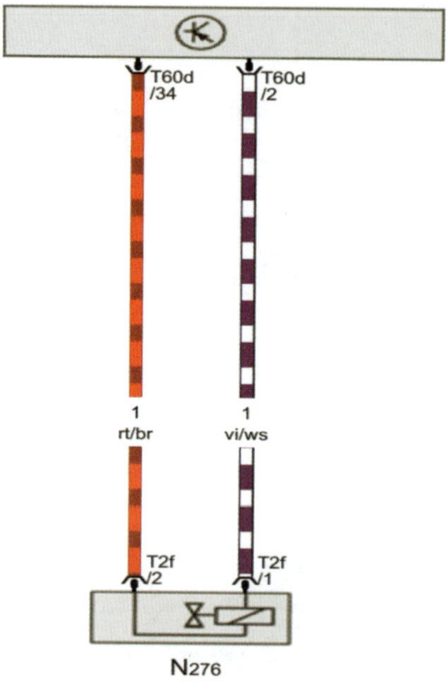

图 4-13　燃油压力调节器的电路

维修案例 一辆奥迪 A6L 2.0 TFSI 轿车发动机出现起动困难，高速行驶无力的故障现象。检测发现，存在以下故障码：炭罐电磁阀短路或断路；凸轮轴调节电磁阀断路或短路；进气管风门控制电路断路或短路；涡轮增压循环空气阀断路或短路；氧传感器加热线电路断路或短路；燃油压力调节电磁阀断路或短路。

起动发动机，读取发动机数据流，发现燃油压力，在怠速时为 20 bar(正常应为 39 bar 左右)，发动机转速达到 4 000 min/r 时为 60 bar(正常应为 110 bar 左右)，这个数据均低于正常值，根据数据流可以初步断定燃油压力调节电磁阀可能存在故障。查阅 A6L 2.0 TFSI 发动机控制系统电路图，发现增压器电磁阀、燃油压力调节电磁阀、氧传感器加热线及炭罐电磁阀均由发动机室内的继电器 / 熔丝盒中 5 号熔丝供电，检查该熔丝，发现已熔断，换上一个新熔丝后立即又熔断，说明用电设备存在短路现象。逐一检查电路中各个用电设备，发现燃油压力调节电磁阀存在匝间短路现象 (正常时，燃油压力调节电磁阀的电阻为 3 Ω 左右)。更换燃油压力调节电磁阀，试车，故障排除。

第 123 问

怎样检查低压燃油泵及燃油泵 ECU ?

低压燃油泵的检查方法与普通车辆燃油泵的检查方法相同。但需要注意的是：当发动机处于静止状态而油泵运转时，燃油泵上的电压比蓄电池电压低约 2 V。如果需要更换燃油泵，需要使用专用诊断仪学习燃油泵特性。

燃油泵 ECU 通过 PWM 信号（脉冲调制宽度）控制电子燃油泵，如图 4-14 所示，它通常位于电子燃油泵输油管旁。它将低压燃油系统中的压力控制在 0.5 bar 和 5 bar 之间。暖机和冷机起动时，压力最高可升至 6.5 bar。根据不同的系统，该数值可能有所差异。失灵时的影响：如果燃油泵控制单元失灵，发动机将无法运行。燃油泵 ECU 电路如图 4-15 所示。其中，110 连接发动机电控单元 T90/10，111 连接 SB10 熔断器，G6 是电动燃油泵。如果燃油系统燃油耗尽或在装配工作期间打开。则管路中有空气难以起动，需要对燃油供给系统排气，通过连接诊断仪操作“燃油系统排气”功能完成排气。

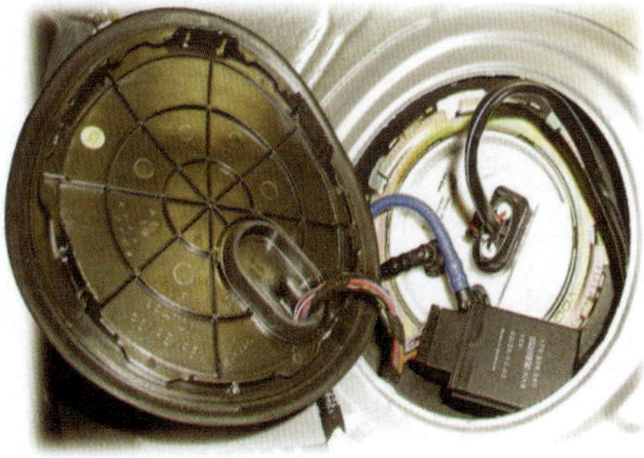

图 4-14　燃油泵 ECU 位置

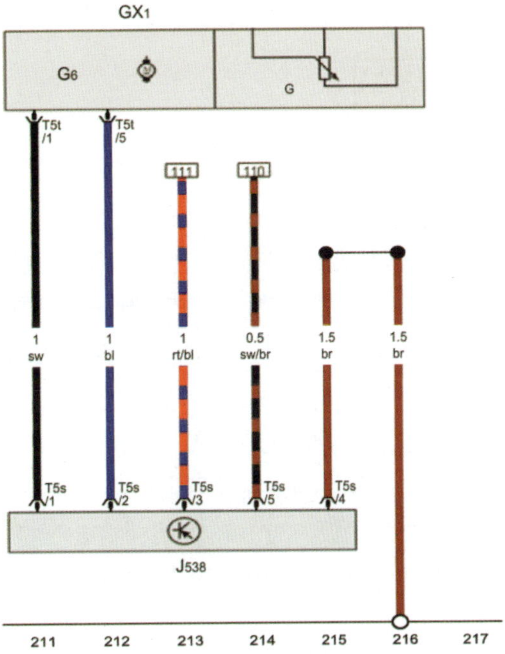

图 4-15　燃油泵 ECU 电路

技师经验

检查低压燃油泵时，在低压系统连接带有油路开关的燃油压力表，关闭油路开关，连接故障诊断仪，进入相应的功能驱动燃油泵自动运转 15 s，测量压力应达到低压限压阀打开的压力，即 680 kPa，停止运转后 10 min，燃油系统残压应不低于 375 kPa。

维修案例 1 一辆 A8L 轿车，搭载 3.2FSI 发动机，该车出现加速不良的故障。怀疑车辆进气或排气不畅，或供油不足，或被限速。检查进气和排气，未发现堵塞，连接诊断仪监测故障。试车，急加速时，车辆发串。从检测仪 103 组读出低压燃油压力从 6.0 bar 慢慢下降到 1.25 bar，说明供油不足。检查供油管路，发现车身下护板下一段油管被压扁。更换油管后，故障排除。

缸内直喷发动机燃油低压部分的故障与普通缸外喷射发动机类似，其最常见的故障为供油不足，引起发动机加速不良，怠速不稳甚至起动困难的故障。

维修案例2 一辆奥迪 A6L 轿车，搭载 2.0TFSI 发动机，该车偶尔出现急加速没反应，甚至熄火的故障。熄火后需要等待 10 min 以上才能起动。读故障码为：低燃油压力调节超出规定（静态）。监测故障状态下的燃油压力，高压侧燃油压力在故障时从 105 bar 渐渐下降到 12 bar，低压侧燃油压力下降到 12 bar。怀疑故障还是低压侧引起，检查燃油无泄漏，更换低压燃油泵，故障依旧。检查高压泵进油管，发现其内部有起皮现象。更换油管后试车，故障排除。

第124问

怎样检查进气歧管翻板电机？

为了可以增强涡旋效果，改善发动机进气效率，有的直喷发动机采用了进气歧管翻板。如图 4-16 所示，ECU 通过进气歧管翻板电机可以控制进气翻板打开或关闭。在转速和负荷在一定范围时，例如，奥迪 3.2l V6 FSI 发动机在转速低于 3 750 r/min 或发动机负荷低于 40% 时，进气歧管翻板是关闭的，进气翻板关闭并封住下进气道，于是空气运动就加速了，吸入的空气呈旋转状进入气缸，如图 4-17 所示。在其他转速范围内，增压运动翻板会保持打开状态，以免产生流动阻力并导致功率降低。当进气歧管翻板电机失灵时，ECU 无法调节进气歧管翻板，进气歧管翻板将处于打开位置。检修时，需要检查进气歧管翻板电机的供电情况，给进气歧管翻板电机施加蓄电池电压，电机应该转动。

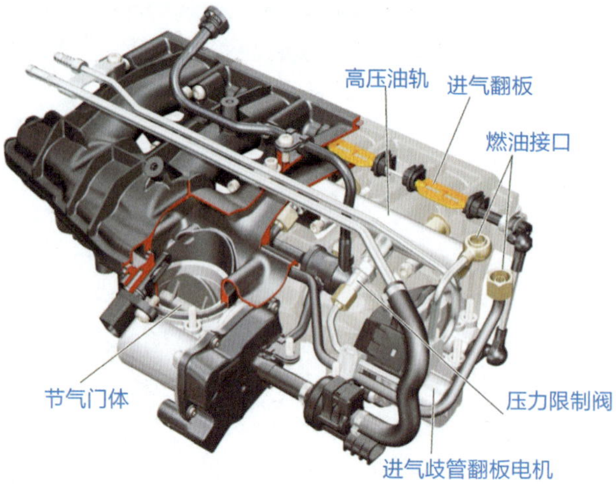

图 4-16 进气翻板位置

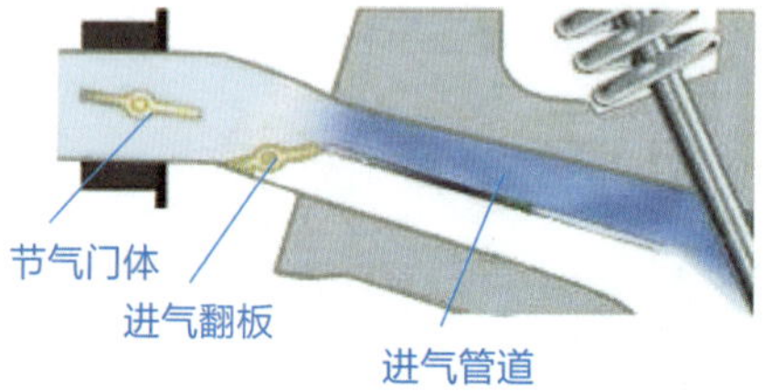

图 4-17 进气翻板工作原理图

第 125 问

缸内直喷系统常见故障原因有哪些？

与传统燃油系统常见故障原因类似，汽油机缸内直喷系统对燃油和管道清洁度要求更高。如图 4-18 所示，燃油滤清器使用长时间后会脏污堵塞油路，油路脏污、堵塞、泄漏、机械磨损等仍是系统故障的主要影响因素。除了燃油滤清器需定期更换外，电动燃油泵和高压燃油泵是最常见的故障部位。此外，由于油压按需调节，电子控制功能的增加，使电控系统潜在故障原因增多，包括高、低压传感器，油压调节阀，油泵控制单元及相关电路等。对于大众等车系，还可能产生因电控单元匹配、传感器设定不良导致的相关故障。

图 4-18　脏污的燃油滤清器

发动机直喷系统元件的检查也可通过读取故障码、读取和分析数据流、执行元件功能测试等方法进行检查。例如，通过数据流读取燃油系统高压油路压力值应在 3.5 ~ 11 MPa，如果油压不正常，应先检查低压油路是否正常，再检查油压调节阀、高压限压阀和高压油泵等。

维修案例 一辆采用 1.4TSI 发动机的速腾，出现加速无力，起动困难的现象，发动机故障警告灯间歇点亮。检查发现有“088 51 P2293 燃油压力调节阀 N276 机械故障”的故障码，清除故障码后起动发动机运行一段时间，故障码暂时未再出现。进入“01-08-140”读取怠速时第 140 组测量值，4 个数据区分别显示：“3.2°，－58.1°，700kPa，01”，与正常车辆对比，显示油路高压压力太低，油压调节阀工作时间不正常，高压燃油系统出现故障。分析故障原因主要有：燃油压力调节阀 N276 线路或本身出现故障；高压燃油泵出现故障；低压燃油系统压力不足。检查 N276 电阻正常，利用诊断仪执行元件自测试功能，当 N276 被驱动时有轻微振动，说明电路基本正常。测量低压油路压力，也正常。故障原因集中在高压燃油泵或 N276 内部机械故障，由于高压燃油泵和 N276 是集成一体，决定更换高压燃油泵。更换高压燃油泵后，故障排除。

第 126 问

柴油机缸内直喷系统是如何工作的？

目前电控柴油发动机普遍采用共轨系统，共轨系统是将燃油在高压下储存在高压的油轨中，从本质上克服了传统柴油机喷射系统的缺陷，可根据发动机不同的工况灵活控制喷射压力和油量，从而实现低转速高喷射压力，达到低速高扭矩、低排放及优化燃油经济性的目的。

如图 4-19 所示，电控柴油发动机电控单元根据油门踏板位置传感器、曲轴转速传感器等信号，可以推算出理想的喷油量和喷油时间，然后再控制带有电磁阀的喷油器精确喷油，达到更好的排放能力，更低的燃油消耗。

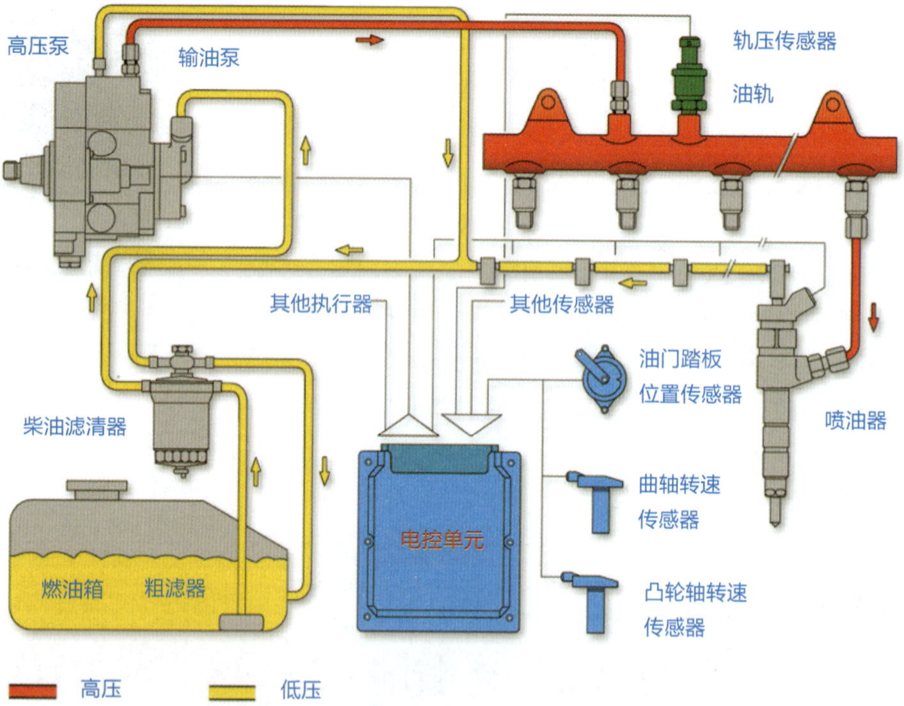

图 4-19　电控柴油发动机燃油喷射控制系统

维修案例 一辆哈弗 GW2.8TC 发动机在急加速时，出现发动机故障灯点亮，然后出现加速无力的情况，故障码为 P1011“轨压控制器正偏差超过上限”。分析发动机 ECU 检测到的当前轨压大于 ECU 的设定值，它通过控制进油计量阀也无法降低当前轨压，故设定故障码限制发动机工作。清洗高压油泵，替换进油计量比例阀和阶越回油阀，故障还是存在。对原来的喷油器回油量进行检查，断开喷油器回油管（回油三通处），用量筒测量 4 个缸喷油器回油量，发现在急加速时，1、4 缸喷油器的回油量明显偏少。更换 1、4 缸喷油器后，故障排除。

第5章 点火系统的结构原理和故障诊断

第127问 点火系统是如何点火的?

点火系统根据工作原理分为传统点火系统、电子点火系统和微机控制点火系统。传统点火系统的工作原理如图5-1所示,电流从蓄电池正极、到初级绕组、断电器、蓄电池负极。当断电器断开时,初级绕组电路被切断,初级绕组中电流下降为零,在点火线圈次级绕组中产生感应电压,此感应电压称为次级电压,次级电压经高压线传递给火花塞,击穿火花塞间隙后产生火花,点燃混合气。

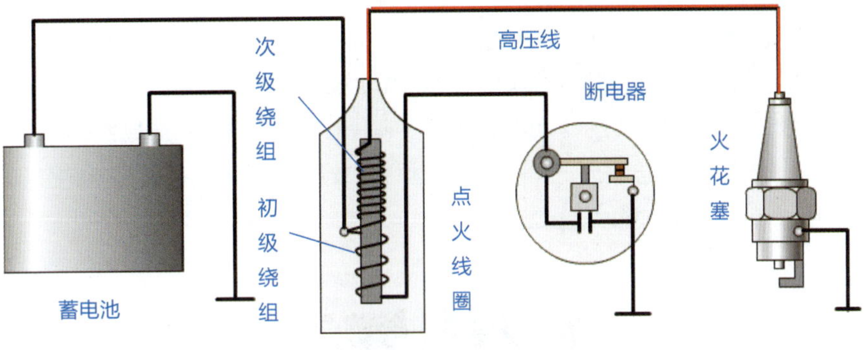

图5-1 传统点火系统的简图

传统点火系统及后来发展的电子点火系统由于控制精度不高已被淘汰。微机控制点火系统即电控点火系统,这种点火系统的点火提前角由微机控制,从而使发动机在各种工况下都具备最佳的点火提前角,提高了发动机的动力性和经济性,且保证排放污染最小。

目前常见的微机控制点火系统原理如图5-2所示,发动机工作过程中,曲轴位置传感器、节气门体位置传感器等将检测到的信号输送至ECU。ECU根据各传感器信号确定出最佳点火提前角,并在适当时刻向点火模块发出点火信号。点火模块通过其内部的功率三极管控制点火线圈初级电路周期性通/断,点火线圈产生高电压,使火花塞跳火,点燃缸内的可燃混合气。

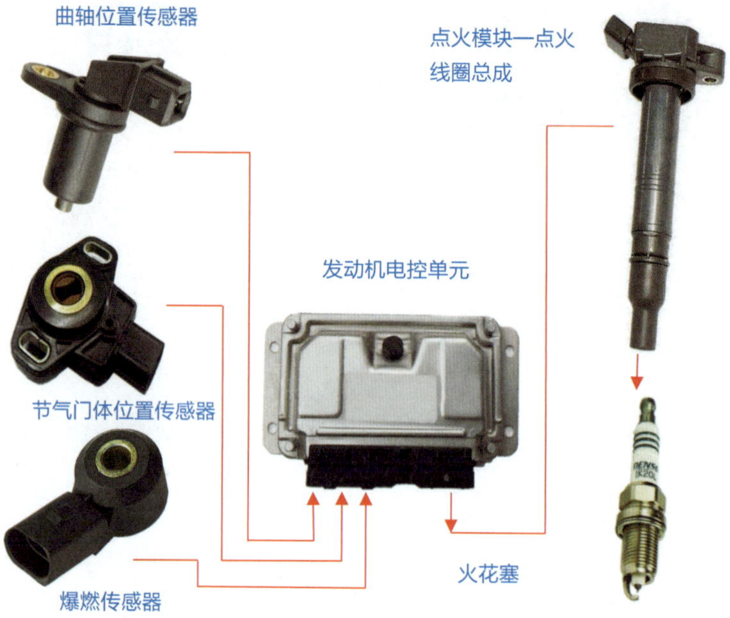

图 5-2　微机控制点火系统的组成

第128问 点火系统会产生哪些故障？

由于汽油自燃温度高，难以被压燃，因此汽油发动机设置了点火系统，采用电火花点燃可燃混合气统，如图 5-3 所示。点火系统的作用是将电源供给的低压电转变为高压电，并按照发动机的做功顺序与点火时间的要求适时、准确地配送给各缸的火花塞，在其间隙处产生点火花，点燃气缸内的可燃混合气。

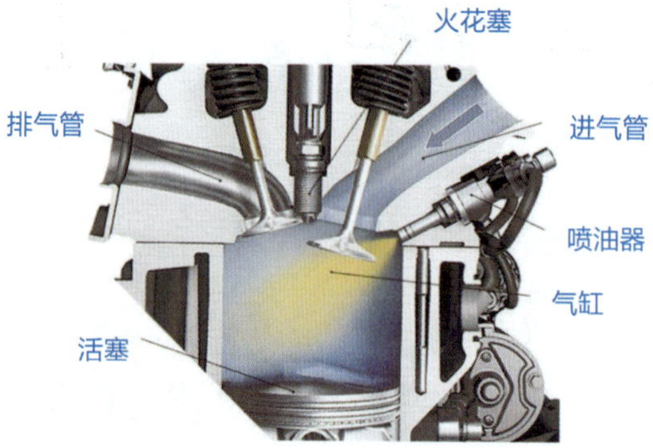

图 5-3　点火系统的作用

点火系统要点燃气缸内的可燃混合气，让发动机正常工作，必须具备足够高的击穿电压、点火能量和适时点火。如图 5-4 所示，能使火花塞两电极间产生电火花的足够高的电压称为击穿电压，击穿电压一般为 1 万 ~ 2 万 V。气缸内混合气的压力与温度、火花塞电极的间隙及温度、发动机工况等都会影响击穿电压。

图 5-4　电火花

发动机正常工作时，点火能量很小就能点燃混合气。在发动机起动、冷车、怠速、急加速、混合气稀等工况时，需要较大的点火能量，点火能量过小会使混合气燃烧过程长，冷却液吸收高热量时间长，发动机可能会高温，废气中氧含量少，发动机 ECU 通过氧传感器检测到尾气中氧含量少，认为混合气稀而增加喷油量。点火过早，易造成爆燃，活塞上行受阻，效率降低，磨损加剧。点火过迟，气体做功效率低，排气声大。不论点火过早或过迟，都影响转速的提升。

第 129 问 怎样分析点火提前角？

如图 5-5 所示，发动机点火是在活塞到达压缩上止点前进行的，点火时刻一般用点火提前角来表示。点火提前角是指从火花塞产生电火花到活塞运行至上止点时曲轴转过的角度。通常把发动机发出最大功率和最小油耗时的点火提前角称为最佳点火提前角。最佳点火提前角随发动机转速升高而加大，随着负荷增大而减小。汽油辛烷值越高其抗爆性能越好，不易产生爆燃，故可以增大点火提前角。

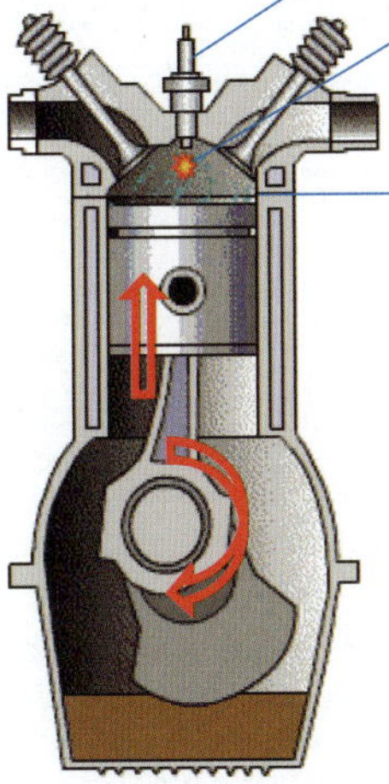

图 5-5　点火提前

使用检测仪器检测点火提前角时，在暖机后连接检测仪，进入相应的菜单，在怠速时检查点火正时应为上 8° ~ 12° BTDC（上止点前），发动机转速为 2 000 r/min 时，点火提前角一般为上止点前 30° ~ 35°，发动机转速为 3 000 r/min 时，点火提前角一般为上止点前 35° ~ 40°。点火提前角应随着节气门体的开度或发动机的转速变化而增大或减少，否则与之相关的方面可能有故障。

维修案例 三菱欧蓝德怠速运转出现喘振，转速有规律的一高一低，并且在行驶中发动机加速无力。试车时加速提速很慢，发动机转速发闷，急踩加速踏板，发动机会出现“啦、啦、啦”类似点火过早时的那种异响。怠速时检查点火提前角，发现点火提前角在 7° ~ 20° 不停地变化。点火提前是根据曲轴位置传感器进行控制的，拆检曲轴位置传感器，发现曲轴正时链轮半圆键断裂，固定螺栓螺纹损坏。更换曲轴，故障排除。

技师经验

曲轴位置传感器信号轮损坏等原因会造成曲轴位置传感器信号失准，导致发动机电控单元不能精确确认曲轴一缸上止点位置和发动机转速，容易出现以下几种情况。

（1）出现点火错乱。进气管内有“扑、扑”回火声和排气管内“崩、崩”的放炮声，发动机导致无法起动。有些曲轴位置传感器信号异常，发动机也能起动，但发动机 ECU 控制的喷油及点火信号发生错误，发动机怠速会出现抖动，可能出现失速等情况。

（2）出现点火过迟。在活塞到达上止点时才点火，则混合气一边燃烧，活塞一边下行，此燃烧过迟在容积增大的情况下进行，使炙热的气体与气缸壁接触的面积增大，热传导损失增大，因而转变为有效功率的热量相对减少，从而导致发动机过热，容易出现开锅现象，发动机功率下降。

（3）出现点火过早。由于混合气的燃烧完全在压缩行程进行，气缸内压力急剧升高，在活塞到达上止点前即达到最大，阻止活塞继续向上运动，不仅使发动机的功率降低并有可能引起爆燃和运转不平稳的现象。

第 130 问 火花塞是如何工作的？

火花塞的作用是将高压电引入燃烧室，产生电火花来点燃混合气。汽油发动机混合气在压缩以后，需要点燃才能“引爆”。安装在气缸上的火花塞就是扮演“引爆”的角色。火花塞点火的原理类似雷电，其头部有中心电极和侧电极，两个电极之间有个 0.9 ~ 1.3 mm 的间隙，当通电时能产生高达 1 万多伏的电火花，可以瞬间“引爆”气缸内的混合气体。

火花塞的结构如图 5-6 所示，由绝缘体、金属杆、中心电极、侧电极等组成，金属杆上部安装带有螺母的接线螺杆，中间用绝缘瓷管绝缘，下部是中心电极，中心电极与金属杆之间是导体玻璃密封剂，它既要能够导电，也要能承受混合气燃烧的高压，还要抑制无线电干扰，同时又保证其密封性。

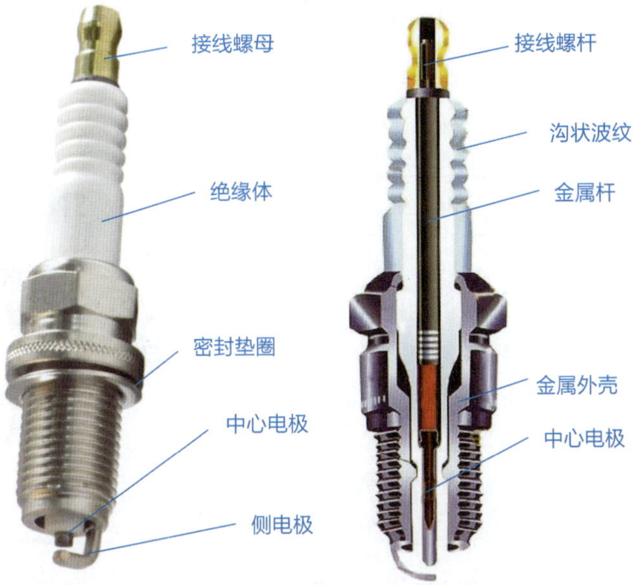

图 5-6　火花塞结构

第 131 问
什么是火花塞的热值?

火花塞的热值表示其散热快慢，数值越大就散热越快，不同的发动机要求使用的火花塞不同，必须匹配。轿车的行使速度快，压缩比高，一般需用热值较高的火花塞。如图 5-7 所示，冷型适用于火花塞裙部短、压缩比高的发动机，热型适用于中低速低压缩比的小功率发动机。能够大量散热的称为冷型火花塞，也就是高热值火花塞，冷型火花塞的绝缘体裙部相对较短，由于散热途径较短，散热相对较多，所以不易造成中心电极温度的上升。

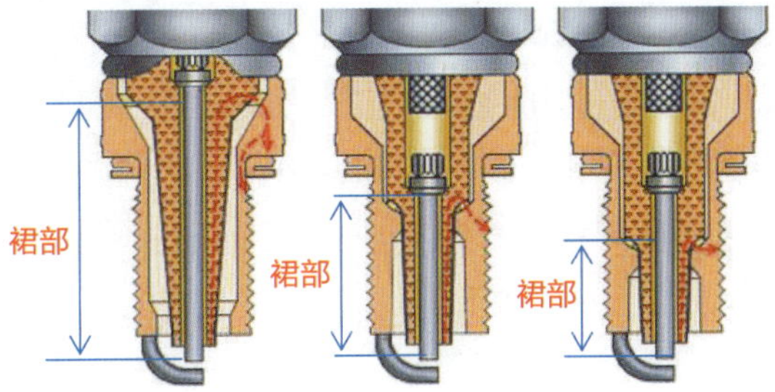

（a）热型　（b）中型　（c）冷型

图 5-7　火花塞热值

第 132 问
怎样做火花塞跳火试验?

通过做花塞跳火试验,可以检查点火系统的工作情况,也可以大致判断火花塞跳火能力,通常做火花塞跳火试验需要完成以下步骤。

（1）为防止未燃汽油进入三元催化器对其进行损坏，需断开所有喷油器连接器或相关熔丝。

（2）如图 5-8 所示，将拆下的火花塞安装到点火线圈上，并将火花塞搭铁。起动 2 s 中，检查火花塞从中心电极往侧电极跳火，火花应持续且强烈，火花颜色呈白色或紫色的火花。

图 5-8 跳火测试

（3）如果火花较暗，说明点火能量不足，需更换火花塞或检查原因。跳火位置应在电极间隙间，如果跳火位置在火花塞的裙部，应清理火花塞裙部的积炭或更换火花塞。如果无火花，应检查故障原因。

维修案例 一辆奥德赛汽车低速行驶时撮车，发动机怠速间接性不稳。用故障诊断仪对系统进行故障查询，但无故障码。检查节流阀体，不脏。拆下火花塞，发现 2 缸火花塞积炭较重，表明 2 缸燃烧不好。将火花塞搭铁，检查跳火情况。发现其时而出现点火不良，更换该缸点火线圈及各缸火花塞，故障消失。

第 133 问
怎样检修火花塞?

（1）目视检查。检查火花塞颜色，如图 5-9 所示，正常火花塞通常其头部呈暗红色。检查火花塞绝缘体表面是否出现电弧烧蚀的痕迹，如有痕迹说明存在漏电现象。检查火花塞是否积炭，火花塞的积炭层是具有一定电阻的导体，会影响跳火电压，甚至造成不跳火，因此需要清理火花塞的积炭，如果积炭严重，需要查明原因。

（2）如图 5-10 所示，检查火花塞的间隙，一般为 1.0 ~ 1.3 mm，测量时，塞尺与电极之间应有轻微的阻力。

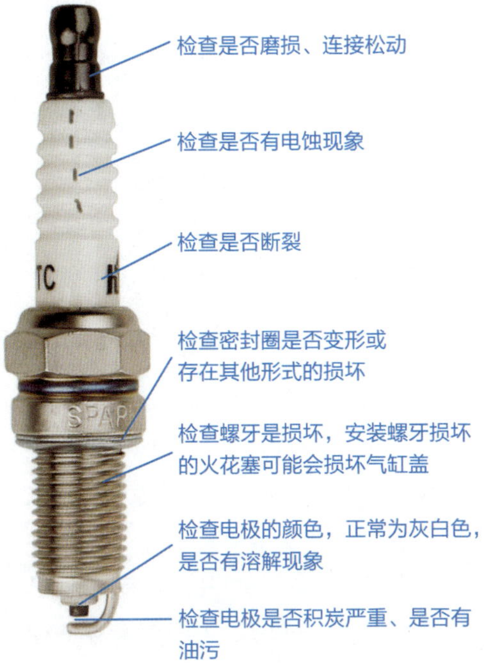

图 5-9　火花塞的直观检查

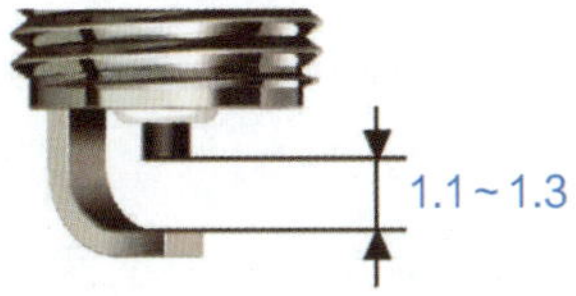

图 5-10　检查火花塞间隙

维修案例 一辆丰田子弹头面包车冷车很难起动。发动机高、中、低速均正常，检查油路没有漏油，油压也正常，没有读出故障码。检查喷油器喷油雾化、堵漏等情况，也正常。拆检火花塞。发现电极间隙均在 2 mm 以上，中心电极已烧损，更换火花塞后，故障排除。

（3）检查绝缘电阻和内阻。如图 5-11 所示，用万用表测量火花塞两电极之间绝缘电阻 10 MΩ 或更大。火花塞电阻可以放缓点火电流变化和抑制产生电磁波，把电磁干扰限制在最小限度内，火花塞电阻应在 1 ~ 20 kΩ。

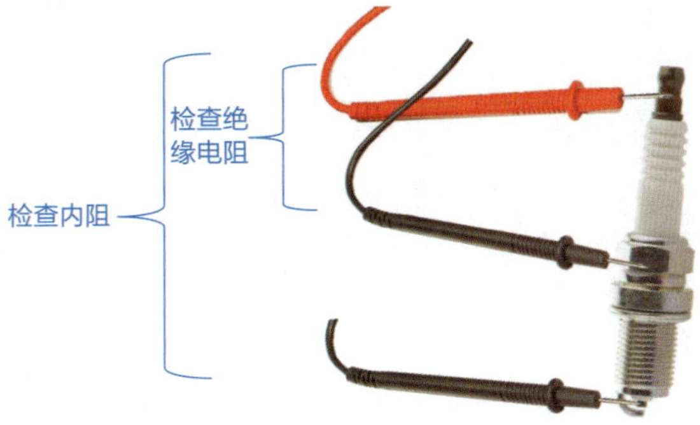

图 5-11　检查火花塞绝缘电阻和内阻

第134问 火花塞会产生什么故障？

火花塞工作环境恶劣，容易出现积炭、油污、电极间隙变大等损坏形式。更换火花塞时，一定要选用指定型号的火花塞，否则容易出现故障。使用普通火花塞的发动机若安装铂金火花塞，发动机可能会怠速抖动。使用铂金火花塞的发动机若安装普通火花塞，发动机会产生无规律熄火等故障。

1. 火花塞性能下降的故障现象

火花塞经过长时间使用后点火性能会下降，阻抗增大，触点或烧蚀（见图 5-12），高速时偶然断火，导致动力下降。使车辆出现一系列不正常反应，如“发冲”“顿车”提速性能差、汽油消耗增大、发动机噪声大等。一般建议用户每行驶 3 万 km 更换一次火花塞。

2. 安装非规定型号的火花塞的故障现象

不同型号的火花塞热值和其他性能不同，一般是不能互换的。错装不匹配的火花塞，火花塞容易出现点火能量不足，或间歇性跳火等情况。例如，选用内置电阻过小的火花塞，点火电压会降低，有时因跳火能量不足火花塞出现间歇性跳火。火花塞的型号所在位置如图 5-13 所示，通常用“R”表示火花塞带有内置电阻，选用火花塞时要注意火花塞的型号最好与原厂一致。

图 5-12 触点烧蚀的火花塞

图 5-13 火花塞型号的所在位置

维修案例 一辆赛欧 1.2 轿车，怠速不稳。检测发现故障码—多缸失火，拆下火花塞做跳火试验，发现 3 缸有间歇性不跳火，检查火花塞中心电极到接线端电阻为 400 kΩ，而正常值为 6 kΩ。更换火花塞，故障排除。

3. 积炭对火花塞的影响

火花塞积炭对击穿高压电有很大影响。击穿电压在火花塞有积炭时将显著下降。积炭的存在相当于在火花塞电极间并联了一个分路电阻，在点火时，高压电压还未上升到火花塞击穿电压之前就通过积炭漏电，使高压电压升不上去，达不到正常点火所需的电压。积炭严重时，火花塞电极间根本不能形成火花。

技师经验

观察火花塞的状态如果不正常，可能是由发动机其他故障引起的。例如，一台锐志轿车出现无法起动的现象，检查无故障码，使用其他新的火花塞跳火正常，拆卸火花塞，发现火花塞电极上有很多汽油，清理火花塞上的汽油，重新起动发动机，发现排气管排气很微弱，更换消声器后，故障排除。此案例中火花塞上的汽油并不是由于火花塞本身故障引起的，而是由于气缸中有大量的废气，混合气无法正常燃烧所致。

第 135 问
点火线圈是如何产生高压电的？

点火线圈的功用是将 12 V 的低压电转换成 15 ~ 20 kV 的高压电。火花塞要点火，需要提供高压电，而蓄电池只能提供 12 V 的电压，为此，需要采用点火线圈将 12 V 的低压提高 15 ~ 20 kV。

点火线圈实际上是一个升压变压器，它由初级线圈、次级线圈和铁芯等组成，如图 5-14 所示。通过线圈自感和互感原理实现电压升高，当初级线圈中的电流被切断时，次级线圈中产生高压。随着点火系统的发展，现在车上使用闭磁路点火线圈，这种点火线圈体积小、质量轻、对无线电的干扰小，其结构如图 5-15 所示。

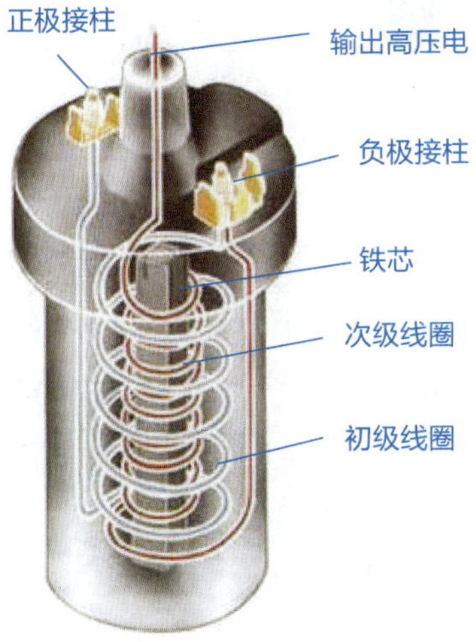

图 5-14　点火线圈结构

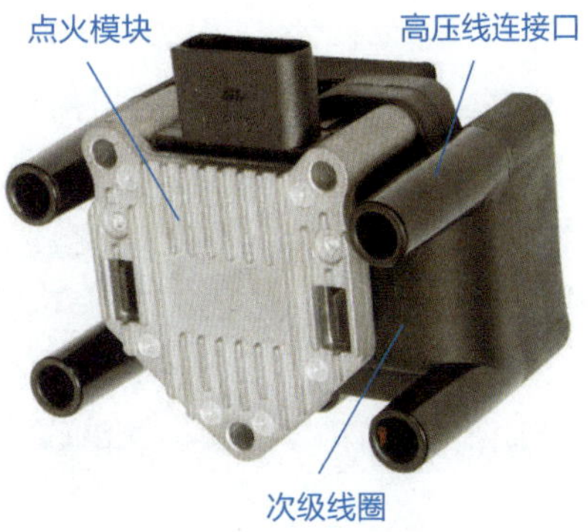

图 5-15　闭磁路点火线圈

控制汽车点火线圈工作的控制器俗称点火模块，点火线圈按发动机管理系统 ECU 的指令，在指定的时刻、对应的工况所需能量而点火。有的点火模块还提供给 ECU 反馈信号，供 ECU 判断点火线圈工作是否正常。例如，1ZR 发动机 ECU 如果没有接收到反馈信号，只控制喷油器喷油 3 s 就停止喷油。

第 136 问

独立点火系统是如何工作的？

目前，普遍使用每缸都有点火线圈的独立点火系统，其点火线圈还集成了高压线、点火控制器等功能。如图 5-16 所示，单缸点火系统每个气缸由一个点火线圈点火，火花塞连接在各个点火线圈次级绕组的末端。点火线圈次级绕组中产生的高电压直接作用到各个火花塞上。

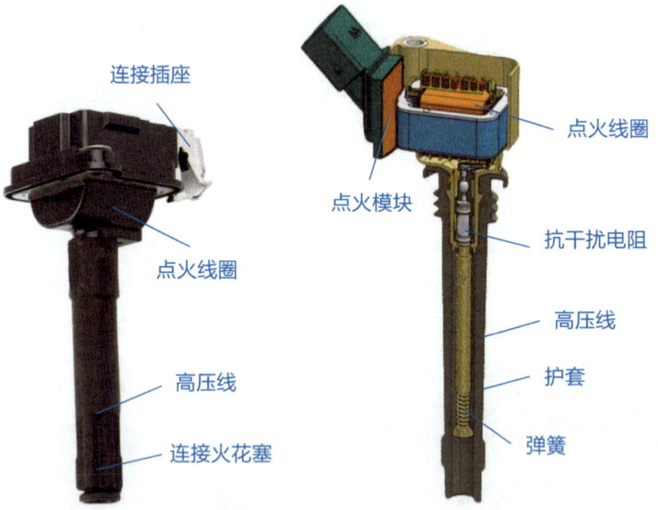

图 5-16 点火线圈—点火模块总成

单缸独立点火系统工作原理如图 5-17 所示，ECU 确定点火正时并向每个气缸发送点火信号 IGT。ECU 根据 IGT 信号接通或关闭点火模块内的功率晶体管的电源。功率晶体管进而接通或断开流向初级线圈的电流。当初级线圈中的电流被切断时，次级线圈中产生高压。此高压被施加到火花塞上并使其在气缸内部产生火花。一旦 ECU 切断初级线圈电流，点火模块会将点火确认 IGF 信号发送回 ECU，用于各气缸点火。初级电流中断产生的反电动势，使这个电路传送一个 IGF 信号至 ECU，ECU 由这个信号检测到点火是否实际发生。这个信号用于诊断和失效保护功能。

技师经验

点火线圈本身性能下降，尤其是在高温时，点火线圈会出现因为绝缘不良导致内部匝间或层间短路，从而使点火能量下降。火花塞间隙偏大一般不会引起点火能量下降。火花塞积炭会引起点火能量下降，此种情况对冷车起动影响更加明显。

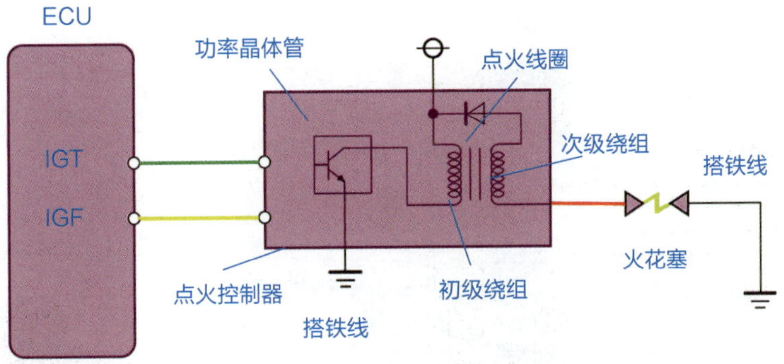

图 5-17　单缸独立点火系统

第 137 问
爆燃传感器是如何工作的？

发动机如果点火太迟，燃烧是在活塞下行时进行的，炽热的气体与气缸壁接触面积增加，这会导致发动机过热和功率下降。发动机如果点火太早，混合气在火焰还没有到达之前就自行发火，发动机这时会产生一种高频金属敲击声，这种现象既有损发动机功率，也容易损坏发动机。发动机采用了爆燃传感器来预防这种情况发生，爆燃传感器的作用是检测到发动机振动，并将振动转化为电信号，传输给电控单元。

如图 5-18 所示，爆燃传感器安装在气缸体上，检测发动机爆燃。发动机发生爆燃时，发动机电脑利用爆燃 KNK 信号延迟点火正时，以防止爆燃。爆燃传感器有一个压电元件，当由于爆燃使气缸体振动，导致压电元件变形时，压电元件就产生一个电压。发动机 ECU 判断发动机是发生爆燃。若发动机电脑判断发动机发生爆燃，就延迟点火正时，若爆燃停止，这一段预定的时间后，点火正时再次提前。

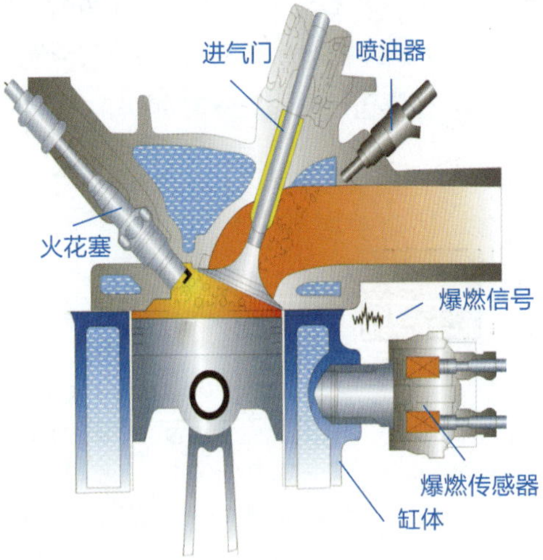

图 5-18　爆燃传感器结构

爆燃传感器如图 5-19 所示，发动机振动时，通过外壳带动其内部的铁芯振动，铁芯产生位移，使通过感应线圈的磁路发生变化，通过线圈的磁通量也随之发生变化，线圈产生感生电动势，这就是传感器输出的电压信号。

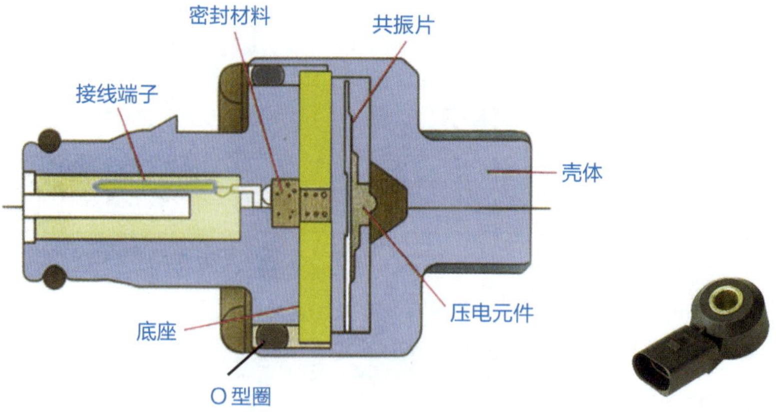

图 5-19 爆燃传感器

第 138 问 怎样检查爆燃传感器？

（1）检查爆燃传感器。检查如图 5-20 所示电路中爆燃传感器和 ECU 之间的线束没有断路，信号线 KNK1-2 没有对地短路。点火开关置于 ON 时，检查两端子之间的电压为 4.5 ~ 5.5 V。在 20 ℃时，检查两端子之间的阻值为 120 ~ 280 Ω。

（2）拆装爆燃传感器。爆燃传感器的安装位置和上紧力矩非常重要，确保爆燃传感器在正确的位置，如图 5-21 所示。

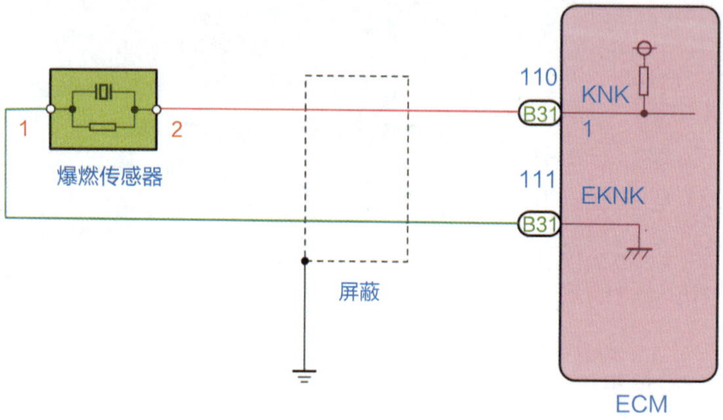

图 5-20 爆燃传感器电路

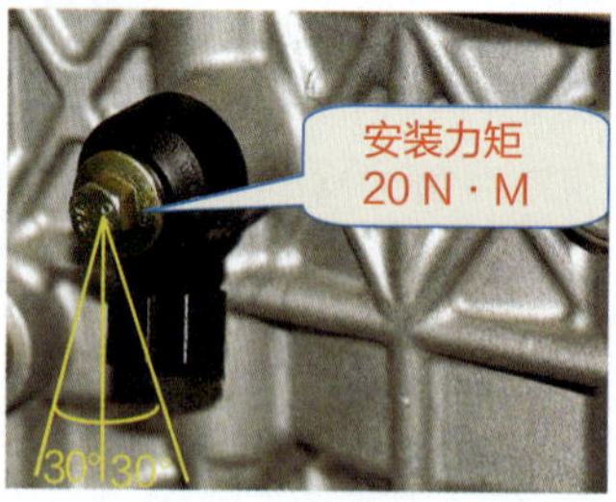

图 5-21 爆燃传感器安装

（3）通过点火提前角来检查爆燃传感器。

通过检测点火提前角，可发现点火提前角是否符合要求，进一步检查可以确认点火系统是否存在故障。在怠速下检查点火提前角，正常时点火提前角为 8° ~ 12° 。在检查点火提前角时，敲击缸体，看点火提前角是否推迟，推迟为正常，否则需要检查爆燃传感器。

当爆燃传感器故障，在低速时，发动机转速低，故障不明显。在高速时，发动机转速高，需要将点火提前角提前到一定程度，如果此时爆燃传感器故障或电控单元控制点火提前功能出现故障，那么车辆表现低速正常，高速“闯车”、高速加速不良。

技师经验

活塞敲击缸体时会产生爆燃信号，通过爆燃信号可以发现活塞敲击的异常现象。发动机机械部分正常，发动机电控部分才能正常工作。如果机械部分发生故障，也可以从电控元件的数据信息上发现端倪，从而快速地排除故障。

第 139 问

怎样分析爆燃传感器的数值?

爆燃信号是一个状态参数，其显示内容为 YES 或 NO，它表示电控单元是否接到爆燃传感器送来的爆燃信号。当参数显示为 YES 时，说明电控单元接到爆燃信号；显示 NO 时，表示没有接到爆燃信号。在进行数值分析时，可在发动机运转中急加速，此时该参数应先显示 YES，后又显示为 NO。

如果在急加速时该参数没有显示为 YES 或在等速运转时也显示为 YES，说明爆燃传感器或线路有故障。需要注意的是，发动机产生爆燃，除了点火提前角过大以外，还有以下原因会造成爆燃：喷油器损坏等原因造成混合气过浓；使用劣质汽油，如图 5-22 所示活塞顶部积炭过多，或者燃烧室内积炭或结焦过多，增大了气缸压缩比或形成了炽热点；爆燃传感器安装不牢固，输出信号失准；机械部件不正常的撞击振动等。

图 5-22　积炭过多

爆燃传感器有故障，发动机功率会下降，换挡“闯车”和高速加速不良等。有的四缸发动机采用个爆燃传感器分别监控1、2缸和3、4缸的爆燃情况，如果将1、2缸的爆燃传感器与3、4缸的爆燃传感器插头接错，会导致爆燃传感器不能正确检测气缸的爆燃情况，最终发动机功率下降，加速不良。

维修案例 一辆捷达轿车行驶时偶有“放炮”现象，油耗较高。检查发动机怠速时，点火提前角为10° 左右，加速时点火提前角变化也正常。敲击气缸体，点火提前角能突然推迟，说明爆燃传感器能反馈给ECU信号。反复路试，发现该车提速时动力性良好，但在遇到颠簸路段时极易发生“放炮”现象，怀疑某个原件振动造成假性敲缸，爆燃传感器感应敲缸信号，ECU推迟点火提前角。仔细检查进气歧管支承胶垫与固定螺栓脱离，造成进气歧管无法固定。修复后，故障排除。

第140问

怎样检查点火控制模块？

1. 检查电源与搭铁线

将点火开关置于ON位置，测量如图5-23所示电路中+B和GND端子之间的电压为12 V左右。如果异常，检查+B与搭铁之间的电压如为12 V左右，则检查GND与搭铁之间的阻值应小于1 Ω，否则检修或更换GND相关线束。如果+B与搭铁之间的电压为0 V，则检查点火控制模块与IG2继电器之间的线束等。

2. 检查线束是否短路或断路

检查点火控制模块IGT和IGF端子与ECU之间的线束没有对地短路和断路。对地短路时，IGT或IGF与搭铁之间的阻值小于10 kΩ。断路时，IGT或IGF端子与ECU之间的线束阻值大于1 Ω。

3. 检查脉冲波形

在点火开关置于ON位置时，测量IGF与搭铁之间的电压为4.5 ~ 5.5 V。在怠速时，检查点火信号（IGT）和点火反馈信号（IGF）的脉冲波形。

4. 换件检查

当怀疑某个点火控制模块有故障时，可以更换好的点火控制模块或其他缸点火控制模块进行试验检查，查看是否输出相同的故障码等。点火线圈匝间短路导致点火线圈性能下降，这时点火能量会下降，使用测量电阻的方法很难检测出来，使用换件法可以较为快捷地判断出来。

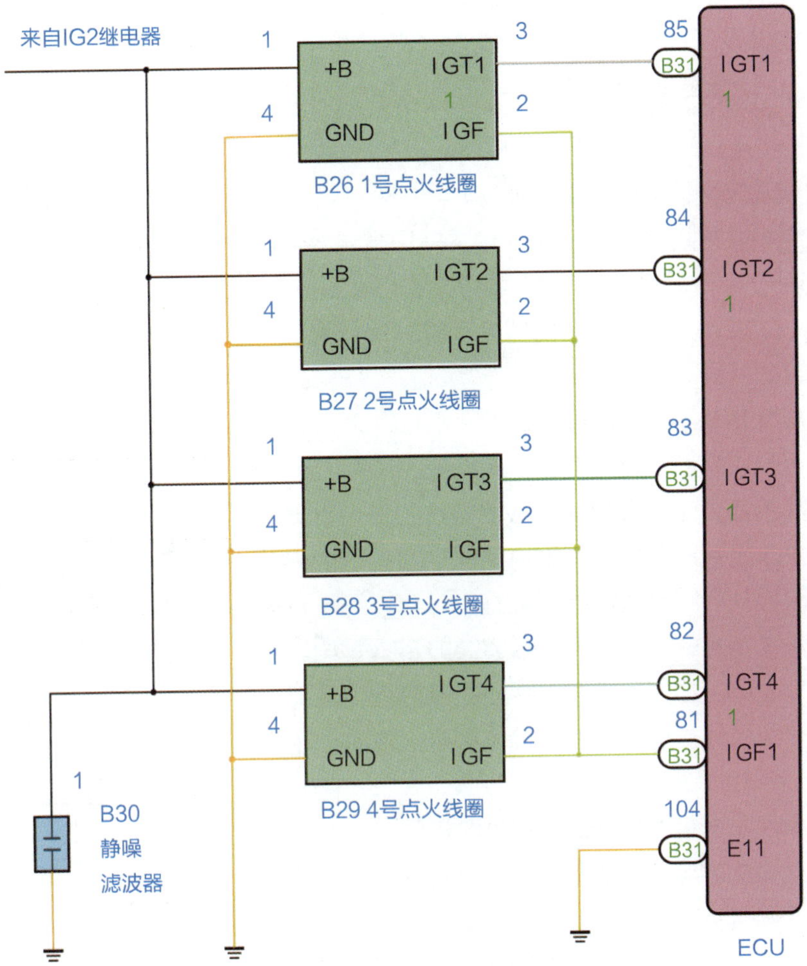

图 5-23　点火系统电路图

技师经验

汽车维修时，如需要判断某个气缸是否工作，可以在起动前断开该缸点火电路或喷油器电路，观察断开前后发动机转速高低和平稳情况的变化，如果没有明显变化，说明该缸不工作。这种对比的方法，还有很多应用，例如，断开三元催化器与排气管的连接，来判断三元催化器是否堵塞；发动机起动不了，踩下节气门体再次起动试试，若能起动一般是怠速通道有故障。

第141问 点火控制模块会产生什么故障?

1. 点火模块完全损坏的故障现象

点火控制模块接收发动机ECU点火信号控制点火线圈初级绕组通/断，并发出点火反馈信号给发动机ECU。发动机ECU如果没有接收到点火反馈信号，只控制喷油器喷油3 s就停止喷油。如果点火模块完全损坏，不能处理点火信号或不能对点火线圈进行控制，发动机会无法起动。

2. 点火模块搭铁不良的故障机理

有的点火模块是通过壳体搭铁的，当壳体搭铁不良时，点火控制搭铁不良会使点火模块间歇性停止工作，点火线圈间歇性失去点火控制信号而间歇性断火，发动机因间歇性停止工作而抖动。测量搭铁是否良好时，可以测量点火模块金属外壳或如图5-24所示搭铁线GND的对地电压，若电压超过0.3 V，则说明搭铁不良。测量对地电压时，为避免蓄电池负极桩与电缆接触不良的影响，需将万用表黑表笔连接到蓄电池负极桩上。

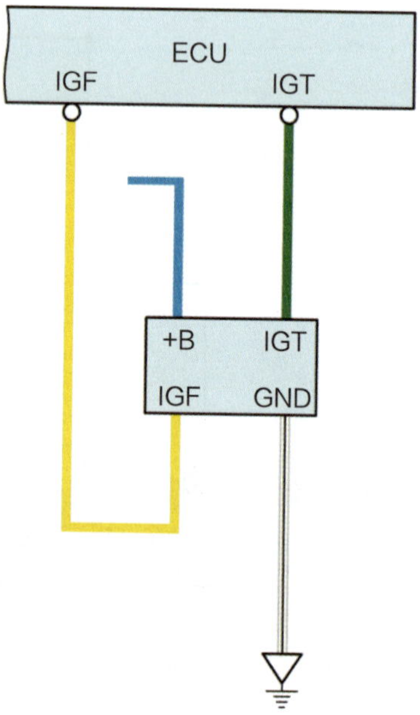

图5-24　点火模块电路图

3. 点火模块发送错误反馈信号的故障机理

有些点火模块内晶体管切断通往点火线圈中初级线圈的电流时，点火模块也发送一个点火确认信号（如丰田系列的IGF信号）反馈给电脑。如果没有收到点火确认信号，ECU切断燃油供给。有故障的点火模块可能不发送点火确认信号，或者发出扰乱其他缸点火确认信号的信号，造成其他气缸不工作，ECU根据曲轴位置等传感器的信号，记录其他缸缺火。

第142问 点火线圈会产生什么故障?

点火线圈使用时间长后，会因过热而造成内部击穿，使得点火能量降低。点火线圈如果过热，一般是工作不正常引起的，例如，点火线圈搭铁不良引起次级电压过高，点火线圈将过热。

（1）点火线圈故障影响怠速和加速性能。

点火线圈损坏后，火花塞跳火强度不足，影响混合气的正常燃烧，废气中的氧气不正常，氧传感器变化频率变慢，电控单元会误认为氧传感器损坏或混合气调节故障。同时，混合气不能正常燃烧，会引起发动机出现冷车不易起动，起动后怠速运转不稳，热车后加速发闯，最高车速下降等故障。图 5-25 所示就是有故障的点火线圈。

点火线圈工作不稳定时，外界温度的高低能影响点火的稳定性，造成不规则有时点火有时不点火，导致发动机出现严重的发窜。

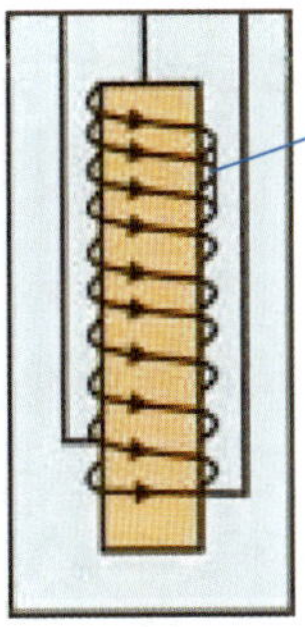

图 5-25　有故障的点火线圈

（2）点火线圈故障影响大负荷工况。

如果点火线圈本身性能不良，在高速大负荷工况下频繁点火，内部达到了较高的温度，导致点火线圈的级次侧在高电压的情况下发生放电短路。由于点火线圈初级侧和次级侧实际的匝数比变小，使次级侧产生的电压值降低。反映到火花塞点火时，点火能量减弱，影响完全燃烧，造成点火线圈控制的气缸工作不良，从而出现大负荷时发闯、加速不良的现象。

（3）单个点火线圈故障的影响。

发动机型式不同，点火线圈损坏后影响的气缸数不同。有的发动机两个气缸共用一个点火线圈，一个点火线圈损坏后影响两个气缸的工作。大多发动机采用独立点火系统，一个点火线圈损坏影响一个气缸的工作，但由于氧传感器对混合气的修正，使闭环控制时所有气缸工作都可能不正常。

（4）点火线圈故障可能引起发动机 ECU 故障。

点火线圈工作不良，会导致一个或二个气缸工作不良，未燃烧的的混合气在三元催化器内燃烧，造成三元催化器温度急剧升高，高温的排气管使氧传感器供电线与信号线的绝缘皮烧结到一起造成短路，进而引起控制单元烧损，从而造成发动机无法起动的故障。

维修案例 一辆宝马 730Li 轿车，行驶中多个故障灯同时点亮。检查定格数据，故障时电控单元电压为 16 V。怠速测发电机输出电压为 14.3 V，影响发电量的处理电压调节器和蓄电池的工作情况及发动机负荷状态进行调节。发动机 ECU 是通过它与发电机之间的数据传输线，获得蓄电池传感器信号的。断开发动机与发电机之间的数据传输线，故障不重现，断开蓄电池传感器故障也不重现。怀疑蓄电池传感器工作异常，让发动机负载检查蓄电池传感器的波形，发现蓄电池传感器电压波形中不时跳出点火信号的波形，逐个断开点火线圈检查，发现断开 2 缸点火线圈，干扰消失。更换 3 缸点火线圈，故障排除。

第143问
怎样通过观察火花塞判断故障原因？

有经验的维修人员，通过以下情况对火花塞的检查，发现分析故障的依据。

（1）发动机无法起动时，若拆下的火花塞上一点汽油也没有，说明喷油器没有喷油。

（2）观察火花塞是否“淹死”。火花塞“淹死”是指火花塞被汽油打湿，火花塞被打湿后无法跳火，因而发动机无法起动，如图5-26所示。造成火花塞“淹死”的原因有：火花塞不点火；发动机喷油过多；机械故障导致气缸压力低或没有气缸压力。

（3）观察点火系统是否漏电。若火花塞绝缘体有明显的黑色暗纹，说明存在漏电现象。火花塞绝缘体与高压线绝缘层或一体式点火线圈火花塞端是高压电的绝缘屏障，但它们之间若有气体或其他杂质，高压电会击穿气体或杂质而引起漏电。漏电后会形成电火花，留下痕迹。

（4）观察混合气浓度。如图5-27所示，观察其电极呈灰白色，间接证明混合气偏稀；火花塞为黑色，说明混合气偏浓。

图5-26　被打湿的火花塞

图5-27　发白的火花塞

（5）如果检查单缸无火花，一般是火花塞或点火线圈的故障。如果检查所有缸都无火花，应检查曲轴位置传感器和凸轮轴位置传感器及发动机ECU。

发动机上的电磁干扰源主要是点火系统和发电机，其通过辐射等干扰传播途径对仪表进行干扰。有时作为干扰源的点火系统或发电机自身也表现出故障现象，有时也可能没有故障现象。

维修案例 一辆奥迪A6轿车行驶时仪表板上的蓄电池指示灯、小灯指示灯偶尔闪烁。查询组合仪表供电和搭铁无故障，更换仪表试车故障依旧。怀疑是电磁干扰，检查发动机有第2缸缺火的故障码。检查2缸火花塞松动，更换火花塞后，故障排除。

第6章 电控子系统的工作原理和故障诊断

第144问 废气再循环系统是如何工作的？

废气再循环系统（简称 EGR）是根据冷却液温度、节气门体位置、空气流量信号及 EGR 阀位置信号，精确控制 EGR 阀针位置，将一部分废气回送到进气歧管，并与新鲜混合气一起再次进入气缸，如图 6-1 所示。返回气缸的废气使混合气稀释，降低了最高燃烧温度，进而降低 NO_x 排放。通常在发动机起动、暖机、怠速、低温度（通常 40 ℃以下）、大负荷等工况下 EGR 阀停止工作，禁止废气循环。由于可变正时系统可以实现废气再循环的功能，所以外置的 EGR 系统逐渐被替代。

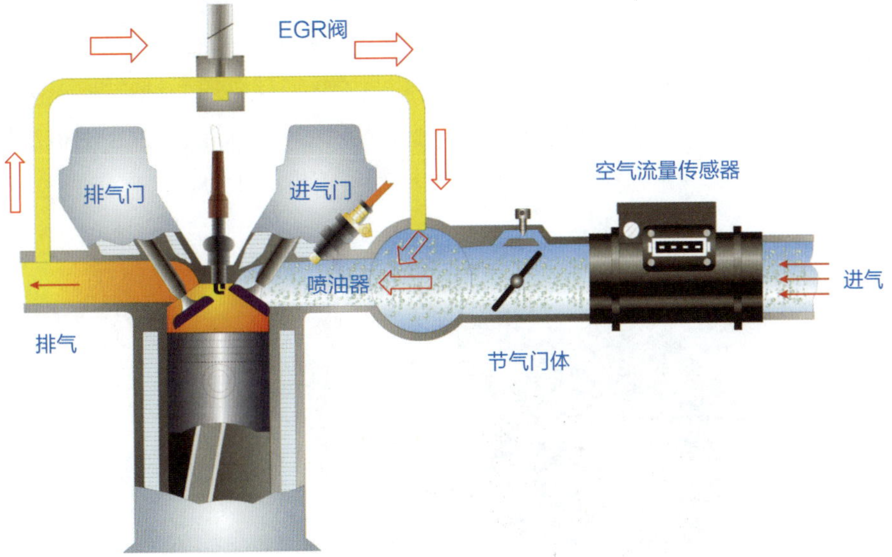

图 6-1　废气循环控制系统

第145问 可变气门正时系统是如何工作的？

随着技术发展，可变气门正时逐渐代替固定不变的气门正时，可变气门正时系统在低转速时，让进气门打开提前量小，以避免吸入废气；在高转速时，让进气门打开提前量大，以使增大进气量。可变气门正时控制系统可以采用正时皮带或正时链条将动力传给凸轮轴，如图 6-2 所示，通过调节凸轮轴转动的角度改变气门的开启时刻。

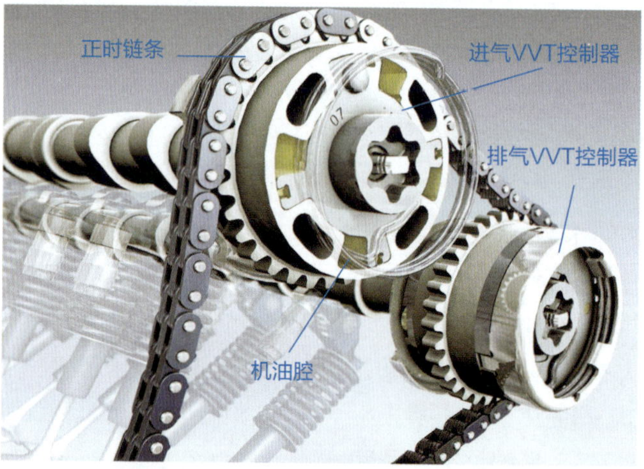

图 6-2　链条传动的可变气门正时控制系统

可变气门正时 (VVT) 系统包括 ECU、凸轮轴正时机油控制阀和 VVT 控制器、VVT 传感器（凸轮轴转速传感器）等。如图 6-3 所示，ECU 根据来自曲轴转速传感器和 VVT 传感器、进气量、节气门体位置和发动机冷却液温度等参数，向凸轮轴正时机油控制阀总成传送占空比控制信号，用来调节提供给 VVT 控制器的机油压力。

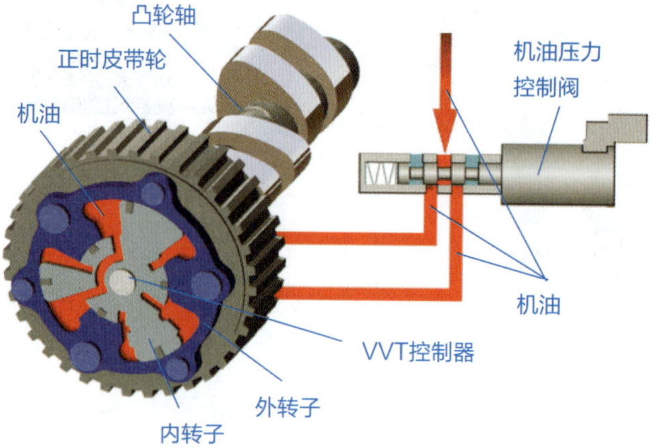

图 6-3　可变气门正时控制系统工作原理

VVT 控制器处于初始位置时，机油控制阀的占空比通常为 0，阀芯没有移动。VVT 控制器右侧油腔油压大于左侧油腔油压，外转子与内转子之间没有发生相对转动，以及凸轮轴相对曲轴正时没有调节。通常进气 VVT 基准位置为进气配气相位滞后位置，即进气门滞后打开和关闭。

当机油控制阀的占空比逐渐加大，阀芯向上移动位置，如图 6-4 所示，VVT 控制器左腔（A 腔）压力逐渐加大，当左腔压力克服右腔压力和其他阻力后，VVT 控制器内转子和凸轮轴顺时针转动，进气门将提前打开和关闭。

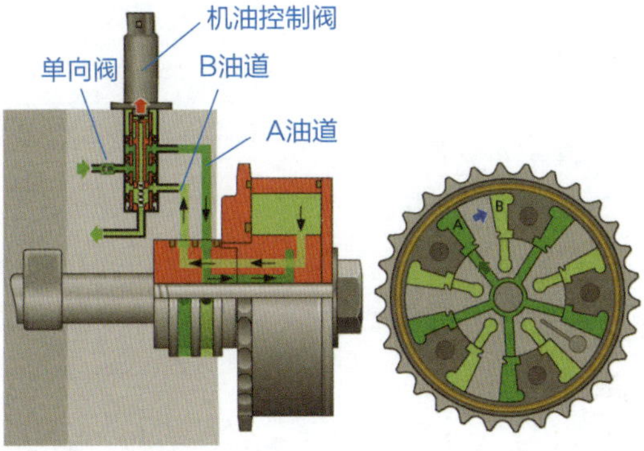

图 6-4　提前调节

如图 6-5 所示，当 ECU 控制机油控制阀向下移动，进入右腔（B 腔）的油压增高，左腔（A 腔）机油通过机油控制阀卸压，右腔压力大于左腔压力，VVT 控制器内转子和凸轮轴逆时针转动，进气门将滞后打开和关闭。

当转子转动一定角度后，控制机油控制阀的占空比信号在 50% 左右，如图 6-6 所示，VVT 控制器左右两侧油腔同时供油，外转子和内转子保持在该相对位置。通常 VVT 介入调解后，大部分时间工作在某一角度的动态稳定位置。

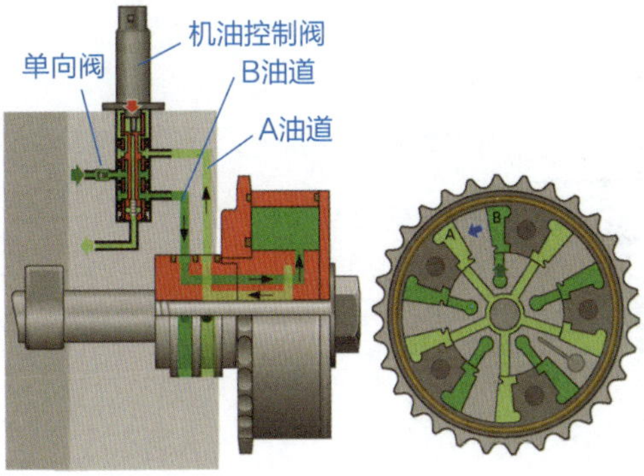

图 6-5　滞后调节

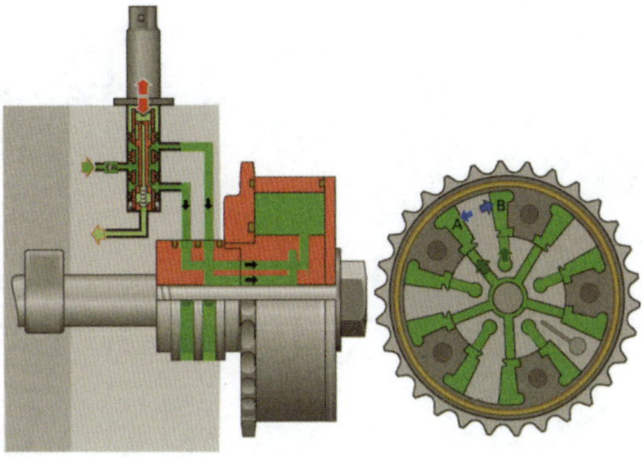

图 6-6　稳定位置

VVT 控制器通过机油压力调节凸轮轴转角，使凸轮轴和曲轴之间的相对位置达到最佳，从而使各种行驶条件下的发动机转矩增加，燃油经济性得到改善，废气排放量减少。

第 146 问
可变气门正时系统工作有哪些策略？

可变气门正时系统的调整策略如表 6-1 所示，在不同的负荷时，对凸轮轴进行相应的控制，已达到提高发动机动力性能等目的。

表 6-1 可变气门正时系统的调整策略

工况	凸轮轴相位	调整目的
停机、起动、怠速、小负荷	最小气门重叠角（进气提前角最小）	回流到进气道的燃烧气体减少，改善燃烧稳定性，也提高了燃油经济性
中等负荷	气门重叠角适当增加，进气相位小幅提前	内部 EGR 率增高，增加稀释效应，缸内燃烧温度降低，NO_x 排放降低
高负荷、中低转速	最大气门重叠角，进气相位提前	提高了充气效率，进而提高了中低速段的扭矩
高负荷、高转速	进气相位滞后	延迟进气门关闭时刻，充分利用高速时的气流惯性，充气效率提高。在高速高负荷获得最大功率

第 147 问

可变气门升程控制系统是如何工作的？

有的可变气门正时系统，不仅能调节凸轮轴的转动角度，还可以调节气门体的打开大小，即调节气门体的升程可变，如图 6-7 所示。本田汽车发动机采用的 i-VTEC 智能可变气门升程和可变气门正时系统，可以根据发动机的运转情况，同时改变进气门的正时和升程。从而使发动机在低速时，具有较高的燃烧效率和较低的燃油消耗；在发动机高速时，则得以充分发挥其强劲的动力。

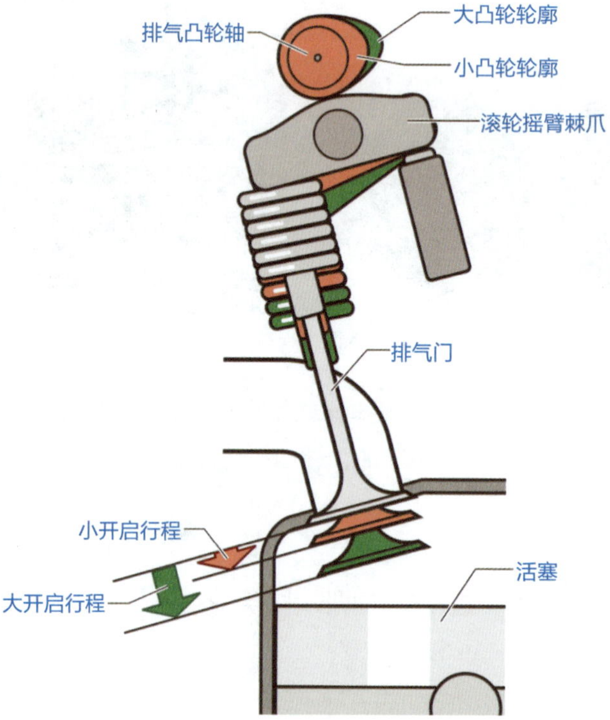

图 6-7 可变气门升程

如图 6-8 所示，可变气门升程控制系统主要由 ECU、凸轮轴转角、车速信号、冷却液温度、进气歧管压力传感器及 VTEC 电磁阀等组成。ECU 根据进气歧管压力、车速信号、冷却液温度及凸轮轴位置信号等控制 VTEC 电磁阀工作，VTEC 电磁阀控制流向摇臂内液压活塞的移动。

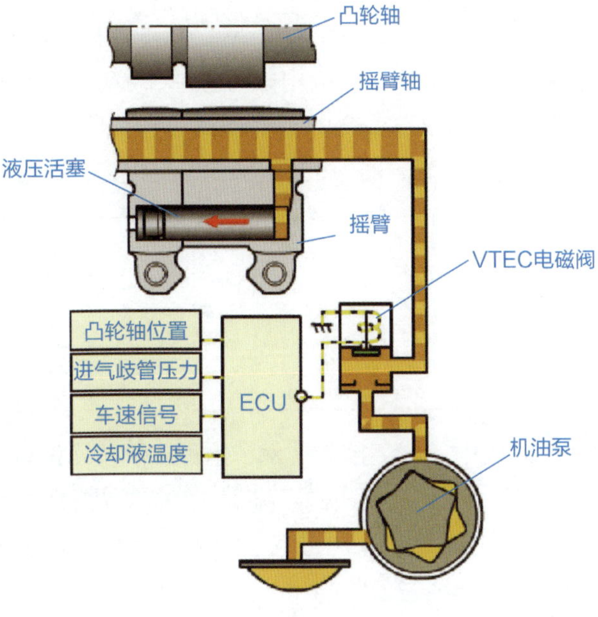

图 6-8　可变气门升程控制系统

如图 6-9 所示，在低速时，VTEC 电磁阀没有接通，此时主摇臂、中间摇臂、副摇臂彼此分离独立动作，中间凸轮并不能通过摇臂驱动进气门。在高速时，VTEC 电磁阀没有接通，液压活塞使主摇臂、中间摇臂和副摇臂锁成一体，一起动作，此时，中间凸轮通过摇臂来驱动两个进气门，使气门开启的升程增大，从而达到改变气门升程的目的。

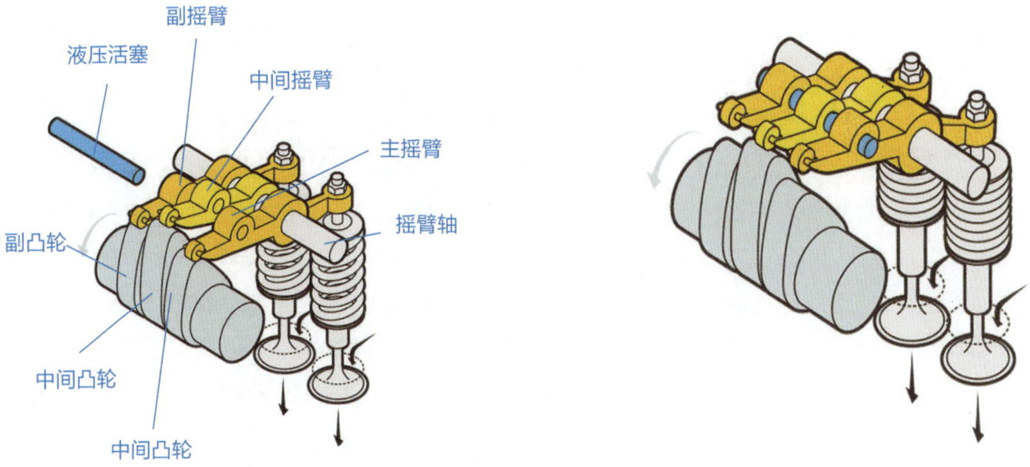

（a）低速状态　　（b）高速状态

图 6-9　可变气门升程控制系统的凸轮及摇臂机构

维修案例 一辆行驶本田 CR-V 在行驶中加速不良，且发动机故障灯点亮。读取故障码为“VTEC 机油压力开关电压过低”，该开关监测 VTEC 系统的工作状态。VTEC 机油压力开关为常闭开关，当 VTEC 电磁阀工作时，机油经过机油压力开关使开关断开。检查 VTEC 机油压力开关及线路，属于正常。路试的同时观察发动机数据流，发现 VTEC 机油压力开关一直为“打开”，VTEC 电磁阀的状态一直为“关闭”，说明 VTEC 系统一直不工作。拆下 VTEC 电磁阀总成，发现阀芯和油腔较脏，直接给 VTEC 电磁阀供电，能听到电磁阀工作的声音，但阀芯无法移动，说明阀芯卡滞。更换 VTEC 电磁阀总成、机油及燃油滤清器后试车，发动机加速正常，故障排除。

第 148 问 电子气门控制系统是如何工作的？

宝马汽车很多发动机采用电子气门控制技术，这种控制技术能根据每一缸的进气量实现对每一缸喷油量的精确控制。发动机上还是保留了进气总管处的节气门体作为应急功能，当电子气门控制系统有故障时，发动机采用进气总管处的节气门体统一控制。

大多发动机进气管中的空气经过节气门体，再经过进气门才进入发动机气缸中，其进气门开启升程始终保持固定。而采用电子气门控制系统后发动机省掉了节气门体，发动机直接由电子控制进气阀门的开启升程来控制进气量。

如图 6-10 所示，当发动机控制单元接收到加速踏板位置信号后，它控制气门控制电动机做适度转动，气门控制电动机通过涡轮蜗杆可以改变中间推杆的位置，凸轮轴的力经过中间推杆、摇臂再传到进气门。在发动机起动过程中，进气量主要由电子节气门体进行控制。在发动机运转之后，节气门体就全开了，怠速至高速工况的进气量则主要由电子气门行程控制机构进行控制。由于进气道不再有节气门体的节流作用，因此进气阻力大幅减小，从而有效地提高了发动机的输出转矩。

维修案例 一辆宝马 523Li 热车怠速严重抖动。检测存在发动机进气量信号不可靠的故障码，读取数据流转速 600 r/min，空气流量 3.12 g/s，进气压力 31 kPa，进气温度 38 ℃，混合气调校值为 1.01。检查发现发动机加速从气门控制转入节气门体控制。空气流量与进气压力基本匹配，说明空气流量计正常。为什么进气量正常，而扭矩不足？发动机工作三要素：“缸压”“点火能量”“混合气”。发动机冷车正常，说明缸压和点火基本正常，从混合气调校值看混合气浓度正常，怀疑燃油质量有问题。更换燃油，故障排除。

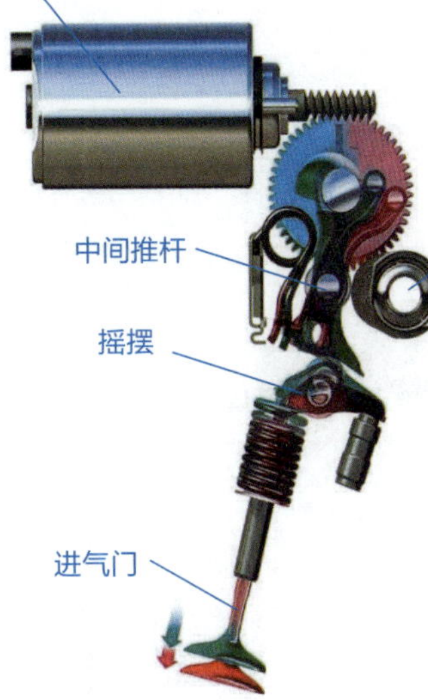

图 6-10　宝马发动机电子节气门体

第 149 问

如何检查凸轮轴正时机油阀？

凸轮轴正时机油阀是调节机油的压力，实现对凸轮轴调节液压腔体内机械部件之间的间隙，从而实现对配气时间提前、滞后的控制。如图 6-11 所示，凸轮轴正时机油阀主要由电磁铁、挺杆、调节活塞、复位弹簧等组成。ECU 通过控制电磁铁的占空比大小即可控制调节活塞的位置。

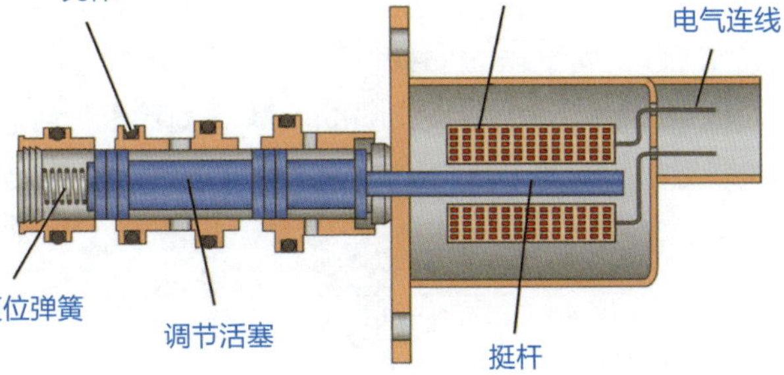

图 6-11　凸轮轴正时机油阀

如图 6-12 所示，检查凸轮轴正时机油阀的电阻及工作情况，参考图 6-13 检查两条接线是否断路和断路。如图 6-14 所示，检查机油控制阀滤清器，检查滤网有无阻塞。滤网破损会使异物进入阀内，使凸轮轴正时机油阀不能回位，从而导致微小压力泄漏。

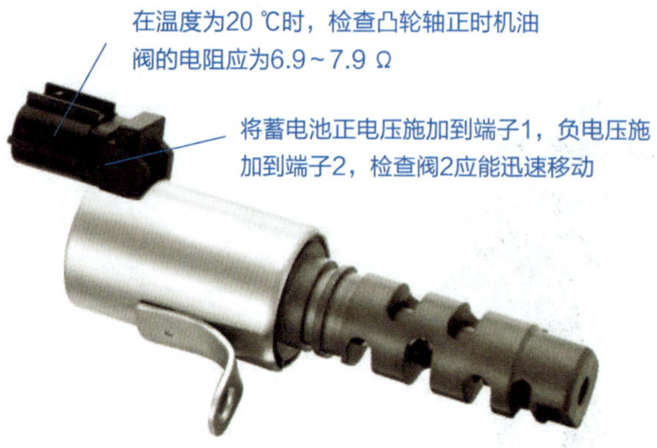

图 6-12　检查凸轮轴正时机油阀

图 6-13　机油控制阀滤清器

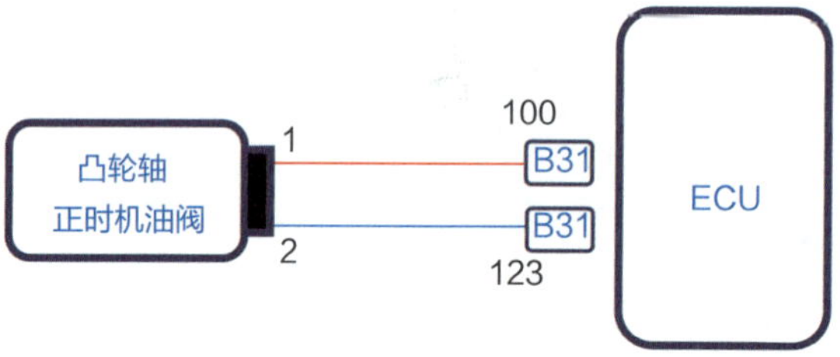

B31 是指 ECU 的连接器，100 是指 100 号端子

图 6-14　凸轮轴正时机油阀电路

可变气门正时系统可以提高发动机的动力性，当其发生故障时，可能会引起发动机加速不良。

维修案例 一辆北京现代途胜行驶里程 7 万 km，在一次免拆清洗后无法起动。检查火花塞跳火、燃油压力和缸压，没有发现问题，读取数据流，发现进排气凸轮轴相位都滞后了将近 30° ，这显然不正常。中小负荷时，通过排气门大角度滞后来实现内部废气循环。起动工况时，气缸内有废气会破坏混合气的点燃，未燃烧的混合气会进入排气系统损坏三元催化器，这时控制单元可能禁止喷油。断开凸轮轴位置传感器，尝试控制单元不禁止喷油，发动机能顺利起动。检查凸轮轴调节阀正常后，怀疑正时调整机构卡滞，更换进排气凸轮轴正时调整机构，起动发动机，故障排除。

第 150 问
如何检查凸轮轴位置传感器？

凸轮轴位置传感器安装在气门室盖上，凸轮轴位置传感器将凸轮轴角度信号传给发动机电控单元，发动机电控单元利用此信号判定凸轮轴具体位置，计算各缸到达压缩上止点的基准信号，进而控制喷油时刻、点火时刻，控制可变相位电磁阀，进而使发动机凸轮轴相位改变。

凸轮轴位置传感器还可以和曲轴位置传感器通过凸轮轴与曲轴的相对位置检测链条伸长度，如果发现正时链条过长，发动机电控单元会产生故障码，点火故障指示灯，提醒驾驶员尽快维修。

（1）常规电路检查。

凸轮轴位置传感器一般采用霍尔式，其电路如图 6-15 所示，VC 是 ECU 供给 VVT 传感器的电源，VVT+ 是 VVT 传感器的信号正极，VVT- 是 VVT 传感器的负极。常规电路检查包括检查凸轮轴位置传感器的电路是否存在短路、断路和接触不良；检查传感器的供电；检查传感器本身是否脏污等；检查凸轮轴位置传感器的信号轮和安装情况。

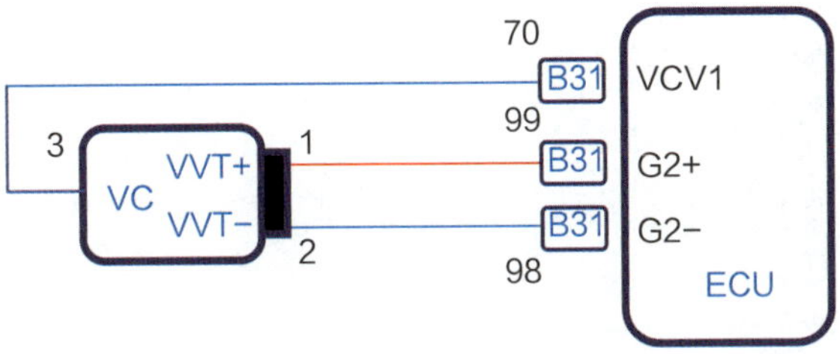

图 6-15　VVT 传感器电路

（2）检查连接器是否插错。

一般发动机有 2 个或 4 个凸轮轴位置传感器，凸轮轴位置传感器的连接器结构类似，维修时若不慎重可能会将连接器插错。以奔驰 C300 M272 发动机为例，凸轮轴位置传感器插错，会导致发动机故障灯点亮，出现与凸轮轴相位相关的故障码，通过观察线束的布线情况可以发现连接错误，通过数据流中进气凸轮轴相位和排气凸轮轴相位可以发现故障。

技师经验

进气凸轮轴位置传感器和排气凸轮轴位置传感器插头形状一样，不留意可能会连接错误，连接错误后，发动机 ECU 把凸轮轴位置传感器的信号与曲轴位置传感器信号进行对比分析后，认为实际气门正时已远远偏离目标气门正时，于是将进、排气门凸轮轴的相位提前，控制进、排气门过早打开，但这种情况发动机工作不稳，因此发动机 ECU 又通过提高怠速转速来弥补进、排气凸轮轴相位的提前。

（3）检查配气正时。

检查发动机的配气正时是否对齐，检查正时皮带、正时链条张紧程度，配气正时错误会使凸轮轴位置传感器与曲轴位置传感器信号不同步。

（4）检查机油压力。

机油压力通过可变配气相位执行器影响凸轮轴位置传感器，所以，当发动机 ECU 设置凸轮轴位置传感器的故障码时，需要检查机油压力是否符合要求。机油压力也可能出现偶发性不正常，例如机油泵有裂纹，在发动机小负荷时正常，在发动机大负荷或振动时机油压力降低。

维修案例 一辆保时捷卡宴行驶时，发动机经常突然熄火。熄火后，多次着车发动机才能起动。检测故障码，气缸组 1 和气缸组 2 的凸轮轴位置传感器信号超出极限。2 个凸轮轴位置传感器同时出现故障的可能性小，而且凸轮轴位置传感器故障也不至于发动机熄火，因此怀疑曲轴位置传感器电路偶发性故障，检测曲轴位置传感器连接器针脚有松动。修复连接器后试车，故障排除。

技师经验

有些故障码发动机 ECU 是根据参考信号来判定的，当作为参考信号的电控元件出现故障时，发动机 ECU 所产生的故障码并不是产生故障的电控元件。

第 151 问 凸轮轴位置传感器会产生什么故障？

凸轮轴位置传感器分为进气凸轮轴位置传感器和排气凸轮轴位置传感器，其安装位置如图 6-16 所示。

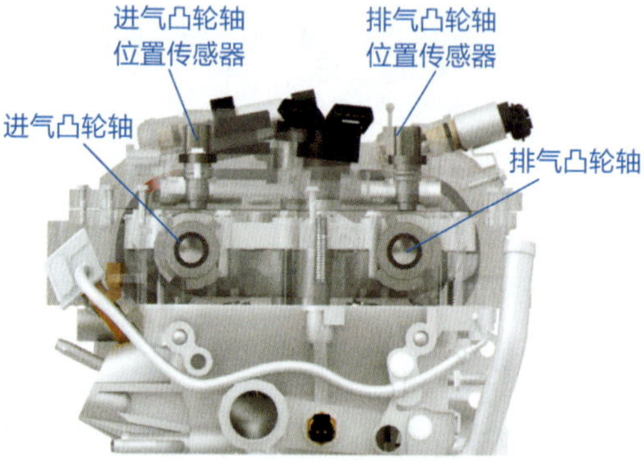

图 6-16 凸轮轴位置传感器的位置

（1）当凸轮轴位置传感器信号中断后，控制单元接收到曲轴位置信号，控制不精确，点火时间推迟，此时发动机功率和转矩都会降低，驾驶中的感觉就是加速不良，达不到规定的最高车速，燃油消耗增加，怠速不稳。

（2）凸轮轴位置传感器和曲轴位置传感器的信号要同步，如果不同步，将产生故障码。凸轮轴位置传感器和曲轴位置传感器本身、电路及控制单元正常，如果它们不同步，主要原因是信号轮错位，例如，正时皮带跳齿，皮带轮与凸轮轴之间的定位销折断，曲轴前皮带轮锁紧螺母松动等。

第 152 问 怎样检查 VVT 控制器？

如图 6-17 所示，检查进气凸轮轴 VVT 控制器的锁止情况；用胶带密封 1 号轴承盖进气侧上的 VVT 油孔，在胶带上刺出一个孔；在孔中施加约 150 kPa 的压缩空气（按压住其他油孔），以松开锁销；用力将 VVT 控制器总成朝提前方向（逆时针）转动；在可移动范围（26.5° ~ 28.5°）内转动 VVT 控制器总成 2 ~ 3 次，但不要将其转到最大延迟位置。VVT 控制器应转动顺畅，否则需要更换。按同样方法检查排气 VVT 控制器，不同的是，需要在孔中施加约 2 000 kPa 的压缩空气。

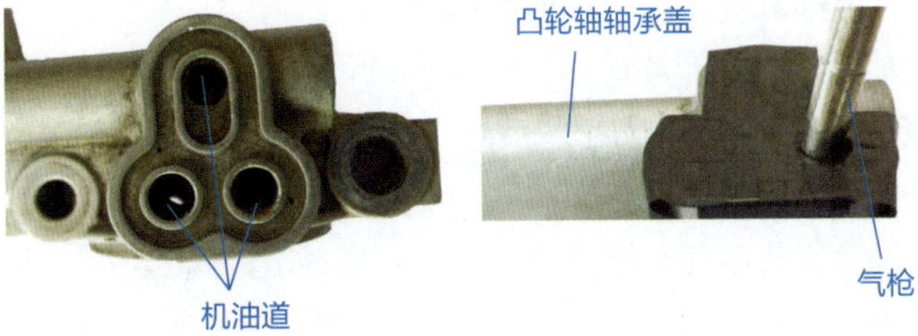

图 6-17　检查 VVT 控制器锁止情况

第 153 问 可变气门正时系统会产生什么故障？

1. 可变气门正时系统引起起动不了或怠速不良的故障

当机油控制电磁阀发生卡滞或滤网堵塞时，机油油压无排泄，凸轮轴可变相位执行器（见图 6-18）会停留在提前或滞后位置，或凸轮轴可变相位执行器本身内部机构发生卡滞，也会发生气门相比正常提前或迟后打开的情况。配气相位不准确，势必影响发动机的起动性能和怠速情况。

图 6-18　凸轮轴可变相位执行器

维修案例 一辆凯美瑞，发动机故障灯亮，怠速抖动。检测发现有凸轮轴相位过度延迟、以及多缸出现缺火、怠速不稳定等多个故障码。怠速时，查看排气凸轮轴的相位为 32°，分析这会引起气门重叠大，影响发动机的工作。对排气凸轮轴的相位控制电磁阀测试，怠速时，令排气凸轮轴相位推迟到最大值30%，此时发动机应会失速，但该发动机却无任何反应。用示波器检查电控单元对电磁阀的控制信号正常，决定更换电磁阀，拆卸时发动机电磁阀上有异物，将此电磁阀更换后，更换机油及滤清器，故障排除。

提示 检查可变气门正时机油控制电磁阀时，起动发动机，利用诊断仪对凸轮轴可变相位控制电磁阀进行测试，发动机应从平稳状态到开始抖动，到最后抖动严重，否则说明电磁阀工作不正常。也可以装上机油压力表，在发动机怠速运转时，对凸轮轴相位调整电磁阀进行通 / 断电试验，正常时，机油油压会下降，如果油压没有任何波动，说明凸轮轴相位调整电磁阀或执行机构出现了卡滞。

2. 可变气门正时系统引起加速不良的故障

可变气门正时控制系统故障经常表现在中高速。如果可变气门正时机构在发动机高速时不能正常工作，将导致发动机动力不足。

维修案例 一辆起亚威客发动机抖动，加不起速，故障灯点亮。读取故障码 P0300—不规则失火，P0301—感知 1 缸失火，P0305—感知 5 缸失火。断缸检查，没有发现哪缸不工作。试车，发动机在转速 2 000 ~ 3 000 r/min 时，出现抖动和加不起速。此时，观察发动机数据流，发现 1 缸和 5 缸的喷油脉宽为 0 ms，说明发动机 ECU 已经进入了失效保护。1 排（2、4、6 缸）进气凸轮轴实际位置为 62.9°，理想位置为 14.9°，2 排（1、3、5 缸）进气凸轮轴实际位置为 −0.6°，理想位置为 14.9°，两排凸轮轴实际相位相差很大，而且与理想值也相差太大。检查机油量和压力，正常，机油正时阀能工作且不发卡，拆下检查可变相位执行器，施加气压检查，转动角度很小（正常转动约 40 多度）。更换可变相位执行器，故障排除。

第 154 问

废气涡轮增压系统是如何工作的？

废气涡轮增压系统工作原理如图 6-19 所示，发动机燃烧后的废气通过涡轮废气入口进入涡轮，此部分带有能量的废气冲击涡轮的叶片，涡轮通过轴带动泵轮转动，泵轮将更多的新鲜空气吹入发动机，加大发动机的进气量。

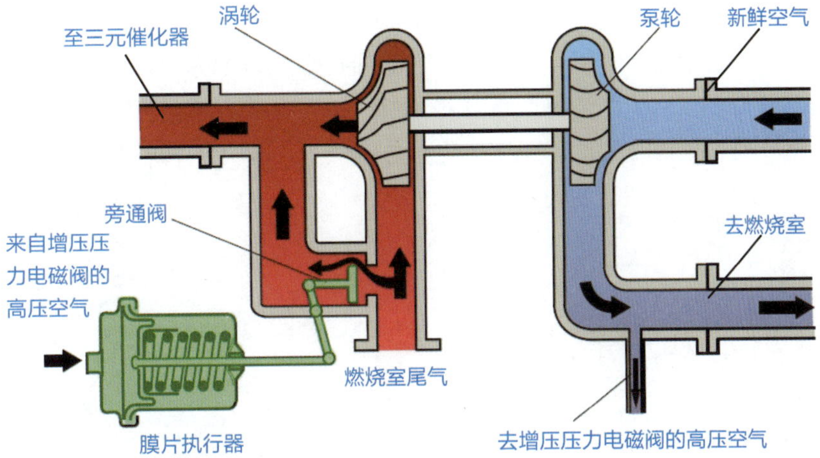

图 6-19　涡轮增压器的工作原理

如图 6-20 所示，废气涡轮增压系统的电控元件主要由发动机控制单元、增压压力调节电磁阀、涡轮增压器换气阀、空气流量计、转速传感器和增压压力传感器等组成。控制单元根据空气流量、发动机转速、增压压力等传感器的信号控制，对增压压力调节电磁阀的通 / 断进行控制。

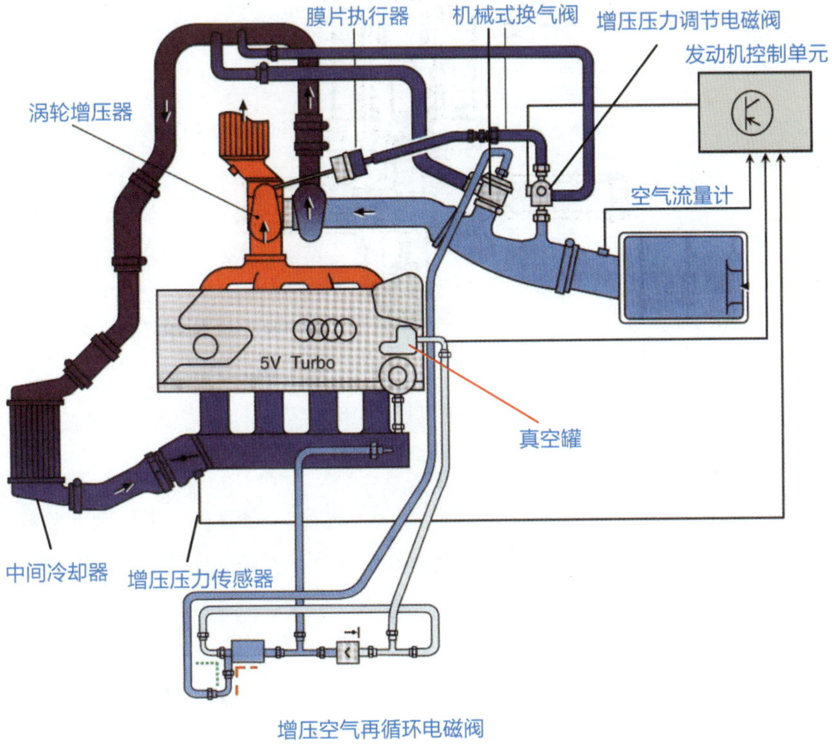

图 6-20　涡轮增压系统的组成

当实际进气压力低于理论值时，增压压力调节电磁阀断电时，膜片执行器的左室与低压空气端连通，弹簧推动膜片左移，并带动联动杆将排气旁通阀关闭。当实际进气压力高于理论值时，当增压压力调节电磁阀通电时，膜片执行器的左室与高压空气端连通。膜片右移，并通过联动杆将排气旁通阀打开，使部分排气直接排入大气，从而降低涡轮机转速和增压压力。

第155问 怎样检修增压压力控制电磁阀？

增压压力控制电磁阀连接了3个空气管，如图6-21所示，当ECU通过增压压力传感器检测到进气压力低于98 kPa时，该阀不通电，进气高压端的空气进入膜片执行器，膜片执行器膜片克服弹簧压力将旁通阀打开，废气流经涡轮室使增压器工作。当进气压力大于98 kPa时，ECU控制增压压力控制电磁阀通电，此时，该阀3条管路导通，膜片执行器内压力被释放，废气经旁通阀排出，因而增压器不工作。

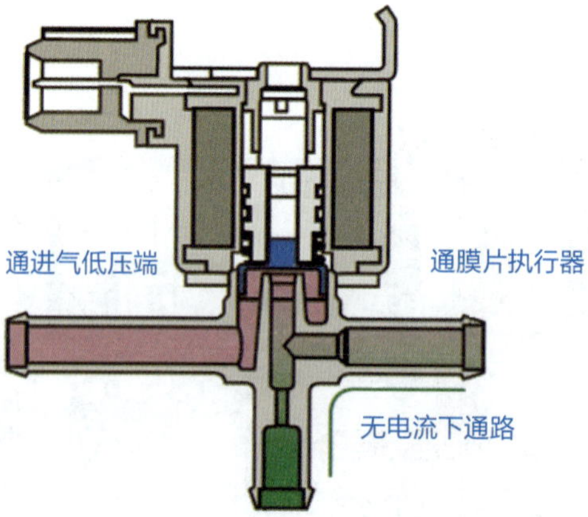

图6-21 增压压力控制电磁阀

（1）利用仪器检测。

连接故障检测仪，然后从增压压力控制电磁阀上拆下软管，接上辅助软管，操作诊断仪激活增压压力控制电磁阀，电磁阀将发出响声，通过向辅助软管吹气检查，确认该阀能打开和关闭。

（2）对电源进行检测。

2013发动机增压压力控制电磁阀电路如图6-22所示，断开其连接器，用二极管试灯可以检查其供电电源。起动执行元件诊断功能，用二极管试灯分别检查连接器两个端子，触发增压压力控制电磁阀，二极管试灯应闪亮。如果不亮则要进一步检查电源线路。

从增压压力控制电磁阀上拔下连接软管和电线插头，用万用表测量电阻值，正常值应为 25 ~ 35 Ω。给电磁阀施加 12 V 电压，用压缩空气吹气检查，通电时 3 个端口应互通，断电时膜片执行器的左室与低压空气端连通。

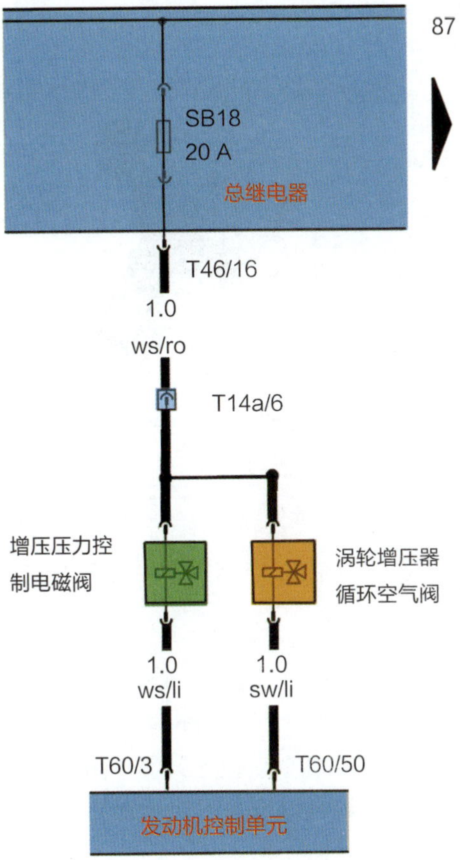

图 6-22　增压压力控制电磁阀和涡轮增压器循环空气阀电路

技师经验

发动机 ECU 产生指示执行器的故障码，通常原因是发动机 ECU 发出控制执行器的信号，而发动机的变化达不到相应的要求，或者是发动机 ECU 未发出控制执行器的信号，但发动机的变化达到某种程度。例如，在发动机加速时，增压压力由于废气涡轮卡死的原因而不足，发动机 ECU 产生故障码 P1549—增压压力限制电磁阀断路 / 对搭铁短路。

第 156 问

怎样检修机械式换气阀？

机械式换气阀结构如图 6-23 所示，阀内有真空膜片，当膜片室的真空度较小时，机械式空气再循环阀不开启，当有较大真空度作用与膜片上时，该阀开启，增压后的部分空气又返回低压进气管。检查时将其从车上拆下，通过软管将 C 端与手动真空泵连接，扳动真空泵测量产生真空力，此时 A、B 两端应相通，解除真空，A、B 两端应迅速截止且密封良好。

图 6-23　机械式换气阀

第 157 问
怎样检修涡轮增压器循环空气阀？

涡轮增压器循环空气阀受电脑控制，不通电时进气歧管与机械式空气再循环阀的膜片室相通，通电时真空罐与机械式空气再循环阀的膜片室相通。

在怠速或小负荷时，进气歧管的真空度较大，发动机进气不需要增压，此时增压器空气再循环电磁阀不通电，进气歧管的真空度使机械式再循环阀开启，压气机出口的高压空气回到低压端，此时废气涡轮增压器不起作用。

在车辆高速行驶急减速时，节气门体突然关闭，瞬间废气涡轮增压器需要卸荷。因为此时进气歧管内的真空度不足以开启机械式空气再循环阀，故发动机 ECU 立即给增压器在循环电磁阀通电，使真空罐与机械式空气再循环阀接通，在真空罐强大的真空吸力作用下机械式空气再循环阀开启，废气涡轮增压器被卸荷。

废气涡轮增压器卸荷的目的是使泵轮到节气门体前存在的高压压力瞬间卸掉，使泵轮叶轮阻力不致过大。这样一是减轻高压气体对叶轮等的冲击；二是能使废气涡轮增压器保持在较高的转速，使废气涡轮增压器在需要时能更迅速地向发动机提供所需的增压压力，减小废气涡轮增压器的“迟滞”现象。

涡轮增压器循环空气阀的结构如图 6-24 所示，拆卸该阀，用万用表测量其阻值，正常值应为 27 ~ 30 Ω；直接给电磁阀供 12 V 直流电，正常情况下不通电时，A、B 两端应相通，通电时 B、C 两端应相通。若不符合要求，应更换电磁阀。

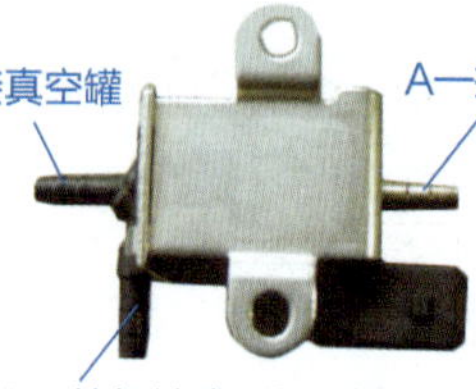

图 6-24　涡轮增压器循环空气阀

第 158 问
怎样检修中冷器？

当空气经过增压器泵轮被压缩后，温度会升高 40 ~ 60 ℃。高温气体体积增大，相当于发动机吸进的空气又变少了；高温空气对于发动机燃烧特别不利，功率会减少、废气排放增多。为此，需要把增压后的空气再度冷却再送进发动机。

中冷器外形如图 6-25 所示，中冷器安装在废气涡轮增压器之后、节气门体之前，其作用是将增压后的较热空气进行冷却以增加其密度，提高进气量。增压压力传感器安装在中冷器出口处，用于检测冷却后空气的进气压力。

图 6-25　中冷器

第 159 问
怎样拆装及检修涡轮增压器？

（1）在找出故障原因之前，不能轻率地把涡轮增压器从发动机上拆下来，而应该先检查和评估涡轮增压器的工作情况。因为一旦把涡轮增压器拆下来后，就很难证实产生这类问题的真正原因。在拆卸之前检查是否有不正常的机械噪声。目测是否有漏气、堵塞、检查是否有明显的热变色等情况。

（2）检查外部润滑油或冷却介质是否有泄漏，检查涡轮增压器外表面如果有污物沉淀，则表明空气、润滑油、排气或冷却介质泄漏。检测软管、夹头和接头拆下来时，要确定接头是否有漏气。

（3）检测涡轮增压系统的机械部分之前，发动机必须熄火并等待发动机温度降至正常，以防烫伤。

（4）在不装进气管和不连接空气滤清器的情况下使涡轮增压器运转，会造成人员伤害。外来物体进入涡轮增压器内可能会造成机体损坏。

（5）检查螺母、螺栓、压板和垫片是否有漏装或松动现象；检查发动机进、排气管及其管道和固定件是否有松动和损坏；检查润滑油进出管道是否有节流或损坏现象；检查涡轮增压器壳体是否有裂纹或损坏，如图 6-26 所示。

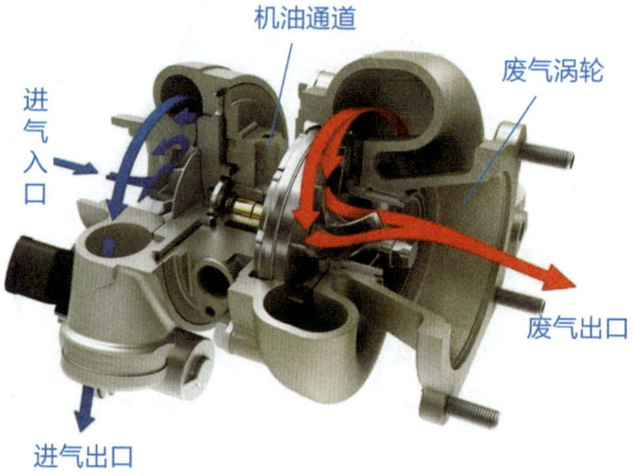

图 6-26　废气涡轮增压器

第 160 问 怎样检查增压不足的故障？

如图 6-27 所示，带有涡轮增压器的发动机进气管路较长，如果涡轮增压器后面的进气软管有缝隙或松动，在怠速时，涡轮增压器不进行增压，有一部分未经计量的空气进入进气管，会引起怠速不良。在加速行驶时，涡轮增压器开始增压，有一部分经过计量的空气向外泄漏，会引起加速不良。有时进气管路松动，在怠速时不漏气或漏气量极少，所以怠速时不会出现故障现象，在加速时增压压力大，漏气量大，发动机出现加速不良。三元催化器堵塞影响排气不畅，排气不畅会影响涡轮增压器增压，使涡轮增压器增压不足。

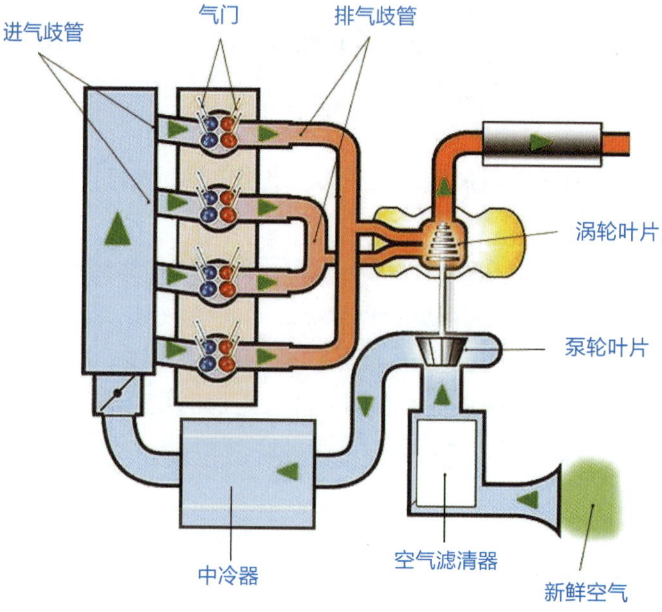

图 6-27　涡轮增压进气路线

涡轮增压器工作是有一定条件的，以帕萨特 1.8 T 为例，在原地运转和行驶中转速为 2 000 r/min 以下时不进行增压，在行驶中转速为 2 000 r/min 以上时进气管内增压至 1.6 ~ 1.7 bar。

维修案例 一辆宝马 X6 运动型多功能车加速无力。连接诊断器，发现有增压过度的故障提示，说明可能是涡轮增压系统的故障。断开废气旁通阀上真空管，用手动真空泵试验，发现推杆动作灵活，且能使旁通阀完全打开或关闭。检查没有漏气和漏真空的现象。检查电子气动压力转换器 EPDW（增压压力调节电磁阀）与电控单元之间线束连接良好，施加电压对其进行检查，发现有发卡现象，将其更换后，故障排除。

第 161 问
怎样检查过度增压的故障？

涡轮增压器过度增压会引起进气压力冲击节气门体阀板，节气门体阀板会发出“咔啦、咔啦”的异响，节气门体阀板振动会引起节气门体位置信号波动。读取故障码，可能提示节气门体位置信号不可信，同也会有增压过度的故障提示。涡轮增压器过度增压一般是因为排气旁通阀工作异常引起的，废气旁通阀由阀门、推杆、膜片执行器等组成，如图 6-28 所示。需要查废气旁通阀是否有自由运动和损坏，必须确保膜片执行器软管连接情况良好，可以利用真空枪对排气旁通阀气动元件施加真空进行检查。

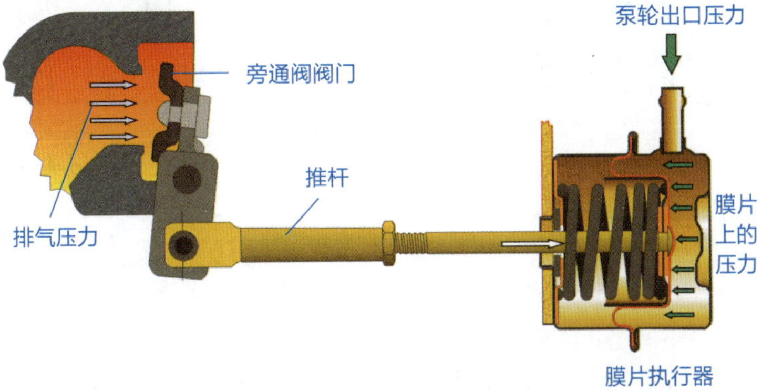

图 6-28 废气旁通阀

维修案例 一辆帕萨特 1.8 T 发动机故障灯点亮，怠速在 2 000 ~ 2 500 r/min 波动，加速踏板失效。检测发现有“节气门体没有基本设定”十几个故障码，清除故障码，对节气门体进行基本设定。试车后，读取故障码为节气门体处增压压力低，怠速数据流空气量为 6 ~ 9 r/min，节气门体开度为 5% ~ 15%。重新试车，又新增节气门体位置传感器故障和节气门体没有基本设定的故障码。检查节气门体位置传感器，发现插头处有很多来自节气门体内部的液体。检查液体来源，发现节气门体轴松旷，分析机油油雾经过节气门体轴进入节气门体，进而进入插头。联系故障码所指的节气门体处增压压力低故障和节气门体轴松旷的关系，原因是发动机增压压力不受控制，冲击节气门体引起节气门体轴松旷。检查故障率较高的增压压力控制阀，发现存在卡滞现象。更换节气门体积增压压力控制电磁阀，故障排除。

涡轮增压器前面的废气温度传感器温度太高，为了保护发动机，电控单元减小喷油量减小扭矩，使得发动机加速不良。

第162问 燃油蒸气回收系统是如何工作的？

由于汽油是一种易挥发的液体，在常温下燃油箱经常充满蒸气，燃料蒸气排放控制系统的作用是将蒸气引入燃烧并防止挥发到大气中。如图6-29所示，燃料蒸气排放控制系统主要包括炭罐、炭罐电磁阀等。ECU改变向炭罐电磁阀发送的占空比信号，以使碳氢化合物排放的进气量与行驶状态（发动机负载、发动机转速、车速等）相适应。

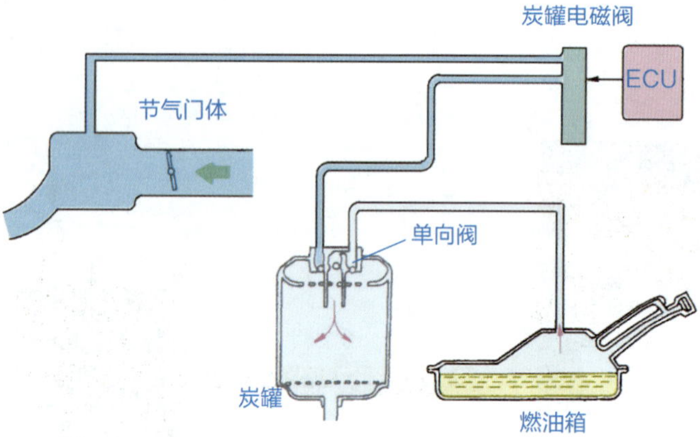

图6-29 燃油蒸汽回收系统

发动机停机和怠速时，ECU使炭罐电磁阀关闭，燃油蒸气被炭罐内活性炭吸附；发动机中、高速时，ECU使炭罐电磁阀打开，吸附在炭罐上的燃油蒸气经过真空软管吸入发动机，此时发动机的进气量大，少量的燃油蒸气不会影响混合气成分。

维修案例 一辆丰田卡罗拉在行驶中毫无征兆地熄火，停几分钟发动机又能起动。检查没有漏油痕迹，检测燃油压力和点火高压，均没有发现异常。未发现发动机相关故障码，检测各气缸的缸压均在13.8 bar左右，读取发动机相关数据流，发现当燃油蒸气控制阀开启后，发动机转速在 1 200 ~ 1 300 r/min 时会明显地上上下下游动。于是检查炭罐的工作状况，在拔下该电磁阀管路时发现有汽油滴出，此现象说明炭罐损坏，更换炭罐后试车，故障排除。

第 163 问
怎样检查炭罐电磁阀？

炭罐电磁阀结构如图 6-30 所示，ECU 根据冷却液温度、转速、节气门体开度等参数，通过控制炭罐电磁阀开关，避免燃油蒸气自由进入进气歧管，破坏正常混合气浓度。

（1）检查如图 6-31 所示，炭罐电磁阀与 ECU 之间接线没有断路和对地短路现象，否则维修或更换线束。

（2）将点火开关置于 ON 位置，检查 2 号端子与搭铁之间的电压约 12 V，否则检查相关熔丝和继电器。

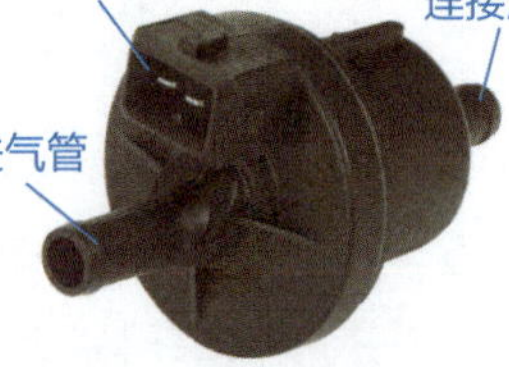

图 6-30　炭罐电磁阀结构

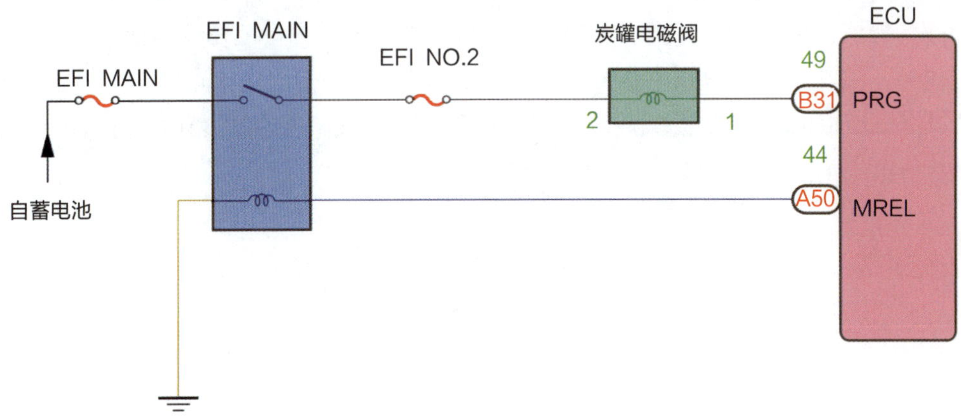

图 6-31　炭罐电磁阀电路

（3）检查炭罐电磁阀两个接线端子之间的电阻值为 23 ~ 26 Ω。

（4）利用诊断仪主动测试功能或手动真空泵，检查炭罐电磁阀是否堵塞。

（5）炭罐电磁阀常通时，测量发动机怠速运转时进气歧管内绝对压力偏高（真空度偏低），如果此时堵住炭罐电磁阀的进气管后，气压降为正常，说明炭罐电磁阀是常通的。也可以利用真空枪对炭罐电磁阀进行检查，炭罐电磁阀断电时，真空度能保持，否则说明炭罐电磁阀卡死。

（6）炭罐电磁阀指令是一个状态参数，显示内容为 ON 或 OFF。它表示电控单元输出至炭罐电磁阀的控制信号。电控单元在冷车和怠速运转时让电磁阀关闭，切断进气歧管到炭罐的真空通路，停止炭罐的净化回收工作，此时该参数显示为 OFF。发动机在热车并以高于怠速转速运转时，电控单元让电磁阀打开，导通炭罐至进气歧管的真空通路，此时该参数显示为 ON。如果在数值分析时发现该参数显示规律有异常，说明电控单元或某些传感器有故障。

维修案例 一辆东南菱利出现热车起动困难，加速发冲的故障。起动发动机，松开加速踏板，转速在 2000 r/min，读取发动机数据流，发现喷油脉宽为 0。分析发动机 ECU 为了降低发动机转速，进行了断油控制，喷油器没有喷油而发动机却能不熄火，说明有燃油从炭罐电磁阀进入进气管，用真空枪检查炭罐电磁阀，发现其卡在常开位置。更换炭罐电磁阀，故障排除。

技师经验

发动机在低温和高温时，燃油蒸气挥发速度不同，起动时需要的混合气浓度也不相同，所以炭罐电磁阀常通故障时，低温起动正常，而热车起动困难。此时将加速踏板踩下，燃油蒸气的影响减小，可以降低混合气浓度，相对不踩下加速踏板更容易起动发动机。

ECU 可以判断炭罐电磁阀是否出现故障。ECU 在一定条件下让炭罐电磁阀正常工作一段时间，然后，短时间让炭罐电磁阀停止工作，电控单元对比炭罐电磁阀工作前后氧传感器的信号，即可以判断炭罐电磁阀是否工作。当电控单元给出执行器控制指令后，检测相应传感器或反馈信号的输出参数变化，若输出信号没有按照程序的变化规定的趋势变化，就确认执行器或电路出现故障。该种方法称为功能判定法。

第 164 问

怎样检查炭罐？

活性炭罐中装有活性炭粒，能吸附燃油蒸气，蒸气被真空吸入进气歧管后，活性炭粒又恢复吸附能力。炭罐的结构如图 6-32 所示，炭罐上有 3 个连接管，分别连接大气、炭罐电磁阀和燃油箱。检查时，堵上炭罐的大气侧端口和炭罐电磁阀的端口。从油箱侧端口吹气进入炭罐，确认无漏气，否则更换炭罐。

图 6-32　炭罐的结构

炭罐脏堵后，油箱中的蒸气不能与外部的空气混合，直接被吸入进气管，在没有外部空气稀释的前提下，导致混合气偏浓，偏浓的混合气会影响发动机正常的喷油量，导致热机时发动机怠速出现“游车”现象。

维修案例 一辆宝马 X6 在热车时出现发动机怠速不稳现象。对故障进行确认后，检测无故障码，检测该直喷发动机的低压燃油压力为 5 bar，高压压力为 50 bar，属于正常。检查点火系统，气门积炭属于正常，检查真空度为 96 kPa（常见压力换算公式如下），说明进气系统无漏气情况。读数据流，发现混合气调校值为 −4%，可见混合气偏浓，怀疑多余的燃油是从炭罐电磁阀进入的。检查发现炭罐堵塞严重，将其更换后，故障排除。

第 165 问

炭罐电磁阀常通会产生什么故障？

炭罐电磁阀本来是在热机时中、小负荷下，受发动机 ECU 控制而工作（导通）的。但因为电路或电磁阀本身损坏，可能会导致炭罐电磁阀常通，炭罐电磁阀常通有以下影响，如图 6−33 所示。

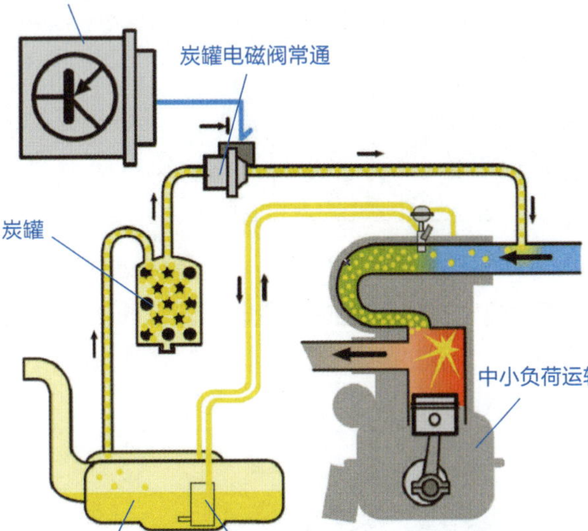

图 6−33　炭罐电磁阀常通的影响

（1）正常情况下，炭罐电磁阀的空气流量应小于油箱通气孔的流量，如果炭罐电磁阀常通，油箱内会产生真空，油箱被挤压变形。油箱因为受负压变形，燃油箱可能从车身底部传来“咍”的一声响，或产生变形或裂纹而损坏。产生故障检查时，打开燃油箱盖后，声音随之消失。油箱内产生真空还会对油箱内浮子产生影响，造成油表上下游动。在燃油箱内产生真空时，若拧下油箱盖时，会有很大的吸力。

（2）汽油箱中形成了真空还会造成汽油泵的泵油能力下降，汽油供给不足又会引起车辆行驶一段时间后车辆加速不良，且慢慢熄火，熄火后再次起动时不好着车的现象。

（3）空气流量计无法测量通过炭罐电磁阀进入进气管的混合气，因而大多情况会导致混合气稀，可能在空挡滑行阶段，发动机容易熄火。但是热车时，油箱的汽油蒸气过多，尤其是热车熄火一段时间内，燃油箱内的燃油温度很高，大量的燃油蒸气进入炭罐，此时就会引起混合气过浓。混合气过浓会引起热车容易熄火、熄火后不易起动，检查时发现氧传感器的调节显示一直在 -25% ~ 0 内波动（正常为 -25% ~ +25%）。

使用进气歧管压力传感器的发动机，虽然进气歧管压力传感器能检测到这部分进气，但这部分进气浓度随温度变化，进而影响整个混合气浓度，在热车时可能使混合气过浓。

维修案例 一辆奥迪 A6 轿车热车怠速运转时自动熄火，在环境温度较高时故障现象更加明显。读取故障信息，未发现故障码，前后氧传感器调节值均为 -8% 左右，说明混合气过浓。进气温度为 56 ℃，进气量为 3.2 g/s，着车后燃油压力为 350 kPa。用诊断仪对炭罐电磁阀进行元件测试，发出“咔嗒”的响声，说明炭罐电磁阀能正常工作。再进行其机械部分的检查时，发现炭罐电磁阀在未被触发时也能导通，使得混合气被加浓超过一定程度之后，就会出现热车怠速自动熄火，且熄火后难以起动的故障现象。

第 166 问
车厢内气味大是哪里出了故障？

炭罐与炭罐电磁阀的位置如图 6-34 所示。当炭罐与炭罐电磁阀之间的管路破损漏气时，直接造成炭罐中的汽油蒸气排入大气中，造成车内汽油味大。发动机 ECU 控制电磁阀工作的同时是减少喷油量的，而这时由于该处漏气，造成进入发动机进气道的是空气而不是燃油蒸气，会造成发动机混合气过稀，出现“耸车”现象。

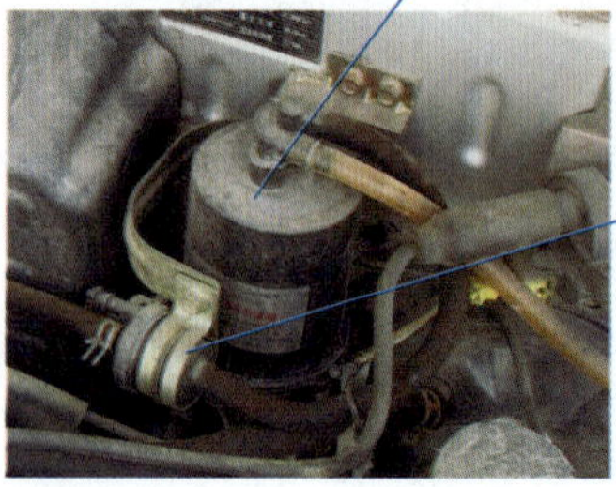

图 6-34 炭罐与炭罐电磁阀的位置

燃油蒸汽会改变混合气浓度，正常控制时，发动机会修正喷油量来达到理想中的空燃比。但当燃油蒸汽回收系统产生故障时，发动机 ECU 对空燃比修正不及时，发动机混合气过浓或过稀而熄火。

汽油加注量过多，汽油可能通过炭罐与油箱连接的管路中进入炭罐，汽油通过炭罐通风孔。炭罐电磁阀打开时，汽油进而进入气缸，“淹死”火花塞，造成发动机熄火的故障。

第 167 问
电子节气门体系统是如何工作的？

电子节气门体系统取消了传统的油门拉索和怠速旁通气道，如图 6-35 所示，电控单元 ECU 通过节气门体电机来驱动节气门体的开闭。ECU 根据加速踏板的位置信号、废气排放、燃油消耗及安全性等因素所需的转矩及相应的节气门体位置信号，控制节气门体上的电动机将节气门体打开到相应的角度，达到最佳燃烧效果的燃油供油量，达到最佳的动力性、经济性和排放性。发动机控制系统通过控制节气门体电机，可以实现发动机怠速控制、车辆巡航控制、自动变速器控制、车身电子稳定控制等功能。

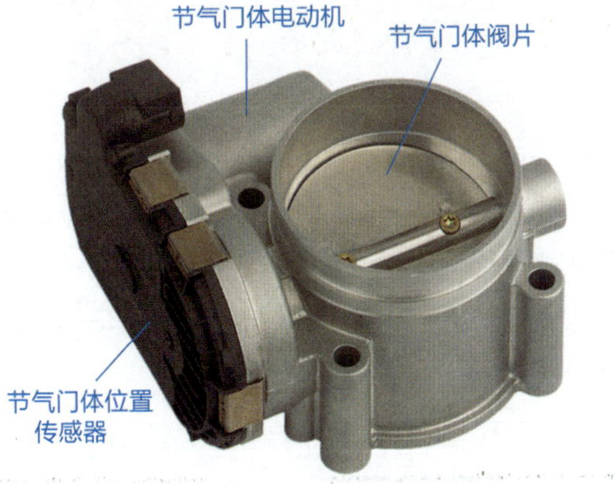

图 6-35　电子节气门体

如图 6-36 所示，电子节气门体由节气门体阀片、节气门体电动机和节气门体位置传感器等组成。来自发动机 ECU 的占空比信号使节气门体电动机动作，通过齿轮传动机构使节气门体板转动，保证发动机工作所需的节气门体开度。节气门体位置传感器由两个电位器组成，节气门体开度变化时，电阻值发生变化，输出的电压信号随之变化，与电子加速踏板位置传感器信号一起，输入到发动机 ECU，经计算后，输出驱动电动机控制信号，从而控制发动机节气门体开度。当电子节气门体系统有故障进入失效保护模式时，ECU 切断通往节气门体执行器的电流，并且节气门体被复位弹簧拉回到开度 6° 。

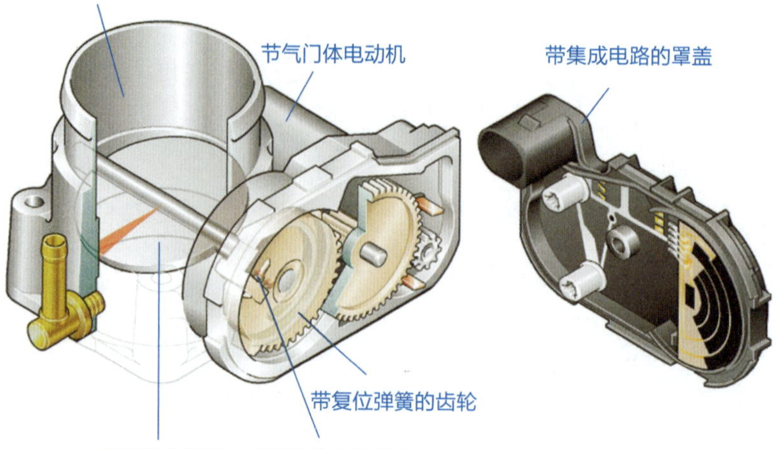

图 6-36　电子节气门体的组成

第 168 问 如何检查霍尔式节气门体位置传感器？

丰田 1ZR 发动机使用霍尔式节气门体位置传感器，它能在高速和极低车速极端的行驶条件下，也能生成精确的信号。如图 6-37 所示，节气门体位置传感器有两组磁铁、霍尔元件及 IC 电路，两个传感器电路 VTA1 和 VTA2，各传送一个信号。VTA1 用于检测节气门体开度，VTA2 用于检测 VTA1 的故障。传感器信号电压与节气门体开度成比例，在 0 V 和 5 V 之间变化，并且传送至 ECU 的 VT 端子。

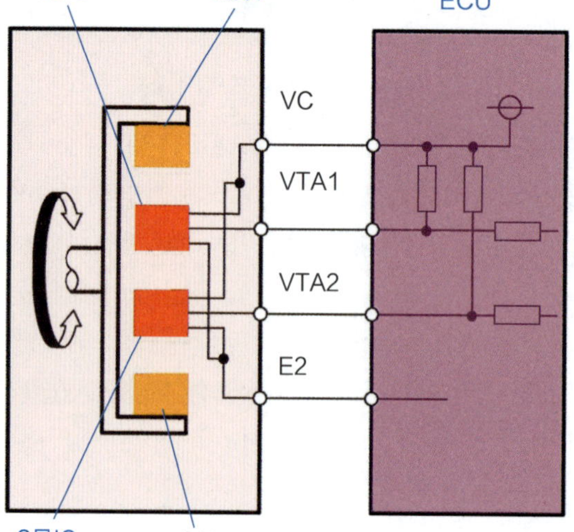

图 6-37　节气门体位置传感器工作原理

当节气门体关闭时，传感器输出电压降低，当节气门体开启时，传感器输出电压升高。ECU 根据这些信号计算节气门体开度并响应驾驶员输入来控制节气门体执行器。这些信号同时也用来计算空燃比修正值、功率提高修正值和燃油切断控制。

霍尔式节气门体位置传感器的检修方法如下：①检查如图 6–38 所示中，节气门体位置传感器与 ECU 之间的线束没有断路现象，否则维修或更换线束；②检查节气门体位置传感器 VC、VTA、VT2 没有对地短路，否则维修或更换线束；③检查 VC 与 E2 之间的电压，应为 4.5 ~ 5.5 V，否则更换 ECU；④点火开关置于 ON 位置，节气门体全关，VTA 电压为 0.5 ~ 1.2 V，节气门体全开，电压为 3.2 ~ 4.8 V；⑤点火开关置于 ON 位置，节气门体全关，电压为 2.1 ~ 3.1 V，节气门体全开，电压为 4.5 ~ 5.5 V。

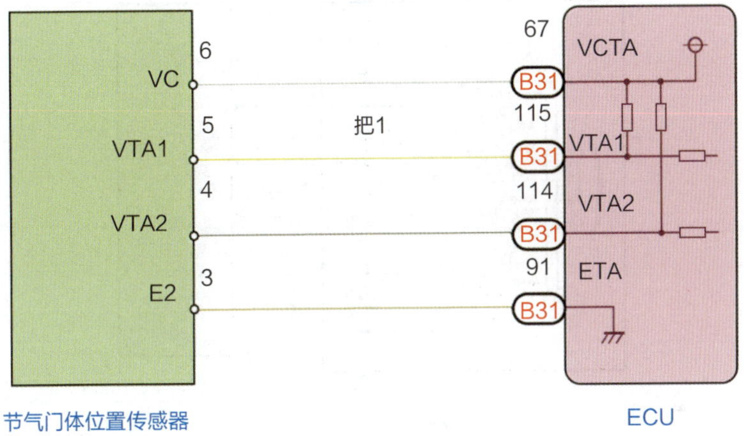

图 6–38　节气门体位置传感器电路

第 169 问
如何检查加速踏板位置传感器?

加速踏板位置传感器安装在加速踏板支架上，它有 2 个传感器电路，即 VPA（主）和 VPA2（副）。该传感器使用霍尔效应元件，其工作原理如图 6–39 所示。施加在 ECU 端子 VPA 和 VPA2 上的电压在 0 V 和 5 V 之间变化，并与加速踏板工作角度成比例。来自 VPA 的信号，指示实际加速踏板开度并用于发动机控制。来自 VPA2 的信号，传输 VPA 电路的状态信息并用于检查加速踏板位置传感器自身情况。

ECU 通过来自 VPA 和 VPA2 的信号监视实际加速踏板开度，并根据这些信号控制节气门体执行器。加速踏板位置传感器的检修方法如下。

（1）点火开关置于 ON 时，分别测量 VPA 和 VPA2 与搭铁之间的电压为 5 V 左右，如图 6–40 所示。

（2）测量加速踏板位置传感器的信号电压。在松开加速踏板时，VPA 的电压为

0.5 ~ 1.1 V，VPA2 的电压为 1.2 ~ 2.0 V；在踩下加速踏板时，VPA 的电压为 2.6 ~ 4.5 V，VPA2 的电压为 3.4 ~ 5.0 V。

（3）断开加速踏板位置传感器连接器，测量 EPA2 和 VPA2、EPA 和 VPA 之间的阻值为 36.6 ~ 41.6 kΩ。

（4）测量加速踏板位置传感器与 ECU 之间的线路没有断路现象，每条线的阻值都应小于 1 Ω。

（5）测量加速踏板位置传感器与 ECU 之间的线路没有短路现象，EPA、VPA、EPA2、VPA2 与搭铁之间的阻值都应大于 10 kΩ。

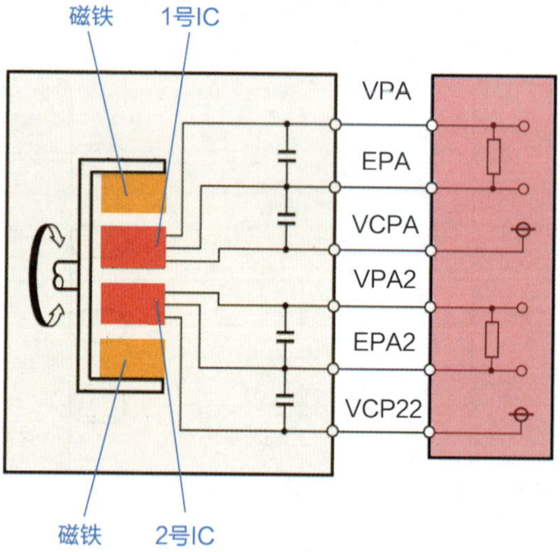

图 6-39　加速踏板位置传感器工作原理

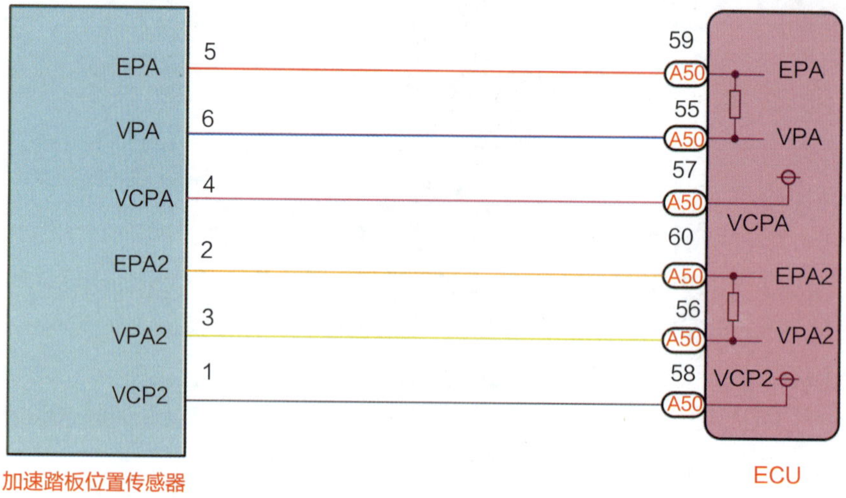

图 6-40　加速踏板位置传感器电路

维修案例 一辆 2.4 L 君越发动机故障灯点亮。读取故障码 P2138—1、2 号加速踏板位置传感器之间的关联性异常。加速踏板位置传感器由 2 个电位器 APP1 和 APP2 组成，它们的输出电压为 2 倍的关系。打开点火开关，测量 APP1 两端的电压为 1.16 V，APP2 两端的电压为 0.47 V，电压关系不正确。更换加速踏板总成，故障排除。

第 170 问
如何检查节气门体电动机?

（1）节气门体电动机的电路如图 6-41 所示，使用万用表在 20 ℃时检测 M+ 与 M− 之间的电阻值为 0.3 ~ 100 Ω。若结果不符合规定，应更换节气门体总成。

（2）检查节气门体电动机与 ECU 之间 2 条接线的阻值，应小于 1 Ω，否则维修或更换线束。

（3）检查节气门体电动机 2 条接线与搭铁之间的阻值，应大于 10 kΩ，否则维修或更换线束。

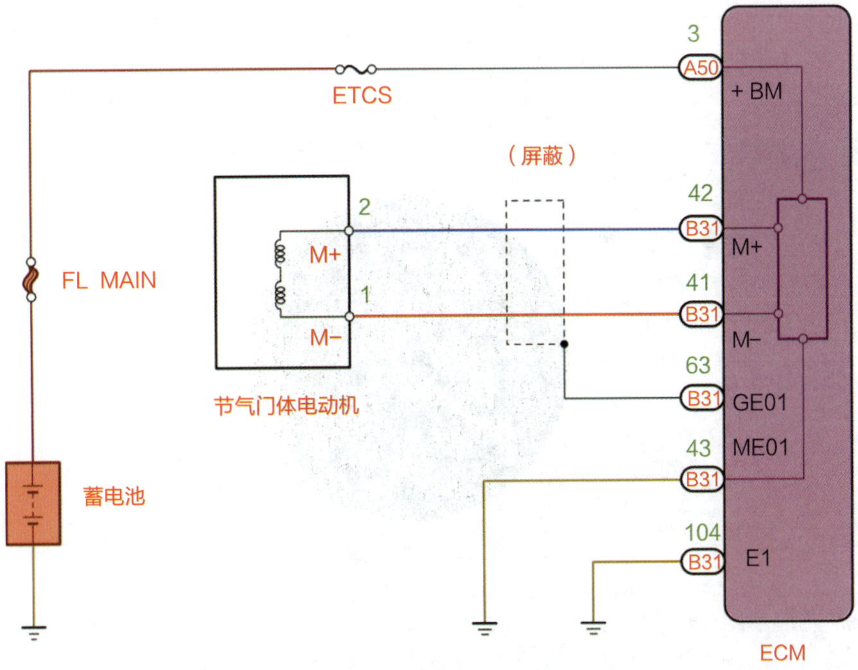

图 6-41　节气门体电动机电路

（4）检查节气门体与壳体之间是否有杂物。必要时，清洁节气门体总成。检查并确认节气门体移动平稳。

清洁节气门体要将节气门体拆卸但不分解，注意节气门体位置传感器不可朝下，用积炭清洗剂及软刷将节气门体、节气门体处的积炭清洗干净，再用压缩空气清洁所有通道和开口。清洗完毕后，正确装复，然后拔下 EFI 和 ETCS 熔丝或者断开蓄电池负极 60 s 以上即完成匹配，起动发动机进行调试。

（5）检查 ETCS 熔丝的好坏及输出电压，有 12 V 左右的电压，检查该熔丝与 ECU A50 端子之间的线束或 ECU 的针脚。ECU A50 端子为节气门体电控系统提供专用的电源，该电压过低时，ECU 断定节气门体电控系统有故障，并切断流向节气门体执行器的电流。

（6）检查节气门体电动机的工作声音。将点火开关置于 ON 位置，踩下加速踏板时，检查电动机的工作声音。确保电动机没有摩擦噪声。如果有摩擦声，则更换节气门体。

当节气门体脏污，节气门体可能卡滞在开度大的位置，怠速时进气量偏多，导致发动机怠速转速过高。节气门体位置传感器因故障而电压过高时，发动机 ECU 认为不是怠速状态，此时电控单元对发动机及自动变速器的控制受影响。

电子节气门体系统中任何元件发生故障都有可能引起加速不良。电子节气门体的线路故障，也会导致实际进气量和目标进气量计算出现误差，从而报“失火”的故障码。

第 171 问

EPC 亮灯是什么故障？

电子节气门体容易出现卡滞的故障，出现故障后会引起发动机熄火、怠速抖动、加速不良等故障。如图 6-42 所示，电子节气门体控制系统有一个专门的故障灯 EPC，当 EPC 点亮，并非一定是电子节气门体控制系统有故障，以下故障原因都有可能使 EPC 点亮。

图 6-42 EPC 故障灯

EPC 点亮提示电子节气门体控制系统有故障，例如，节气门体位置传感器、加速踏板位置传感器或控制电机等出现故障。EPC 故障灯亮起代表发动机当前运行状态和节气门体位置不匹配，除了需要检查电子节气门体系统电控元件以外，还需要检查制动开关、离合开关、助力转向开关、空调开关、自动变速器换挡点、发电机负荷、空气流量等相关部件及电路。例如，热膜式空气流量计脏污造成空气量信号错误，而发动机 ECU 认为进气量过小，而节气门体位置传感器所传输的数值又在正常的范围内，时间长，发动机 ECU 就会认为电子节气门体总是不打开，控制或作动不良，从而点亮电子节气门体的故障灯。

维修案例 一辆大众途安在行驶过程中，换挡以后无法加速，同时仪表板上的 EPC 灯点亮。读取的故障码为 16955—制动灯开关故障。检查制动开关电路，发现离合器踏板传感器短路，使制动开关与离合器踏板传感器共用的熔丝熔断，更换离合器踏板传感器并更换熔丝，故障排除。

技师经验

为什么制动开关故障会致使 EPC 灯点亮？这是因为发动机没有收到制动开关的信号，误认为已踩制动踏板，由于制动关系到安全性，和其他信号相比具有优先权，所以此时踩油门加速的信号发动机控制单元会认为节气门体开度不可靠，从而点亮仪表板上的 EPC 灯。

第 172 问 进气管路的故障为什么 EPC 灯亮？

如果进行系统存在泄漏，发动机 ECU 接收氧传感器信号，发现空燃比浓度变化，将对实际的喷油和点火时间等进行调整补偿，但调整结果不能解决问题。这时发动机电控单元进行的补偿调整将超过内部程序所允许的极限，于是就判断为电子节气门体系统出现问题，EPC 警告灯点亮。

如果发动机经常在低速下运转，容易在节气门体周围积聚灰尘和积炭，影响节气门体阀板的开启位置，如图 6-43 所示。当发动机冷起动后，ECU 学习到节气门体开度超过了正常预开位置，还达不到暖机的目标转矩，就会加大节气门体开度，增加进气量，修正喷油量，加浓混合气，提高冷机时的怠速，这时容易出现转速过高甚至 2000 r/min 的情况。当节气门体超出相应开度范围时，发动机控制单元就会报告故障，反映节气门体开度不正常或怠速电机开度有问题，这时故障原因不在节气门体或怠速电机，而是积炭。

图 6-43 脏的节气门体

另外，机油量过多、气缸压力过低、燃油品质、发动机控制单元等原因影响混合气燃烧，也会引起 EPC 亮灯。

第 173 问 怎样检查一键起动系统的故障？

一键起动系统往往和无钥匙进入系统配合使用，一键起动系统包括一键起动开关、遥控钥匙、制动开关、离合器开关、挡位开关等元部件，通过踩下制动踏板，接通制动开关，按下一键起动开关，就可以起动发动机。如图 6-44 所示，一键起动按钮上还有小指导灯，通过不同的颜色，显示该开关在不同的状态。大众迈腾 B8L 的一键起动系统和无钥匙进入系统也称为进入和起动许可。其部分电路如图 6-45 所示。

图 6-44　一键起动开关

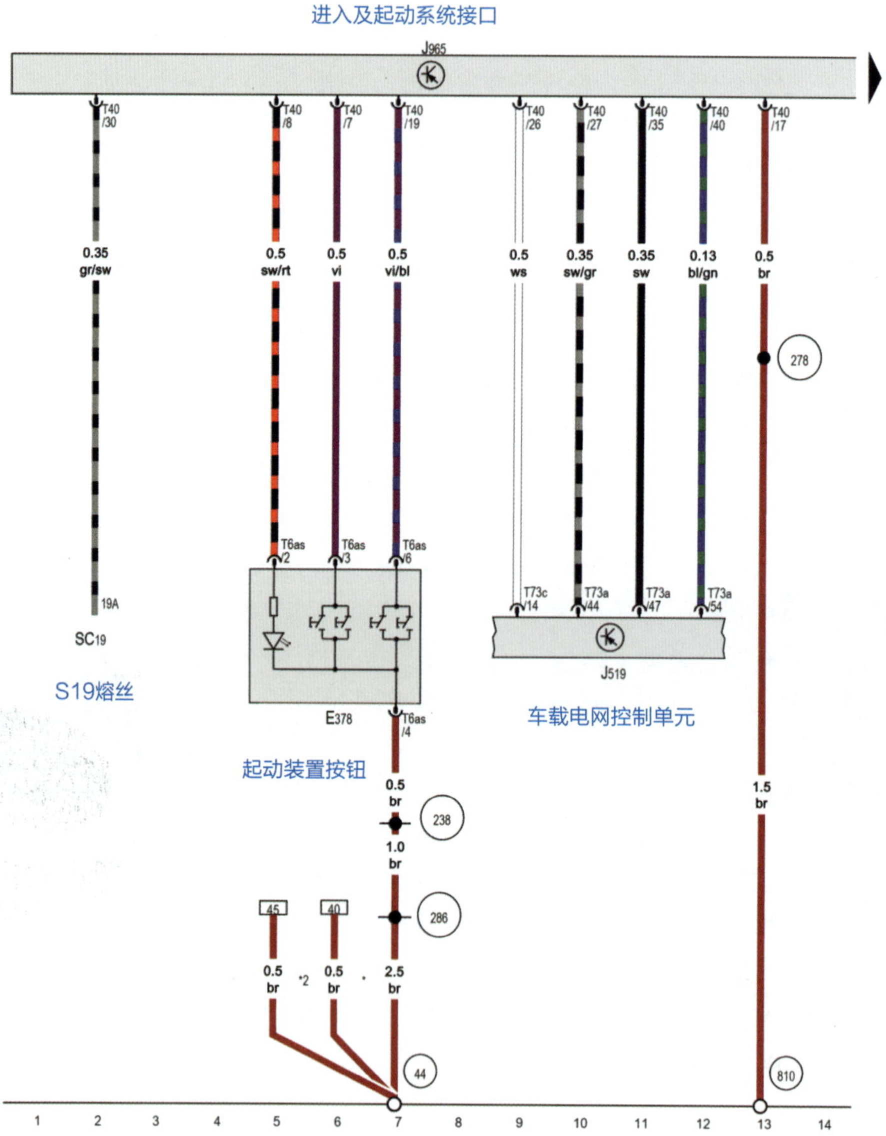

图 6-45　一键起动系统（部分电路 1）

当按下一键起动开关后，一键起动系统工作过程如下。

（1）首先进行防盗验证，舒适控制单元 J393 通过进入 / 起动认可系统天线识别到点火钥匙，并判断出钥匙是否合法。

（2）如果判断出是合法钥匙，舒适控制单元 J393 将发出唤醒信号，该信号由串行接口传输到转向柱锁止控制单元 J764。

（3）转向柱锁止控制单元 J764 内部开关接通，向接线端控制单元 J942 供电。

（4）车载电网控制单元 J519 接通 15 号供电，仪表指示灯点亮。

（5）自动起动时，接线端 50 的请求相当于由接线端控制单元 J942 发送到发动机控制单元矩形脉冲，这与点火起动按键的操纵时间无关。

（6）如果发动机控制单元 J623 接收到自动变速器车型上的 P/N 信号或是在手动变速器车辆上离合器开关信号、制动信号等，发动机控制单元 J623 就会接通它的两个起动机继电器，控制起动机起动，如图 6-46 所示。

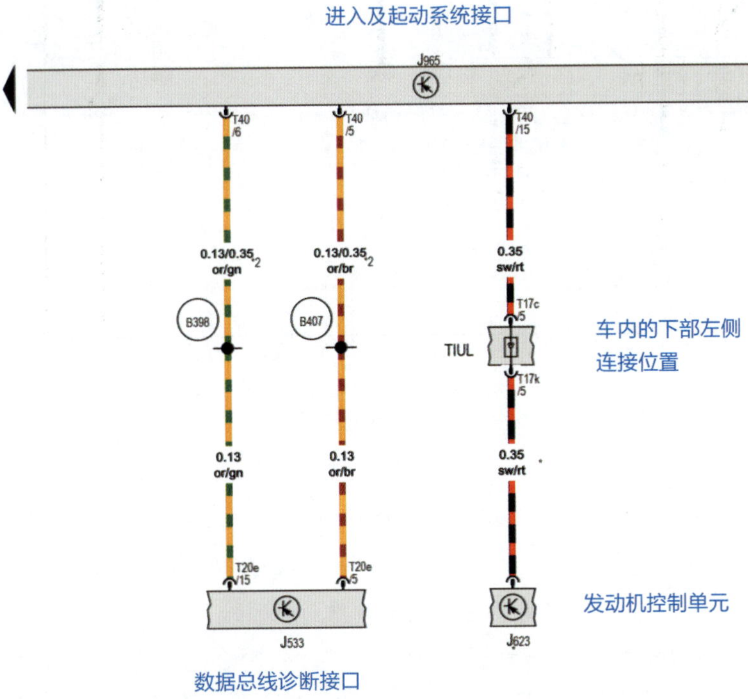

图 6-46　一键起动系统（部分电路 2）

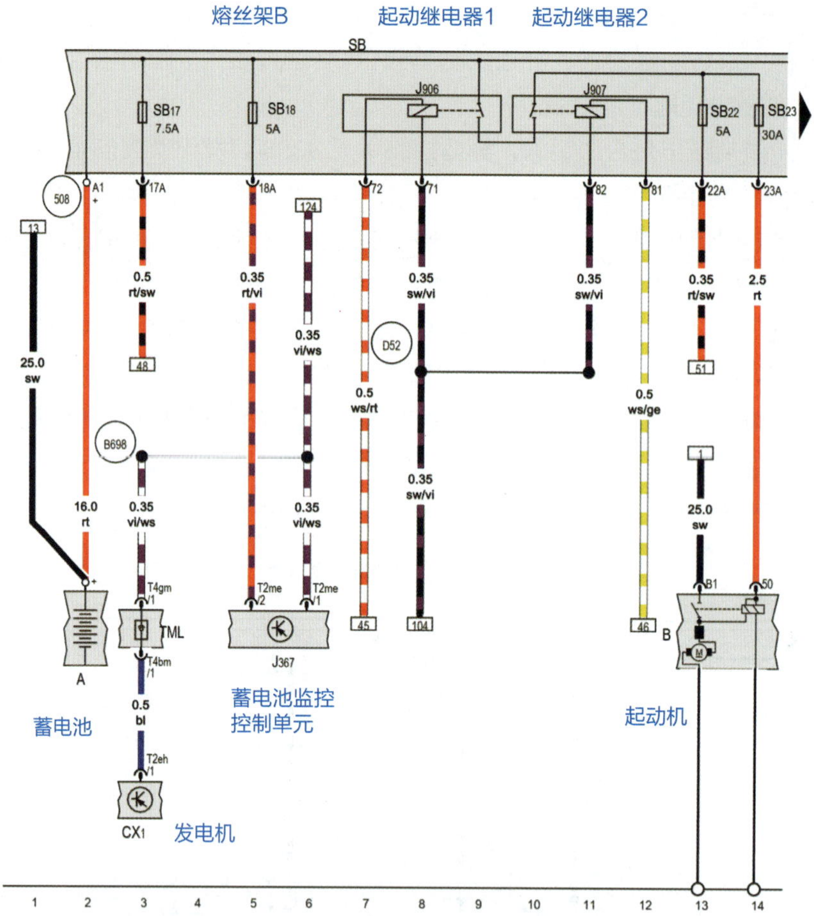

图 6-46 一键启动系统（部分电路 2）（续）

维修案例 一辆奔驰 E300 轿车一键起动功能失效，仪表信息中心出现“拔下起动按钮，插入钥匙”。连接故障检测仪，发现检测不到一键起动控制单元。查阅维修电路图，如图 6-47 所示，断开一键起动控制单元导线连接器，测量端子 15 的电压为 0 V，检查为 15 端子提供电压的 f92 熔丝，发现已经熔断，估计有短路的地方。测量该熔丝座对搭铁的电阻为 0 Ω，说明线路中确实存在对搭铁短路的故障。顺着供电电路检查，果然发现一处线束磨损，对其进行修复后故障排除。

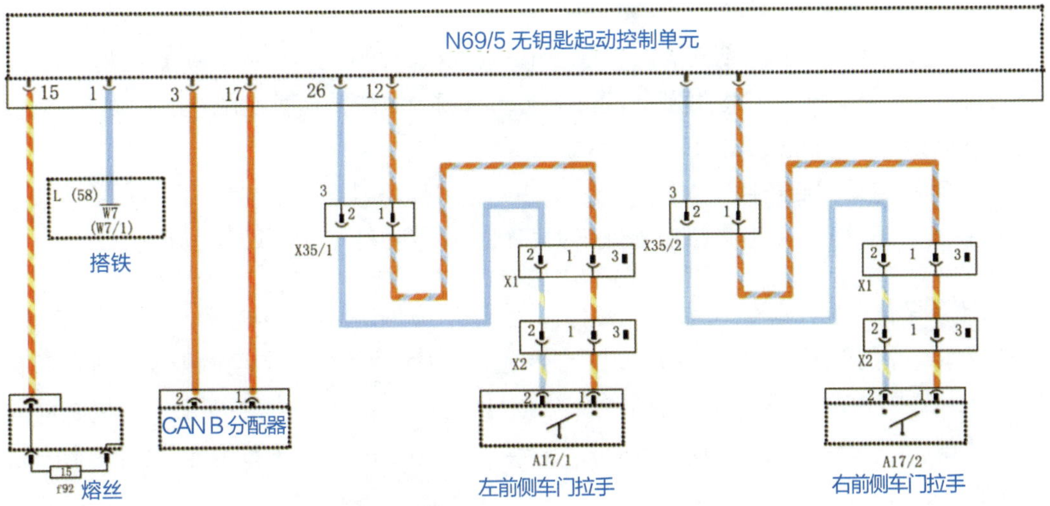

图 6-47　奔驰 E300 一键起动系统

第 174 问 怎样检查自动启停系统的故障？

为了应对日益严苛的燃油排放法规，现代汽车开始的搭载发动机启停技术。发动机自动启停系统可以在车辆行驶过程中临时停车或滑行等特别工况时自动熄火，当需要继续前进时，系统自动重启发动机。如图 6-48 所示，驾驶者通过操控自动启停控制开关，可以关闭或开启发动机自动启停系统。

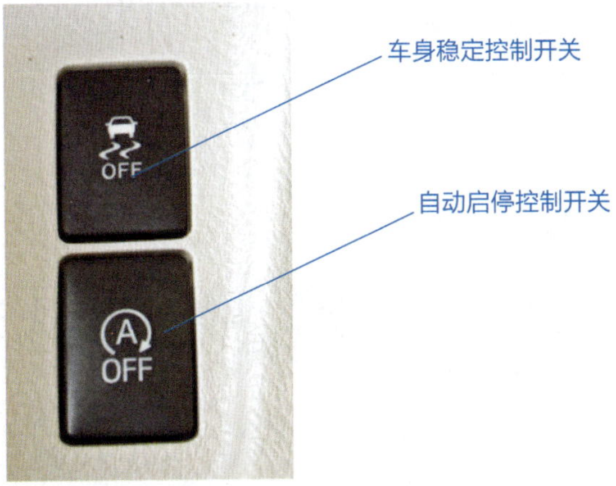

图 6-48　自动启停系统控制开关

自动启停系统除了与其他系统共用的挡位开关、车速传感器、发动机曲轴转速传感器等以外，还需要加强型的蓄电池、起动机和发电机及其监考系统。除了离合器、挡位和制动器这些需要驾驶员操作外，发动机自动启停功能还需要满足以下条件。

1. 发动机自动关闭条件

车速为 0；发动机转速低于 1 200 r/min；发动机冷却液在 25 ~ 100 ℃；制动真空度大于 0.55 bar；蓄电池能够提供发动机再次起动所需的电能，且温度在 −1 ~ 50 ℃内；车内空调温度设置与实际温度之差小于 8 ℃。

2. 发动机自动重启条件

驾驶员系好安全带；发动机舱盖处于关好状态；驾驶员一侧的车门关好。

维修案例 一辆大众途昂汽车等红灯时，发动机自动启停系统不起动。检查车门开关，安全带开关等正常。检查发动机温度、自动空调等未发现异常，使用诊断仪检查发现有故障码，即 P1B0200 蓄电池监控控制单元损坏。自动启停系统需要满足发动机起动的电量，如果有故障会影响该系统的起动。检查蓄电池电压正常，更换蓄电池监控控制单元，故障排除。

第7章 润滑系统和冷却系统的结构原理和故障诊断

第175问 机油的液压介质作用是什么？

发动机润滑系统的功能包括润滑、冷却、清洗、密封、防锈等功能。如图7-1所示，润滑作用是指在两零件的工作表面之间加入一层润滑油使其形成油膜，将零件完全隔开，处于完全的液体摩擦状态。机油（润滑油）可以带走热量，还可以设置专门的机油喷嘴，如图7-2所示，对活塞进行冷却。机油还可以冲洗零件表面带走金属屑，增强活塞环和气缸壁密封，防止零件生锈，做液压介质等作用。

技师经验

液压传动是以液体作为工作介质的，机油的介质作用主要体现在给液压挺柱、可变气门正时执行器上。机油作为液压介质必须保证一定的压力，当机油传送管路中的机油滤芯（不是机油滤清器）堵塞或机油管路传送中存在泄压，都无法保证液压挺柱或可变气门执行器能正常工作。

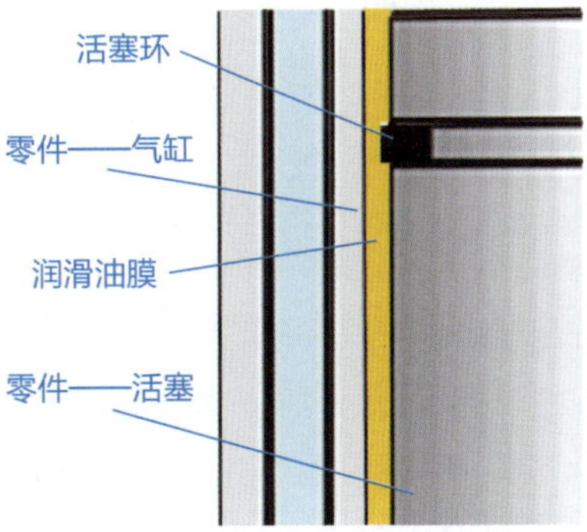

图7-1 机油的润滑作用

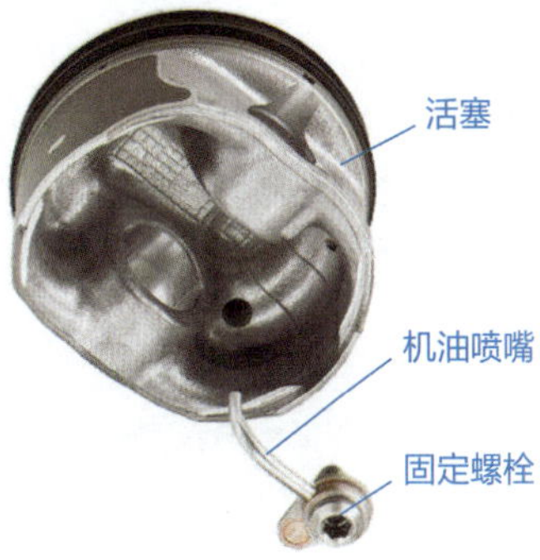

图7-2 机油的冷却作用

第176问

为什么出现轴瓦拉伤而气缸完好?

发动机零件表面的润滑，按其供油方式可分为压力润滑和飞溅润滑。如图7–3所示，压力润滑是用机油泵将机油运送到需要润滑处，机油形成油膜以保证零件的润滑，例如曲轴主轴承、凸轮轴轴承等处承受的载荷及相对运动速度较大，需要采用压力润滑。如图7–4所示，飞溅润滑是利用运动零件飞溅起来的油滴或油雾来润滑零件摩擦表面。负荷较轻的气缸壁、活塞环等处采用飞溅润滑。

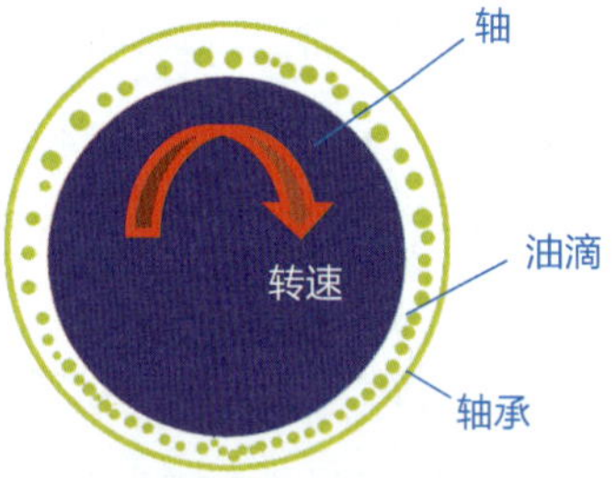

图7–3 压力润滑

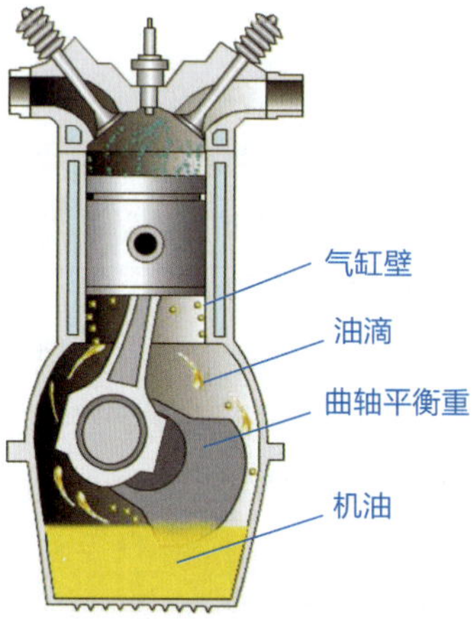

图7–4 飞溅润滑

技师经验

当机油泵存在故障不能建立压力时，机油无法到达轴瓦处，所以轴瓦出现拉伤的情况。而气缸和活塞采用压力润滑，只要发动机运转就会出现飞溅润滑。

第177问

彻底清洗润滑油道要清理哪里?

润滑系统一般由机油、机油泵、旁通阀、油底壳、机油滤清器、集滤器等组成，如图7–5所示。发动机工作时，机油泵通过集滤器及油道从油底壳吸取机油，被吸取的机油一部分经旁通阀流回油底壳，另一部分机油经过机油滤清器和气缸体主油道，到达曲轴主轴承、连杆轴承等处，还有一部分机油经过机油滤清器、气缸体主油道、缸盖油道等，到达凸轮轴、液压挺柱等处，后两部分机油润滑、清洗完零件后流回油底壳。

技师经验

当发动机积炭严重，机油油泥较多需要彻底清洗润滑油路时，需要更换机油滤清器、清理集滤器、检查并清洗机油正时阀的机油滤芯、清洗疏通位于发动机机体、曲轴、凸轮轴等处的润滑油道。

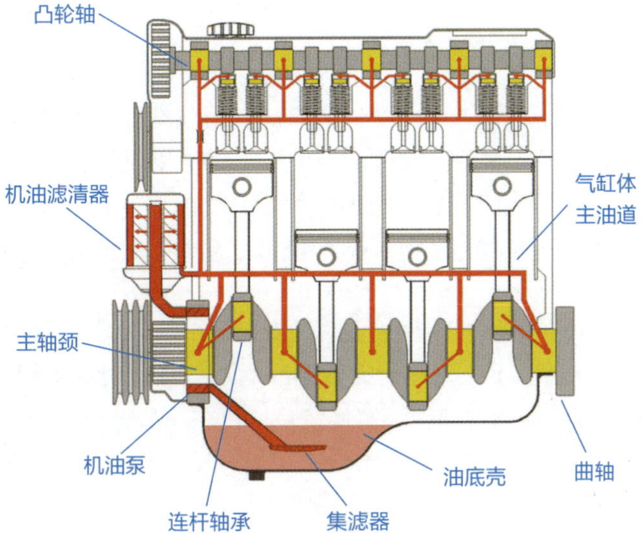

图 7-5　润滑系统组成

第 178 问

怎样选用机油？

发动机润滑油简称机油，机油被喻为“血液”，机油的黏度对发动机性能有很大的影响。黏度过大，冷起动时发动机运行阻力大起动困难，机油也不容易泵送到摩擦表面；黏度过小，在高温、高压下容易从摩擦表面流失不能形成足够厚度的油膜。

如图 7-6 所示，正常的机油呈半透明的黄棕色，机油中含水会变成乳白色。机油有很多类型，我国国标参照国际通用的 API（美国石油学会）使用分类和 SAE（美国汽车工程师协会）黏度分类法。

我国机油参照 API 使用分类方法，采用简单的代码来描述发动机机油的工作能力，两个字母组合表示。“S”开头系列代表汽油机用油，一般规格依次由 SA 至 SN，每递增一个字母，机油的性能都会优于前一种。如图 7-7 所示，通常机油瓶上

图 7-6　机油

图 7-7　机油型号和级别

有机油级别标示。“C”开头系列代表柴油发动机用油，当“S”和“C”两个字母同时存在，则表示此机油为汽柴通用型。

技师经验

在汽车用户使用手册上有使用和更换机油的相关规定，需选择不低于规定标号的机油。例如，手册上规定使用“15W-40 API SL”的机油，选择机油时，机油分级要不低于SL，机油低温指数不大于15，高温指数不小于40。

我国机油黏度分类法参照SAE黏度分类方法，将润滑油分为冬季用油（W级）和非冬季用油。为增大机油对季节和气温的适应范围，国家标准还规定了多级油的黏度级别。例如“5W-30”中，“W”表示Winter（冬季），其前面的数字越小说明机油的低温流动性越好。W后面的数字代表机油在100℃时的运动黏度，数值越高说明黏度越高。

维修案例 一辆宝马轿车怠速时抖动，检查发现机油比较稠，机油会影响可变配气相位，询问车主得知机油更换不久，怀疑劣质燃油通过气缸壁正常渗漏到油底壳，从而引起机油变稠。更换燃油、机油并清洗润滑系统后，试车，故障排除。

第179问 怎样检查机油？

在使用车辆时，需常检查机油。在平坦地方停机至少5 min以后，拔出机油尺并擦干净，机油尺位置如图7-8所示。重新把机油尺插入导孔后拔出检查，机油量应位于上限和下限刻度之间，如图7-9所示。需注意检查机油尺时，机油尺不宜过平，机油尺两面显示油量不一致时，以低刻度为准。

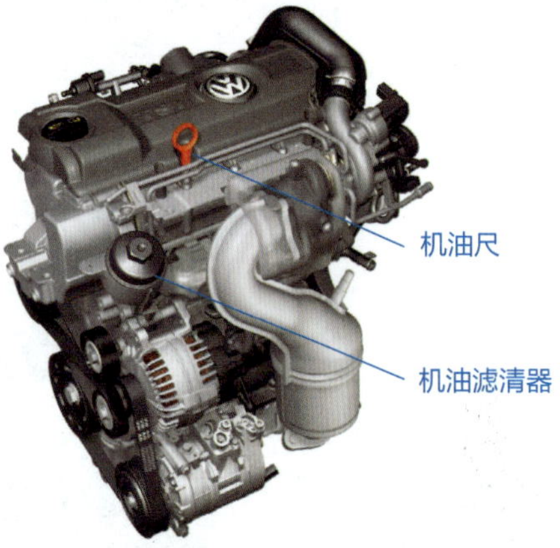

图7-8 机油尺位置

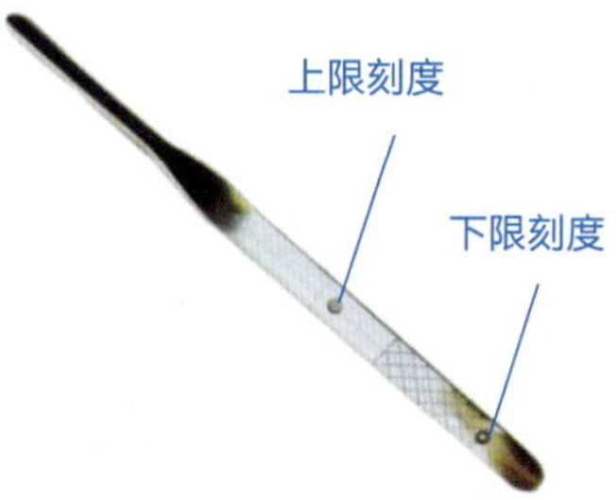

图7-9 机油量的检查

检查机油质量时包括：不应出现乳白色，不应有汽油的气味，不应含有金属杂质，用手指感觉其黏度应正常。机油在使用过程中，由于高温氧化及燃烧物混入等原因，会劣化变质，导致润滑性能下降。因此，机油通常每 5 000 km 需要更换。

技师经验

机油尺未插到位使得曲轴箱内压力偏大，使得节气门体后方存在轻微的漏气。可能产生怠速运转时混合气过稀，此时空气流量小于正常值，若提高发动机转速，空气流量计的数据趋于正常。

第 180 问　齿轮式机油泵是如何工作的？

机油泵将机油提高到一定压力后，强制地压送到发动机各摩擦表面。机油泵一般安装在曲轴箱内，由曲轴、凸轮轴或中间轴驱动。汽车发动机多采用齿轮式机油泵和转子式两类。

齿轮式机油泵有外啮合式和内啮合式。外啮合齿轮式机油泵结构如图 7-10 所示，主动齿轮轴通过中间轴、或凸轮轴、曲轴获得动力，然后将动力传给主动齿轮、从动齿轮。泵壳用螺栓安装在曲轴箱内。

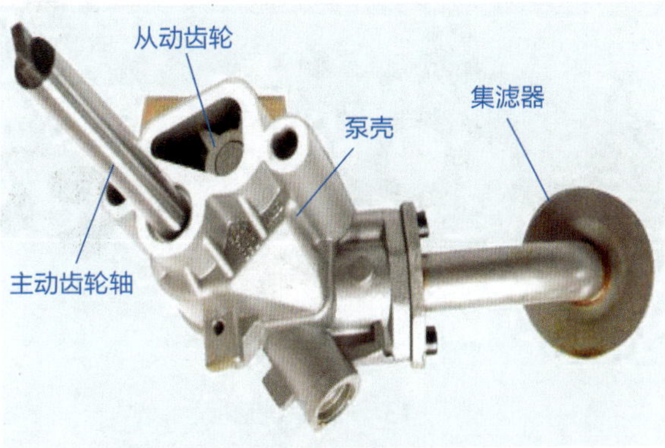

图 7-10　外啮合齿轮式机油泵结构

齿轮式机油泵工作时，齿轮按如图 7-11 所示方向转动，进油腔的容积因齿轮脱离啮合的方向而增大，进油腔内产生真空吸进机油。随着齿轮的转动，轮齿间的机油进入出油腔。出油腔的容积因齿轮进入啮合状态而减小，油压升高，润滑油经出油口被压送到润滑油道中。

内啮合齿轮式机油泵和外啮合齿轮式机油泵工作原理基本相同，但它们结构不同，内啮合齿轮式机油泵结构如图 7-12 所示，主动小齿轮与内齿圈的中心线不重合，啮合后形成的空腔内安装了月牙形块。月牙形块将小齿轮和内齿圈隔开，形成进油腔和出油腔。

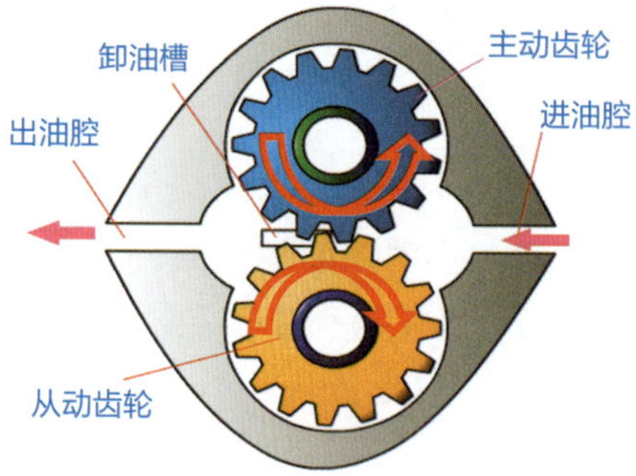

图 7-11 外啮合齿轮式机油泵原理

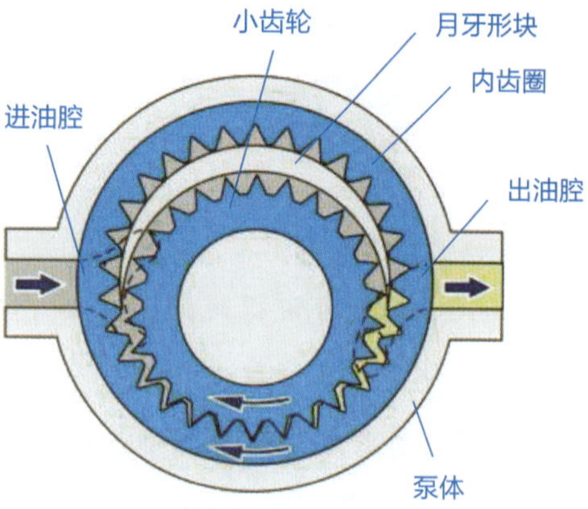

图 7-12 内啮合齿轮式机油泵原理

第 181 问 转子式机油泵是如何工作的？

如图 7-13 所示，转子式机油泵由壳体、内转子、外转子等组成。内转子由曲轴齿轮直接或间接驱动，内转子和外转子有一定的偏心距，使得内、外转子间形成 4 个工作腔，随着转子的转动，这 4 个工作腔的容积不断变化，完成吸油和压油的过程。

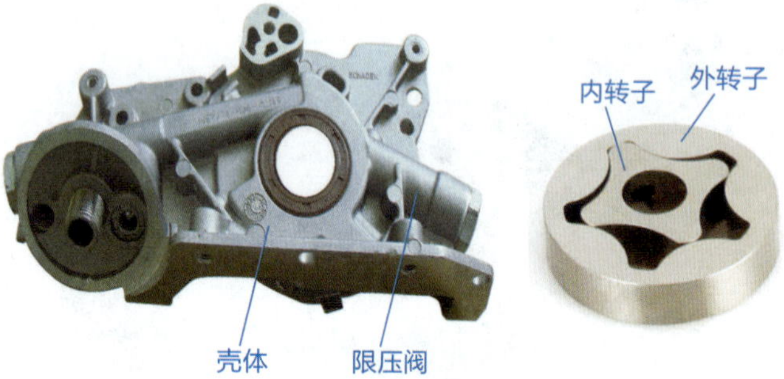

图 7-13 转子式机油泵

润滑系统主要通过气门挺柱影响发动机怠速，气门挺柱长度影响气门开闭时刻和打开时间，进而影响发动机怠速。润滑系统机油压力过高导致气门关闭不严，发动机怠速严重抖动，行驶时发动机动力也明显不足。

维修案例 一辆波罗汽车发动机气门异响，怠速严重抖动，行驶时发动机动力不足。检查气门挺柱损坏，气门室盖内有很多油泥。清理气门室盖内油泥，更换机油及机油滤清，更换气门挺柱。每次在刚起动时约半分钟内，发动机怠速平稳，而半分钟后，发动机又严重抖动，并伴随动力不足，但气门响的故障消失。

仔细分析故障：发动机开始气门挺柱损坏，进气不足，引起发动机抖动和动力不足。更换气门挺柱后，气门不响了，但故障现象又多出一个，即在约半分钟内怠速平稳，半分钟后怠速抖动，怀疑故障现象与气门挺柱有关。如果气门挺柱太高，会导致气门关闭不严，造成怠速抖动。什么原因引起气门挺柱太高呢？如果气门挺柱质量正常，那么只有机油压力太高了。检查怠速时机油压力为 2.2 bar，太高。回忆气门室盖内有大量的油泥，于是对润滑油路进行了彻底的清理，更换了机油泵。试车，故障排除。

第 182 问
变排量机油泵是如何工作的？

当发动机的转速逐渐上升，机油泵泵油量和压力随着转速增加而增加，泵油量和压力满足润滑需要后，继续增加就会多消耗一部分发动机功率，所以需要采用变排量机油泵。采用可变排量机油泵一般能降低乘用车发动机 1% ~ 2% 的燃油消耗。如图 7–14 所示，变排量机油泵采用叶片泵，由转子、滑阀、叶片、调节油室、机油压力控制电磁阀等组成。机油压力控制电磁阀安装在主油路上，它是由电脑控制的。

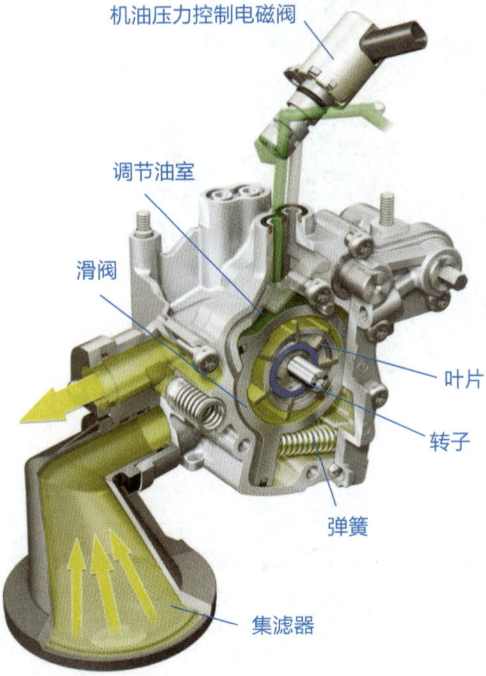

图 7–14　可变排量机油泵

如图 7–15 所示，当发动机低速工作时，电脑控制机油压力控制电磁阀使调节油室的油压降低，此时，弹簧推动滑阀向左移动，进油腔容积大，机油泵排量大，满足发动机润滑的需求。当发动机高转速工作时，电脑控制机油压力控制电磁阀使调节油室的油压增加，滑阀向右移动，进油腔容积小，机油泵排量小，避免回流，节约能耗。

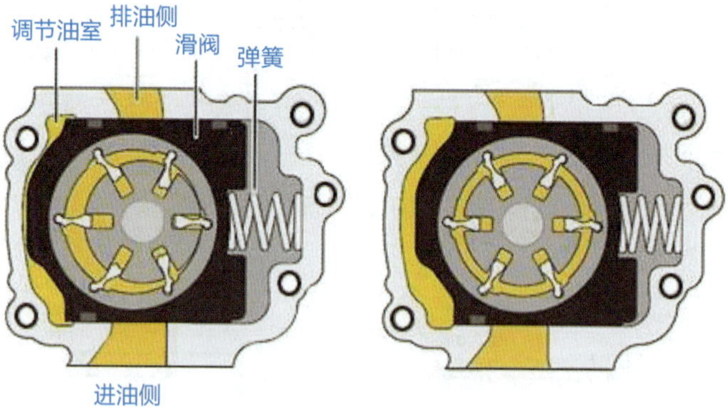

图 7-15 可变排量机油泵

大众 EA888 发动机机油压力控制阀 N428 通过螺栓固定到气缸体前边缘、辅助装置托架下方，如图 7-16 所示。该电磁阀由发动机控制单元驱动，使机油泵在两个压力段之间来回切换。为此，机油泵的控制活塞根据切换状态通过控制口由该电磁阀施加油压，控制活塞的位置促成压力切换。如果该电磁阀发生故障，机油泵在高压段运行。

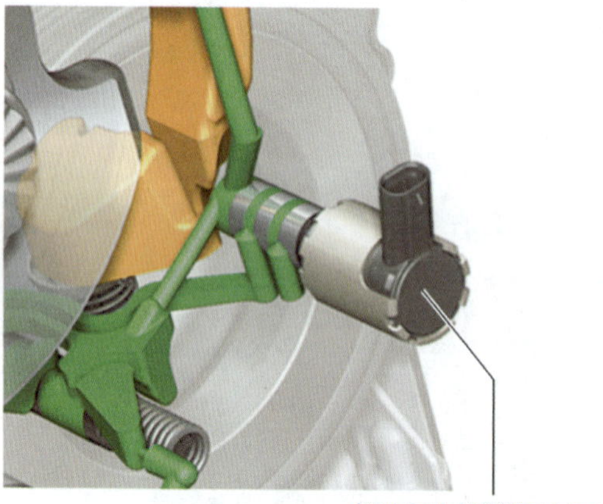

图 7-16 大众 EA888 机油压力控制阀

维修案例 一辆配置 1.8TSI CEA 发动机的大众迈腾汽车在行驶中，组合仪表显示机油压力过低。该发动机使用变排量机油泵，它可以通过机油压力调节阀 N428 调节机油压力，通过两个机油压力开关来传感压力，机油压力开关 F22 的闭合压力为 215 ~ 295 kPa，其信号传递给组合仪表控制单元。机油压力开关 F378 的闭合压力为 55 ~ 85 kPa，其信号传递给发动机控制单元。怠速时测量机油压力约为 35 kPa，此时正常的机油压力应为 120 kPa。分析原因为机油管路泄压或机油泵供油故障，检查机油泵发现其泄压，更换机油泵后，故障排除。

第 183 问　怎样检查机油泵？

1. 就车检查

拆下机油压力传感器，安装如图 7-17 所示的机油压力表，在怠速时，1ZR 发动机机油压力应该不低于 25kPa，在 3 000 r/min 时，机油压力在 150 ~ 550 kPa，否则需要检查机油泵。

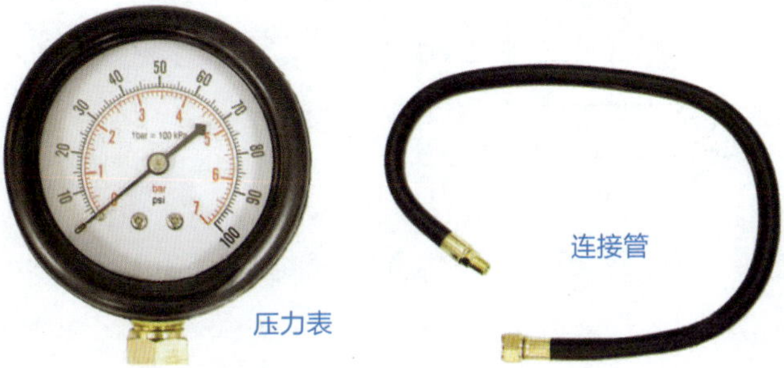

图 7-17　机油压力表

2. 拆解检查

如图 7-18 所示，用厚薄规测量主动转子和从动转子之间的间隙，1ZR 发动机间隙标准值为 0.08 ~ 0.160 mm，最大值为 0.35 mm。用厚薄规和直尺测量 2 个转子和端面的间隙。1ZR 发动机间隙标准值为 0.030 ~ 0.080 mm，最大值为 0.16 mm。用厚薄规测量从动转子和机油泵体间的间隙，1ZR 发动机该间隙标准值为 0.12 ~ 0.19 mm，最大值为 0.325 mm。如果测量间隙有一处大于最大值，则需更换机油泵。

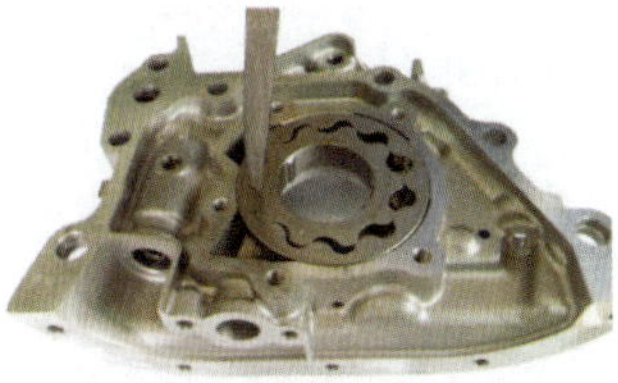

（a）测量啮合间隙

（b）测量转子端面间隙

（c）测量泵体间隙

图 7-18　检查机油泵

第 184 问　怎样检查限压阀？

如图 7-19 所示，限压阀一般安装在机油泵上，限压阀包括柱塞（或球阀）、弹簧和螺塞。

当主油压超过规定时，柱塞克服弹簧压力被顶开，限压阀打开泄去部分压力，维持主油道内的正常油压，如图 7-20 所示。

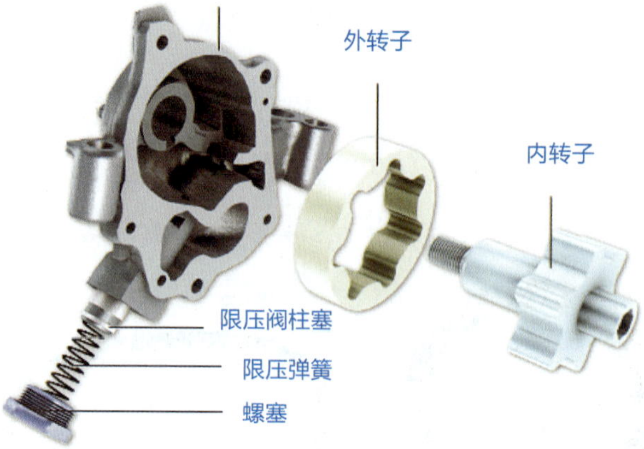

图 7-19　机油限压阀结构

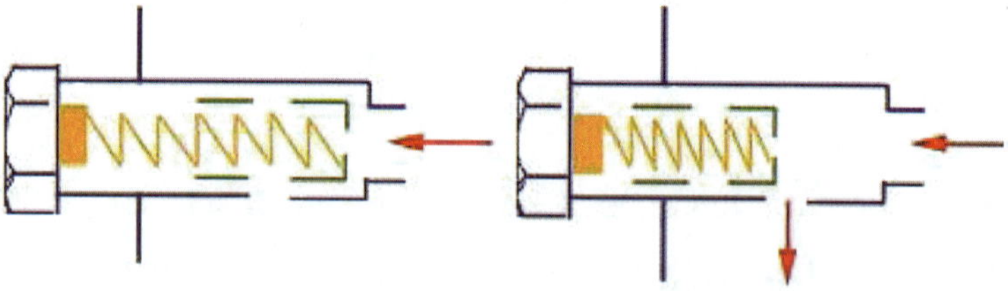

图 7-20　限压阀工作原理

检查限压阀时在柱塞上涂抹一层发动机机油，检查并确认柱塞能依靠自身重量顺畅地滑入阀孔中，否则更换机油泵。

如果限压阀卡滞在常开位置，机油压力则偏低，如果限压阀在机油压力高时打不开，机油压力则偏高。

机油泵限压阀处污垢和积胶严重，会产生故障。在解体维修发动机时，应该拆检、清洗机油泵，以免埋下故障隐患。因为在解体维修发动机前，各部件配合间隙较大，机油压力虽高出警告灯闪亮时的压力，但尚不足以使机油泵限压阀开启；而在解体维修发动机后，各部间隙恢复正常，机油压力随之升高，高速时限压阀开启，由于机油泵未拆洗，泵内积垢必然随机油进入限压阀内，工作一段时间后，使限压阀活动受阻。

限压阀故障还会使机油压力过高，机油压力过高会导致机油滤清器等密封圈冲裂，还会使气门液压挺杯内充油过多，进而引起气门关闭不严，发动机抖动故障。

第 185 问 怎样更换机油滤清器？

为使机油泵很好地工作，在机油泵前端安装了机油集滤器，过滤较大的杂质，其结构如图 7-21 所示。发动机工作过程中，金属磨屑和积炭等杂质不断混入润滑油。为了保证润滑作用，机油在送到摩擦表面前，必须经过严格的滤清。

机油滤清器结构如图 7-22 所示，由外壳、滤芯、旁通阀等组成。它可以过滤掉机械杂质和胶质等杂质，保待润滑油的清洁，延长其使用期限。在滤清器内部设置旁通阀，滤芯堵塞后，机油可以经过旁通阀直接送出。

图 7-21　机油集滤器

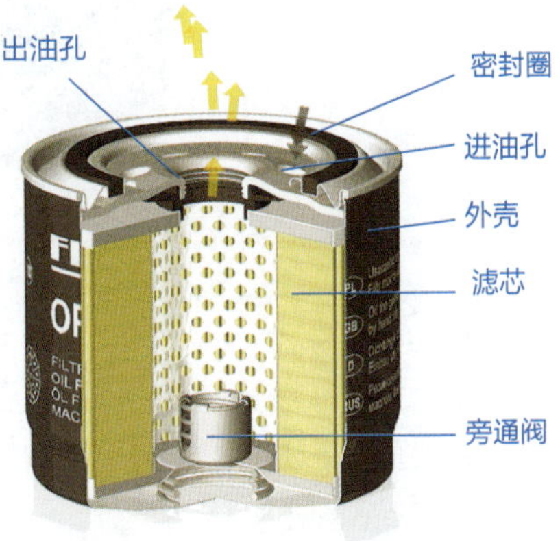

图 7-22　机油滤清器结构

通常机油和机油滤清器需要在 5000 ~ 10000 km 更换。安装新机油滤清器前，应检查并清洗机油滤清器的安装面，在新机油滤清器的衬垫上涂抹一层干净的机油。使用类似如图 7-23 所示的专用套筒，将机油滤清器轻轻地旋到位并拧紧，直到衬垫接触机油滤清器底座，再将机油滤清器拧紧 3/4 圈或规定的力矩。

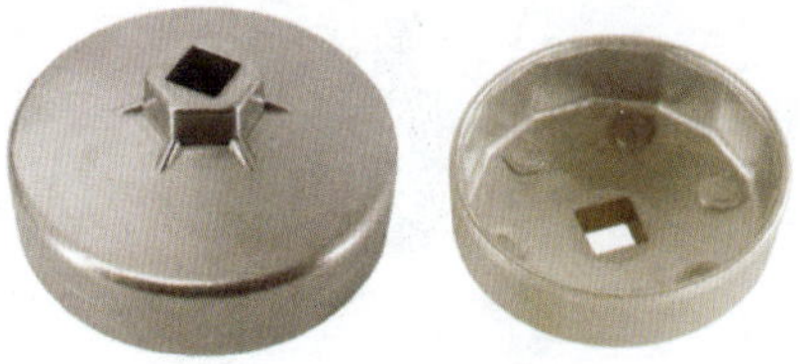

图 7-23　机油滤清器套筒

技师经验

采用不恰当的工具拧紧机油滤清器，有可能使机油滤清器产生细小的或潜在裂纹，机油滤清器漏油会产生严重伤害发动机的故障。

第186问
安装油底壳要注意什么？

油底壳用来容纳和冷却机油。如图 7–24 所示，油底壳多由薄钢板冲压而成，内部装有稳油挡板，有利于机油杂质的沉淀。放油螺塞的拧紧力矩不能过大，否则容易造成油底壳损坏，1ZR 发动机油底壳放油螺栓拧紧力矩为 37 N•m。安装油底壳不能在密封面涂抹过多的密封胶，否则安装压紧油底壳后，多余的掉在油底壳的密封胶容易堵塞滤网。

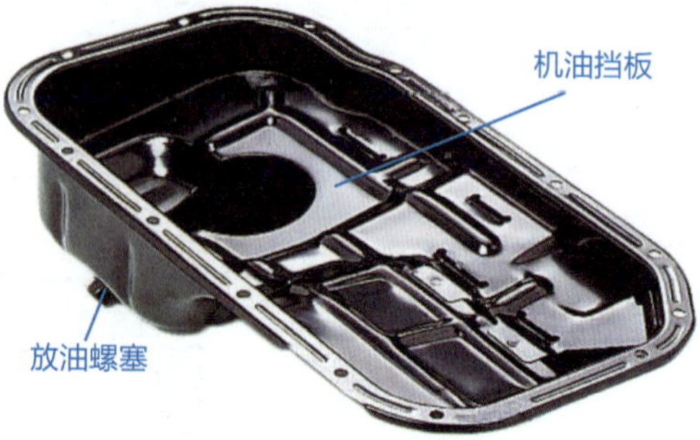

图 7–24　油底壳

发动机运转时，由于机油黏度随温度升高而变稀，降低了润滑能力。在大功率发动机上，由于热负荷大，必须装用机油冷却器。如图 7–25 所示，机油冷却器通常采用水冷式，其作用是冷却润滑油，保持油温在正常工作范围内，保持润滑油一定的黏度。

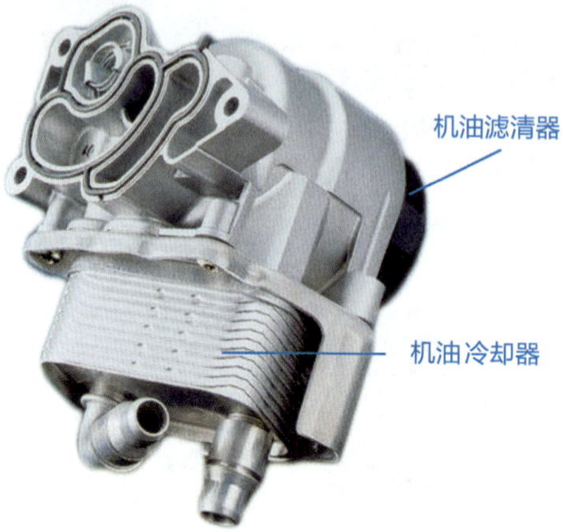

图 7–25　机油冷却器

直喷发动机的工作温度更高，有的发动机气缸体下部装有机油冷却喷管（或喷管嘴），通过向活塞内腔喷射机油以帮助活塞冷却散热，如图 7–26 所示，这对减轻发动机爆燃倾向有明显作用。如果机油冷却喷嘴堵塞，活塞就会积热升温，也易导致活塞烧顶损坏。

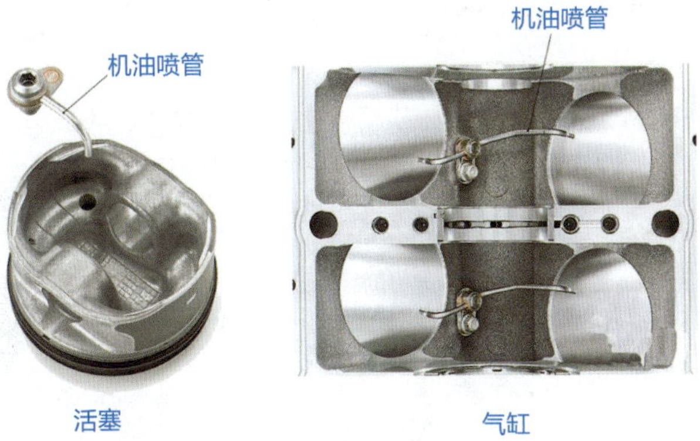

图 7–26　喷油喷管

第 187 问

怎样检查机油压力？

汽车行驶中，如果机油压力指示灯亮起，说明机油压力过低。机油压力报警灯和机油压力开关是串联的，机油压力开关内部是一个开关，当机油压力较低时，压力开关接通，导通机油压力报警灯电路，机油压力报警灯点亮。大众 A888 发动机机油压力开关 F22 通过螺钉拧入机油滤清器下方的辅助装置托架，如图 7–27 所示。

可通过测量机油压力来验证是机油压力过低或是机油压力灯电路故障。测量机油压力时，拆下机油压力感应器，如图 7–28 所示，安装机油压力表测试机油压力是否正常。丰田 1ZR 发动机怠速时机油压力不能低于 25 kPa，发动机在 3 000 r/min 时，机油压力为 150 ~ 550 kPa。以捷达为例，该车发动机在机油滤清器上有个低压开关，当机油压力超过 30 kPa 时触点断开，同时机油灯熄灭。在发动机缸盖后端有高压开关，当转速超过 2 000 r/min 时机油压力应达到 180 kPa。

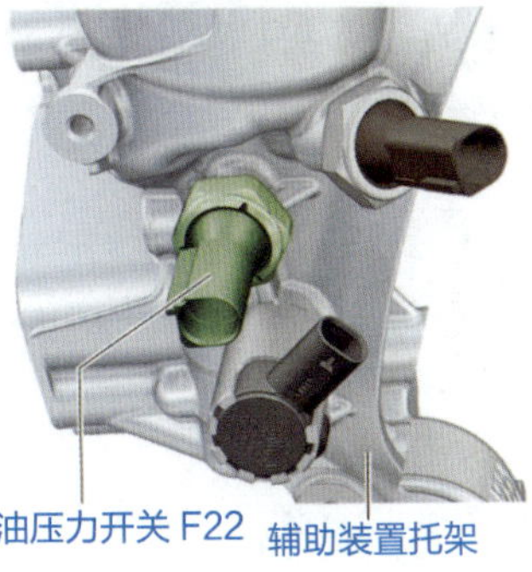

图 7–27　机油压力开关

图 7–28　机油压力表

第 188 问
怎样分析机油压力警示灯亮的故障?

在打开发动机点火开关不起动发动机时，机油压力指示灯应该亮起，如图 7-29 所示。在起动发动机后，机油压力迅速建立起来，机油指示灯应熄灭。汽车发动机机油压力灯亮，包括以下三个方面的的原因。

（1）电气部分故障。包括机油压力开关故障、机油压力报警灯及其电路等故障部位。

（2）机油压力部分故障。包括机油量过少或机油的黏度等级不符合要求；机油泵驱动故障或机油泵磨损，油压不足；机油滤清器前部油路脏堵或油路中有泄压。

图 7-29　机油压力警示灯

技师经验

润滑系统是典型的液压回路,液压回路中有一个地方泄漏则整个液压回路压力会下降。当泄漏点小时，在发动机怠速或小负荷时，机油泵供油压力低，机油压力稍低于标准值不会引起机油压力报警器报警，而当发动机在中负荷或大负荷时，由于机油压力增高泄漏量随之增大，造成油道内的机油压力远达不到发动机润滑系统所需的正常压力，导致机油压力报警器报警。

维修案例 一辆帕萨特 B5 轿车在一次涉水时，因气缸进水导致连杆弯曲，维修后，该车在高速 (大于 80 km/h) 行驶时，机油压力报警器报警。测量机油压力，发现怠速和中速机油压力正常。拆下发动机油底壳，对相关部件进行了仔细检查，发现在气缸体下部用来润滑气缸活塞连杆组件的喷油器已变形裂开，将损坏的喷油器及固定螺栓更换并装复后试车，故障排除。

（3）电磁干扰。包括点火系统和发电机故障。断开发电机插头，故障不再出现则证明故障系电磁干扰所致。一些加装的音响设备也会产生电磁干扰。

第 189 问
怎样分析机油进入气缸压力警示灯亮的故障?

机油进入气缸的原因包括：气门油封损坏；气门与气门导管配合间隙大于标准；气门导管松动；活塞环密封不良；曲轴箱通风系统故障等，如图 7-30 所示。润滑系统通过气门油封或活塞环等处，将机油渗漏到气缸，会引起以下现象。

（1）机油消耗量大。

机油渗漏会造成机油消耗量大，油量不足引起油压，机油压力指示灯将被点亮。机油除了从气门油封等处进入气缸，还有一种机油进入气缸的途径，即通过曲轴箱通风阀进入。当发动机机油回流速度缓慢，机油囤积在气缸盖上，此时极容易经过曲轴箱通风阀进入气缸，造成烧机油的故障。

图 7-30　机油进入气缸的主要途径

（2）排气管冒蓝烟。

从活塞环等处进入气缸的机油燃烧后会冒蓝烟。气门杆与气门导管之间间隙过大，在发动机停车熄火后，气缸盖上的部分机油沿着气门杆慢慢流入或渗入气缸内。停车时间越长，这种渗漏机油现象就越明显。发动机正常工作时，气缸内的废气冲淡了蓝烟，使它变得不太明显，可能有蓝烟基本消失的错觉。

排气门漏机油一部分会漏入排气管，另一部分由于气门叠开和熄火状态机油会顺着气门杆通过气门油封的原因进入气缸，起动后一段时间内排气管冒蓝烟现象，检查时火花塞、燃烧室和活塞顶面会有积炭。

（3）引起积炭。

机油进入气缸后影响混合气的燃烧，因此在火花塞电极上留下积炭及潮湿现象。

维修案例 一辆奥迪 A6 1.8 T 冷起动时发动机严重抖动 10 ~ 15 s，随后正常。检测无故障码，清洗节气门体、喷油器及进气道；更换了点火线圈、火花塞、水温传感器直至发动机控制单元，现象依旧。等待起动正常后熄火重新起动，发动机不抖动，说明发动机抖动故障不是与温度有关系，而是与停留时间有关联。分析可能是喷油器有滴漏或机油漏到火花塞上，导致冷车点火不良而抖动。起动后火花塞上的油在 10 ~ 15 s 内挥发，使发动机运转正常。停车一段时间后，拆下火花塞，发现火花塞上残留了机油，说明气门油封漏油。更换气门油封后，故障排除。

第 190 问

冷却系统出故障会影响哪些元件？

冷却系统可以保持发动机正常的温度。如图 7-31 所示，混合气在气缸中燃烧后产生大量热能，大量的热能不会转化成动能，一部分热能随废气排出，另一部分存在发动机机体上。发动机机体、零部件、润滑系统和燃料在正常温度（一般为 80 ~ 90 ℃）时，才能发挥出最佳状态。发动机冷却系统还能加热节气门体，空调暖水箱、冷却机油散热器、中冷器、变速器散热器等。当冷却系统出现故障后，对以上功能也有影响。

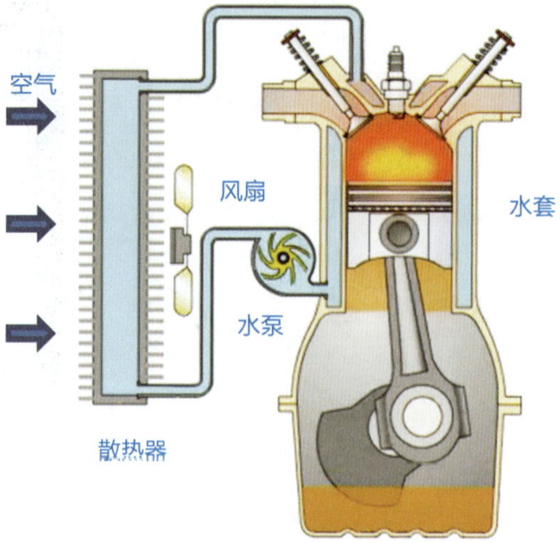

图 7-31　冷却系统的作用

第 191 问
冷却液是如何循环的？

如图 7-32 所示，发动机冷却液的循环路径受节温器的控制，并且随着发动机工作温度的变化而改变。当冷却液温度低于 84 ℃，发动机没有达到正常工作的温度，节温器主阀门关闭，副阀门开启，冷却液进行小循环。

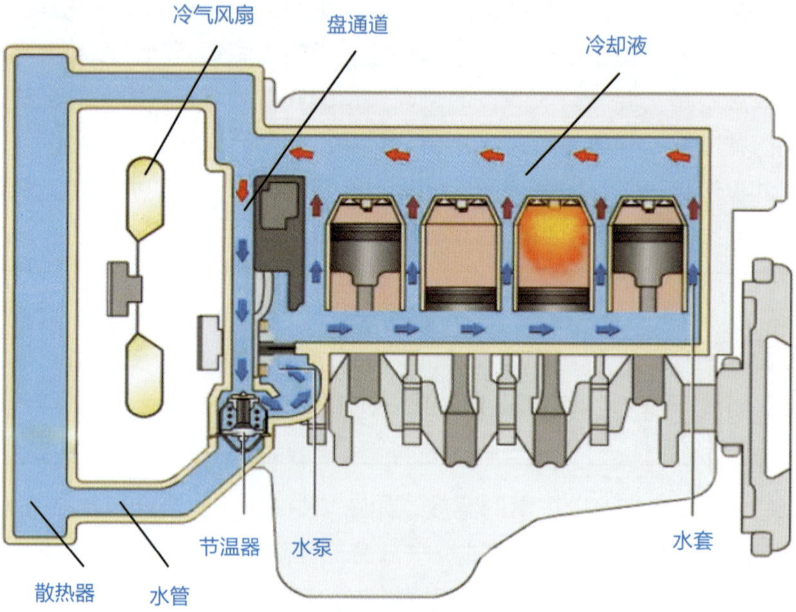

图 7-32　冷却液小循环

如图 7-33 所示，当温度升高到 84 ~ 95 ℃时，节温器主阀门部分打开，冷却液进行混合循环。如图 7-34 所示，当发动机温度过高，到达 95 ℃时，节温器主阀门全打开，副阀门全关闭，冷却液进行大循环，即全部进入散热器散热。

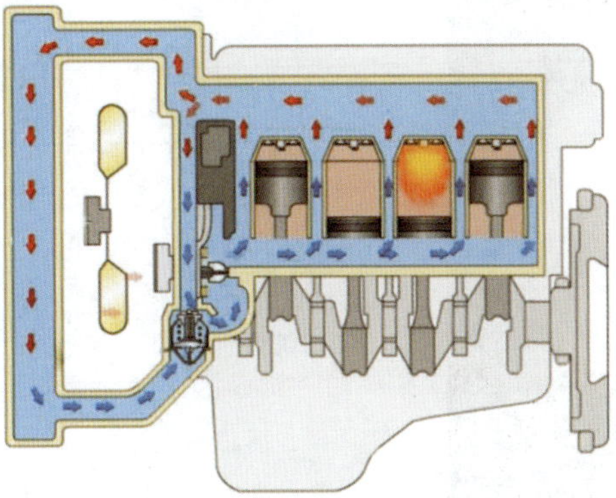

图 7-33　冷却液混合循环

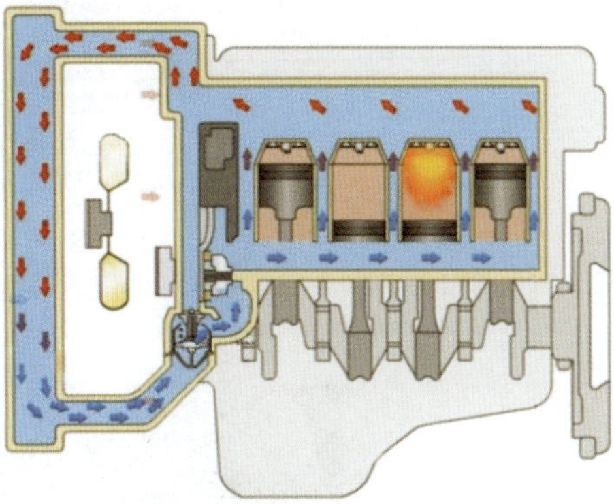

图 7-34　冷却液大循环

技师经验+

在活塞、连杆轴承等处出现拉伤的痕迹，多是因为活塞与气缸、连杆轴承和连杆轴颈配合间隙过小或温度过高引起，如图 7-35 所示。

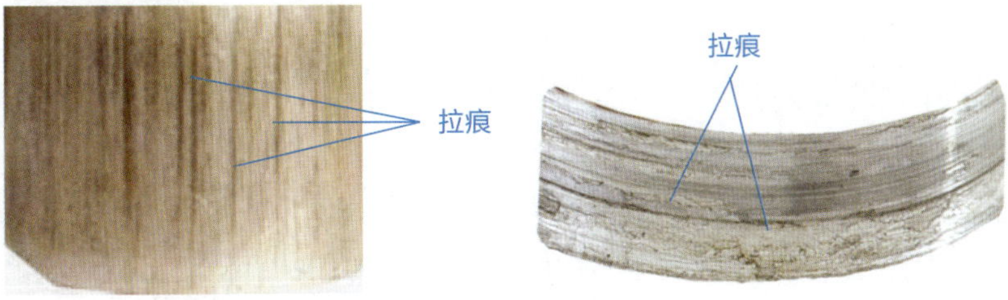

图 7-35　损坏的活塞和连杆轴承

第 192 问
如何检查冷却液液位？

膨胀水箱可以吸收和补偿发动机冷却系统工作时的冷却液和水气。如图 7-36 所示，膨胀水箱上有上限标线（max）和下限标线（min），添加或检查冷却液位时，冷却液应位于两个标线之间。不能混用不同品牌的冷却液。

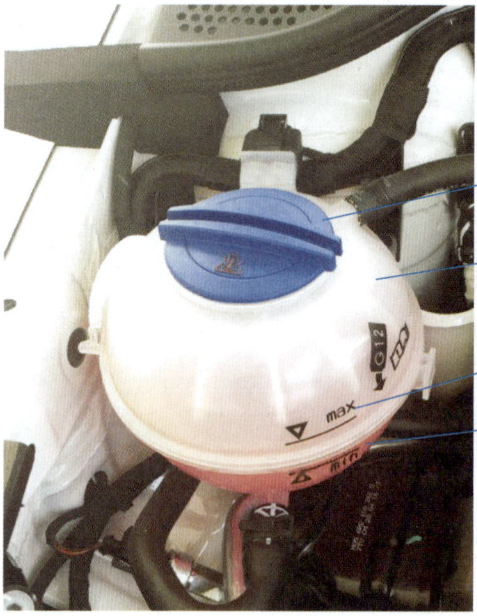

图 7-36 膨胀水箱

第193问
如何检查冷却液液位冰点？

冷却液除了作为冷却介质以外，还可以起到以下作用：寒冷季节停车时冷却液结冰而胀裂散热器，防止零部件生锈，抑制泡沫，减少水垢的形成，提高沸点等。冷却液一般呈蓝色、绿色或黄色，如图 7-37 所示，目前常用的冷却液主要是乙二醇型，它由乙二醇、防腐蚀添加剂、抗泡沫添加剂和水组成，其凝固点较低，沸点较高，不易蒸发，属于长效型防冻液。

图 7-37 冷却液

选用的冷却液冰点应比使用地区最低温度低 5 ℃以上，为此，需要对冷却液的冰点进行检查。

（1）如图 7-38 所示，将冷却液冰点仪折光棱镜对准光亮方向，调节目镜视度环，直到标线清晰为止。

（2）使用 1 ~ 2 滴纯净水滴于折光棱镜上，轻轻按压盖板得出一条明暗分界线。旋转校准螺栓使目镜视场中的明暗分界线与基准线重合。

（3）擦净折光棱镜表面，取 1 ~ 2 滴冷却液滴于折光棱镜上，盖上盖板轻轻按压，读取明暗分界线的相对刻度，即冷却液的冰点，如图 7-38 所示。

（4）测量完毕后，用潮湿绒布擦干净附着物，待干燥后，妥善保存起来。

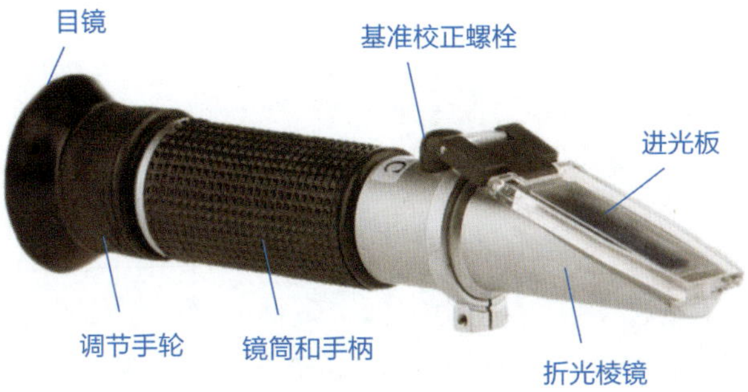

图 7-38　冷却液冰点仪

第 194 问
冷却系统的故障要考虑哪些元件?

如图 7-39 所示，发动机冷却系统主要由散热器、散热风扇、节温器、水泵、水管、冷却液及气缸体和气缸盖中的水套等组成。冷却液如果出现损耗过快的情况，需要考虑冷却液经过的每个元件，而不仅仅是冷却系统的常用元件。例如，节气门体、气缸盖、暖水箱等隐蔽的位置。

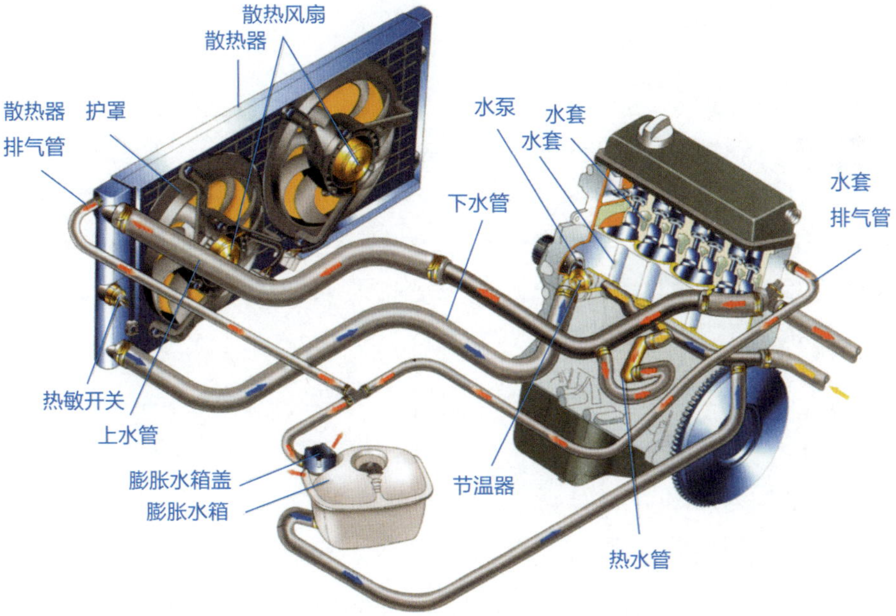

图 7-39　冷却系统的组成

第 195 问 冷却液泵没坏为什么要换？

冷却液泵也称为水泵，它从散热器或从旁通道来的冷却液，压入缸体水套中，强制冷却液循环。如图 7-40 所示，冷却液泵由壳体、泵轴、叶轮、传动带轮等组成。有的水泵用三角皮带轮带动，有的车型水泵由正时皮带驱动，在更换正时皮带时，水泵也要求一并更换（或规定周期更换）。

冷却液泵就车检查时，应无漏水现象。将冷却液泵拆下后，检查泵体平面、叶轮等应无锈蚀，转动水泵轴，检查轴承应不松旷，无发卡等现象，如图 7-38 所示。

图 7-40　冷却液泵

维修案例 一辆帕萨特轿车发动机突然熄火，再起动无反应。读取故障码显示霍尔传感器 G40 对正极断路 / 短路或对搭铁端短路。检查霍尔传感器的导线无短路与断路，提供的电压也正常，检查传感器的触发轮，发现曲轴卡死，正时皮带被严重啃齿，气门被顶弯。进一步检查发现水泵漏水，分析故障系水泵经常漏水会导致轴承卡死所致。更换水泵、正时皮带、气门等故障排除。

第 196 问 电动冷却液泵何时起动？

有的发动机采用电动冷却液泵，其安装位置如图 7-41 所示，电动冷却液泵起动条件如下：在发动机起动后不久；发动机扭矩过大；进气管中增压空气温度超过 50 ℃；增压空气冷却器前后的温差低于 8 ℃；在发动机运行时，每 120 s 运行 10 s，以避免废气涡轮增压器出现热量积蓄现象；根据特性曲线不同，在关闭发动机后运行 0 ~ 480 s，以避免废气涡轮增压器过热形成蒸汽泡。

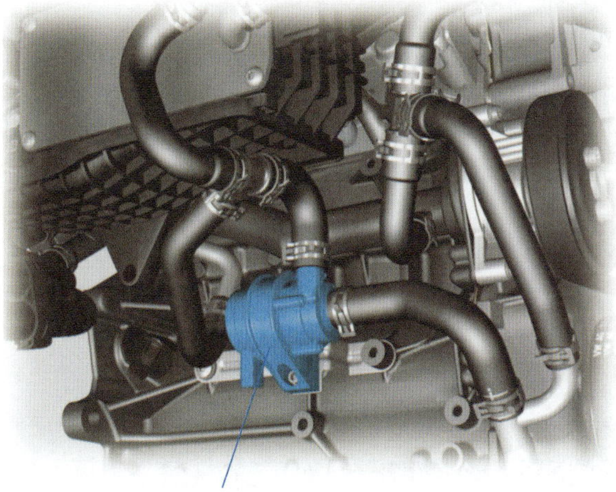

图 7-41　电动冷却液泵

第 197 问
水温过高为什么是“油加多了”？

散热器也称水箱，一般都安装在汽车前方，它可以增大散热面积，加速冷却液的冷却。散热器包括上水室、散热器芯和下水室组成，如图 7-42 所示。散热器芯按结构可以分为管片式和管带式，它是由水管和散热片多用铝材制成，铝制水管做成扁平形状，散热片做成波纹状，注重散热的性能。有的散热器底部有防水塞，方便排放冷却液。

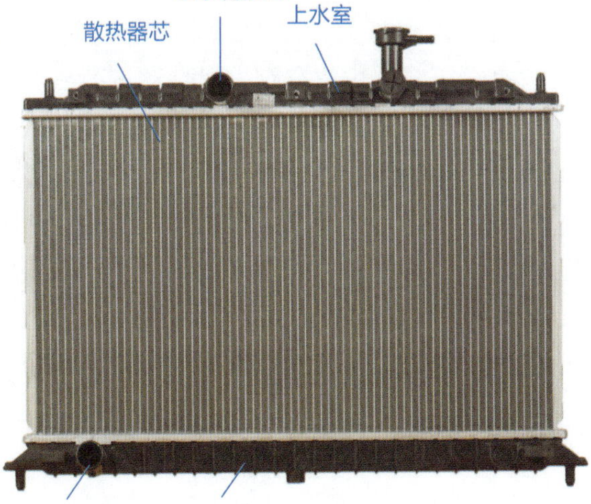

图 7-42　散热器

维修案例 一辆切诺基吉普车在行驶过程中水温正常，但在停车怠速运转、不开空调的情况下，10 min 左右，水温上升到 100 ℃左右。检查冷却液量、风扇皮带、节温器、水泵、散热器等都很正常。检查变速器液面，超过标准，调整到正常液面后故障排除。

技师经验

车辆原地起动时，当变速器液面过高时，工作中油液被齿轮剧烈地搅动，产生大量泡沫，其中的气泡随油液进入油液回路中，致使油液过热，从而使得水温升高。但车辆行驶时，油泵内的工作油液流速加快，流经散热器的速度也加快，再加上车辆行驶时风速增高所起的散热作用，使散热效果大大提高，所以车辆在行驶过程中水温不致过高。

发动机散热器散热能力不足会引起变速器油温升高，温度变化对自动变速器的影响主要是自动变速器油的黏度。温度低，自动变速器油的黏度大；温度高，自动变速器油的黏度小。当散热器发生堵塞等原因后，产生散热不良，使流回变速器油底壳的油携带着大量的热量，导致油温迅速升高。控制单元通过油温传感器上获得的电压信号，感知当前油温异常，为达到保护变速器的目的而执行了延迟换挡时机的保护控制模式。

检查散热器时，利用红外线测温仪检测散热器上下水管的温度差可以判断散热器或散热风扇是否正常。还需要检查散热器有无破损、损坏、堵塞等现象。

第 198 问 怎样检查散热器开关？

散热器开关也称水箱盖，或水箱开关，它可以增加散热器压力，提高冷却液沸点。如图 7-43 所示，散热器开关具有压力阀和真空阀，可自动调节冷却系内部压力，提高冷却效果。在发动机热态正常时，压力阀和真空阀关闭，将冷却液与大气隔开。散热器压力大于 126 ~ 137 kPa 时压力阀打开，冷却液从溢流管流出，防止水管胀破。当发动机熄火，散热器压力低于大气压力 10 ~ 20 kPa 时，真空阀打开使膨胀水箱中的冷却液流回散热器内，或者使空气从通气孔进入冷却系统，以防散热器及芯管被大气压瘪。散热器开关使用中会出现泄压、漏水等故障，其检查方法如下。

（1）散热器开关上面有安全警示，其提示需要待冷却系统基本冷却，才能拆下散热器开关，并清洁散热器开关密封处。

拆卸散热器开关时，发动机必须熄火，用湿抹布包住散热器开关，先旋松散热器盖 45°，进行泄压再缓慢旋下。

（2）选择合适的适配器将散热器开关连接测漏仪。

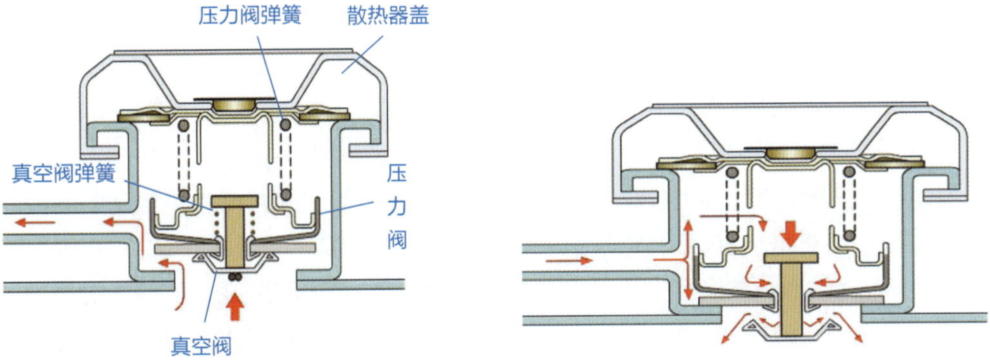

（a）压力阀开启　　（b）真空阀开启

图 7-43　散热器开关

（3）如图 7-44 所示，加压 100 kPa（约为 1 bar）左右，观察压力表至少 10 s 内无下降，否则说明散热器盖存在泄漏。

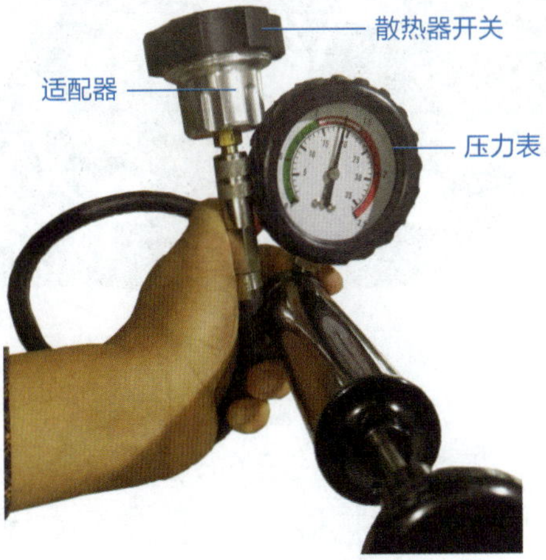

图 7-44　检查散热器开关

（4）加压到 140 kPa，观察压力表迅速下降，否则说明散热器盖压力阀不正常。

（5）按下卸压阀进行卸压，将压力检漏仪加压几次，以便排出残留之水，然后收回。

维修案例 一辆奥迪 A6 汽车行驶中出现冷却液温度高的现象。检查发现水泵漏水，更换水泵，故障并未消除。发现冷却液脏污，清洗了散热器，故障依旧。拆检节温器，正常。对散热器回水情况检查时发现储液罐回水管被异物堵塞，将回水管清通后故障排除。故障原因是由于储液罐回水管被堵塞，造成冷却系统内部压力过大。从而导致故障的发生。

第199问
怎样检查散热器风扇?

风扇装在散热器后面，它将空气吸入，空气经过散热器，改善低速和怠速时的冷却效果。目前常用的风扇为电动风扇，通常由电动机、风扇、风扇架等组成，如图7–45所示。电动风扇的运转通常受冷却液温控开关的控制，例如，当冷却液温度高于设定的温度（如92 ~ 97 ℃）时，温控开关接通风扇电动机的低速挡，当冷却液温度升高至更高设定值（如99 ~ 105 ℃）时，温控开关接通风扇电动机的高速挡，当冷却液温度降到设定的温度（如84 ~ 91 ℃）时，温控开关切断电源，风扇停止工作。

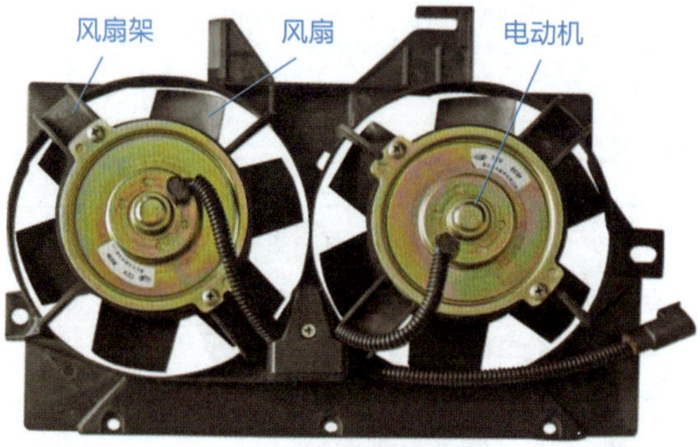

图7–45 散热风扇

卡罗拉1ZR发动机风扇电路如图7–46所示，当风扇不运转时，可以按如下步骤检查。

（1）断开ECU连接器，将点火开关置于ON位置，风扇应该工作，如果风扇运转，说明ECU存在故障，需要更换ECU，如果风扇不运转需要进行下一步检查。

（2）检查ECU和冷却风扇ECU之间的线束和连接器，测量其阻值应小于1 Ω。

（3）将风扇连接器端子2、1分别连接蓄电池正极、负极，风扇应工作。

（4）将点火开关置于ON位置，测量+B1和E1之间的电压应为12 V左右，若电压正常，则更换冷却风扇ECU；当+B1和E1之间的电压不正常，依次检查相关继电器、熔断器、连接器及线束和搭铁。

技师经验

如果风扇熔断器熔断，更换后立即熔断，则检查相应电路中的导线是否对地短路。如果发动机控制模块一接通冷却风扇，熔丝就熔断，则可能是冷却风扇电动机有故障。

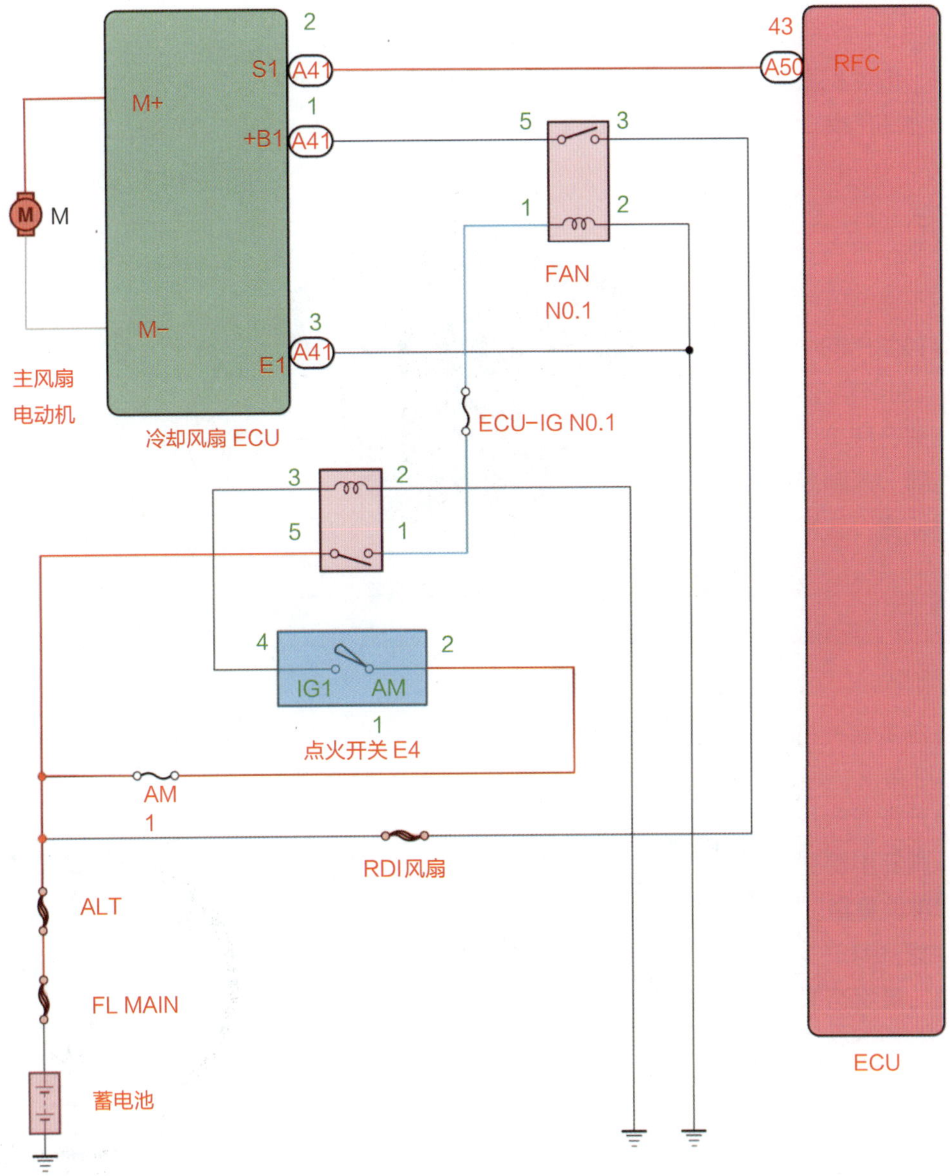

图 7-46　风扇电路的检修

第 200 问
怎样检查节温器？

冷却系统通常利用节温器来控制通过散热器冷却水的流量。节温器装在冷却水循环的通路中，根据发动机负荷大小和水温的高低自动改变水的循环流动路线，以达到调节冷却系的冷却强度。

如图 7-47 所示，冷却系统一般采用蜡式节温器，低温时，蜡体积小，节温器关闭，高温时，蜡体积膨胀，克服弹簧压力，阀门打开。有的发动机采用控制更加准确的电子节温器，它是在蜡式节温器上加装一个电子加热器，已达到提前开启节温器的目的。

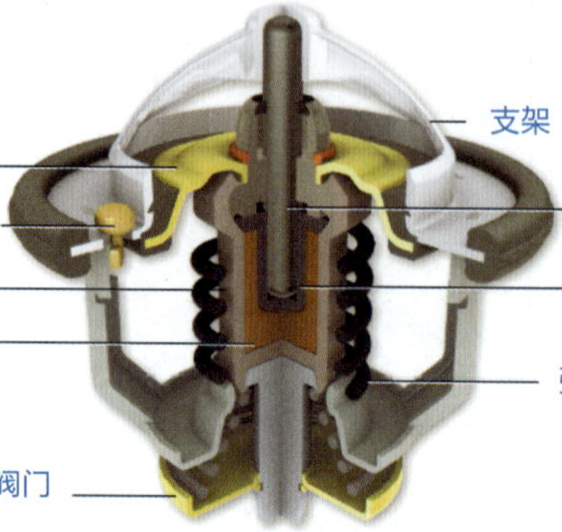

图 7-47　蜡式节温器

技师经验

当节温器关闭不严，或是在维修过程中节温器被拆除，会造成发动机水温上升很慢，上下水管同温，车内暖气几乎没有。

准备好节温器和透明电热壶，电热壶若无温度显示，还需准备温度计或可以测量温度的万用表，如图 7-48 所示。

（1）当水温低于 80 ℃时，主阀门关闭，副阀门开启。

（2）当水温高于 80 ℃时低于 90° 时，主阀门渐渐打开，副阀门渐渐关闭。

（3）当水温高于 90 ℃时，主阀门完全打开，副阀门完全关闭。

图 7-48　检查节温器

第 201 问
电子节温器是如何工作的？

很多发动机电控冷却系统中采用电子节温器，发动机 ECU 根据冷却液温度信号、发动机负荷及车速等因素对电子节温器中加热电阻进行控制，如图 7-49 所示，加热电阻加热石蜡控制节温器阀门打开的大小，进而控制冷却液流量并调节发动机运行温度。发动机冷却液节温器加热器有机械故障防护功能，防止发动机冷却液节温器加热器出现电器故障。

电子节温器完全开启所需的温度比普通节温器高，其主要目的是为了让发动机冷却液温度始终保持较高的水平，这有利于降低油耗及减少发动机的磨损。

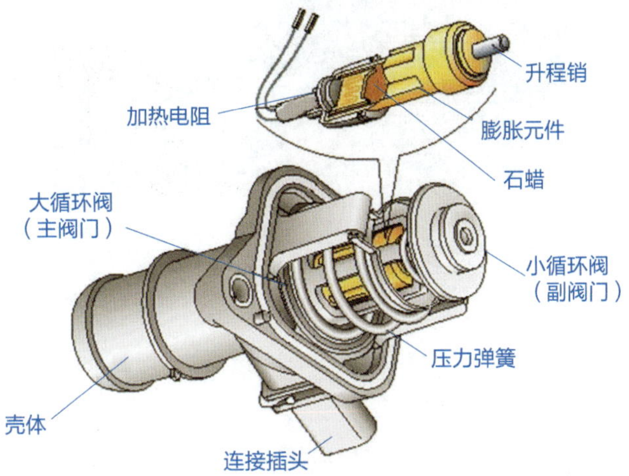

图 7-49　冷却液控制单元

维修案例 一辆科鲁兹故障灯亮，读取故障码 P0598—冷却液恒温器加热器控制回路低电压。检查发动机 ECU 到冷却液恒温器加热器电路电压为 0 V，检查加热器电路没有短路，说明发动机 ECU 未输出控制电源。检查发动机 ECU 电路正常，更换发动机 ECU，故障排除。

第 202 问 如何检查冷却液泄漏？

发动机冷却系统常出现漏冷却液的故障，如果冷却液漏在可以目测到的位置，故障容易发现。但如果检查冷却液不足，又没有发现泄漏点，可能冷却液漏入气缸内。此时，可以采用加压的方法检查。连接压力表至散热器加注口，并施加正常的系统工作压力 108 kPa 进行检查。如果测试时，软管过度扩张或膨胀，则软管需要更换。

（1）待冷却系统基本冷却，才能拆下散热器开关，并清洁散热器开关密封处。

（2）将合适的适配器连接到冷却系统膨胀水箱上。

（3）如图 7-50 所示，加压到适合的值，其值通常需要大于 100 kPa（约为 1 bar）而应小于 140 kPa，压力表应该能保持 2 min 以上，否则说明冷却系统存在泄漏。

（4）按下卸压阀进行卸压，将压力检漏仪加压几次，以便排出残留之水，然后收回。

图 7-50　检查冷却系统是否泄漏

第 203 问
如何排除发动机水温高的故障？

发动机水温高的原因包括冷却系统热负荷大和冷却系统自身故障。冷却系统热负荷大包括：气缸垫密封不良，气缸中热量串入冷却系统；混合气稀、配气相位错误、点火正时错误等，可燃混合气燃烧时间延长，散发的热量增加，冷却系统来不及散热导致发动机水温高，此类故障均伴随有发动机容易开锅的故障特征；变速器油温高，造成散热器散热不良。

冷却系统自身故障又与两个因素有关：一是冷却液循环不良，它使发动机工作时所产生的热量不能被及时转移至散热器，如节温器、冷却液泵、水道等故障，该类原因导致发动机水温高故障的故障特征是运行一段时间后发动机水温高，甚至开锅；二是散热不良，例如，散热器散热不良，冷却风扇不正常，这使得热量没有被散发掉又回到了发动机，如图 7-51 所示，使用普通的自来水长期代替冷却液，会使冷却水道被水垢吸附，既影响冷却液循环，也影响冷却液散热。

图 7-51　有水垢的水道

维修案例 一辆雅阁在市区行驶时，出现开锅现象。检查冷却液量、机油量正常。打开散热器盖，发现有冲缸现象。检查冷却液泵和节温器正常，拆下散热器进行清洗，发现散热器底盖全是乳白色胶状物，多条水道堵塞。清洗散热器，故障排除。

技师经验

不同牌号的防冻液不同混用，否则可能使冷却系统遭受腐蚀而产生大量颗粒物，导致散热器堵塞。加注有质量问题的防冻液，会导致缸垫与缸盖均受到不同程度的腐蚀。

第 204 问

检查发动机水温高按什么步骤？

检查发动机水温高的故障步骤如下。

（1）利用类似图 7-52 所示的红外测温仪检查冷却液温度传感器附近，确定或排除冷却液传感器失效或误报数值造成的故障假象。

（2）检查冷却液量。缺少冷却液会使温度高，检查如果缺少冷却液，先检查冷却液缺少的原因。

（3）检查发动机是否存在其他的异常现象。如果发动机存在混合气稀、配气相位错误、点火正时错误等故障，发动机除了水温高以外，还可能会出现回火、放炮、加速不良等故障现象。

（4）检查发动机是否冲缸。在冷却液温度低时，打开水箱开关，检查发动机是否冲缸。需要注意的是，发动机冲缸会导致水温高；水温高，也会导致冲缸。所以，当发动机冲缸后，不能简单更换气缸垫，而需要检查冲缸的原因。

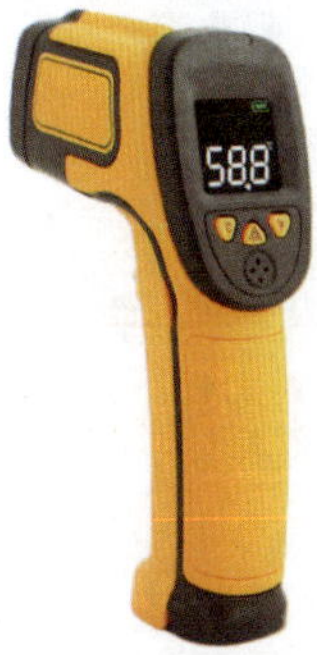

图 7-52　有水垢的水道

（5）检查散热器散热情况。利用红外线测温仪检查散热器上、下水管的温度差，判断散热器或散热风扇是否正常。

技师经验

并非散热器上、下水管温差越大越好，如果上水管温度非常高，而下水管的温度却非常低，并不说明散热器散热好，而是说明散热器堵了。

（6）检查节温器和冷却液泵的性能。节温器可以用水煮法进行检查。检查冷却液泵时，可以拆除节温器，用透明水管连接上、下水管，在不同转速下观察透明水管中冷却液流通情况，即可判断冷却液泵是否正常。

第 205 问

冷车起动不了为什么是“冷却系统”惹的祸？

如果冷却液漏到气缸，会影响点火系统，进而影响整个发动机的工作。冷却液渗漏可能只出现在冷车工况，气缸垫在冷态下密封不良，冷却液会渗漏到气缸，打湿火花塞，引起冷车不能起动。可以内窥镜，检查发动机活塞顶部是否有被冷却液冲刷过的痕迹，如图 7-53 所示。

图 7-53　冷却液进入气缸

第8章 综合故障的诊断和排除

第206问

如何检查起动“三要素”的“火”？

维修人员可能遇到过这样的困惑，一台发动机有“油”、有“火”、“缸压”，三大条件都“满足”了，就是起动不了，好像得了“怪病”。其实，“见怪不怪，其怪自败”，那究竟“败”在哪里呢？只要满足起动条件，发动机必然能够起动，所以问题还是在于没有满足发动机的起动条件，维修人员检查到的“火”和“油”，不是发动机起动条件中的“火”和“油”。

有些维修人员检查“火”，仅仅是做火花塞跳火试验，观察到有火花就认为达到要求。正确检查“火”的方法：做火花塞跳火试验，观察到有火花，火花强烈能持续，火花呈蓝色或紫色，跳火位置正常（见图8-1，火花塞跳火不集中则不正常）。即便这样检查，也只是在气缸外部检查。有可能火花塞被气缸内部的冷却液、燃油、机油等打湿而影响点火能力。检查点火提前角，点火提前角在怠速时约为10°，改变发动机转速和负荷，点火提前角发生适合的变化。

图8-1　火花塞跳火不集中

第207问

如何检查起动“三要素”的“油”？

发动机起动三要素中“油”实指“混合气”，在气缸内有足量的可燃混合气，如图8-2所示，发动机才能实现起动。维修人员检查“油”时，可能仅仅是检测了燃油压力和喷油器控制电路。喷油器控制电路正常并不代表喷油器工作正常，喷油器还可能堵塞、漏油、喷油雾化不好等。即便是喷油器工作正常，混合气的浓度如不正常，或进入气缸的混合气总量不足，或油质不正常其热值下降等原因，这样发动机也是无法起动的。

如果发动机起动困难，发动机起动前的“混合气”是很难检查的。可以检查以下的项目：①燃油压力，直喷发动机包括高压和低压两个部分；②喷油器脉宽电信号；③拆卸喷油器，在喷油器清洗检测仪上，检查喷油器是否滴漏，检查喷油雾化情况等；④检查进气管路是否存在漏气，是否存在堵塞，是否积炭严重；⑤检查空气流量计或进气压力传感器、冷却液温度传感器等对混合气浓度影响较大的传感器是否产生故障；⑥检查三元催化器等排气管路是否堵塞，因为排气不正常，混合气或新鲜空气无法正常吸入气缸；⑦检查燃油质量等。

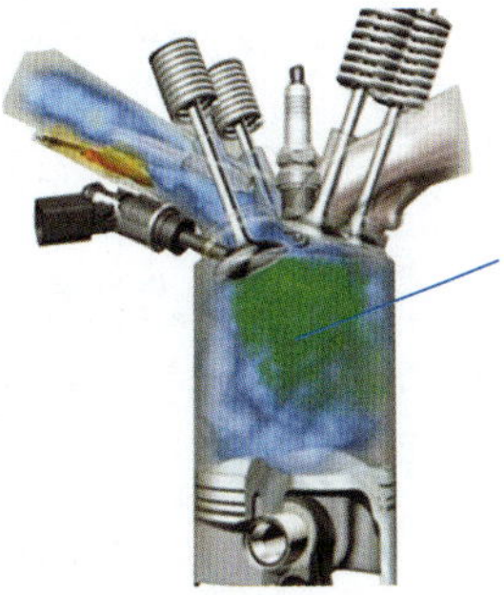

图 8-2　混合气

第 208 问
如何检查起动“三要素”的“缸压”？

可以采用如图 8-3 所示的气缸压力表对气缸压缩压力进行检测。测量气缸压缩压力在低速、多次、低润滑油压等情况下运行，这与发动机正常运行时是不同的，所以测量结果有不可避免的局限。

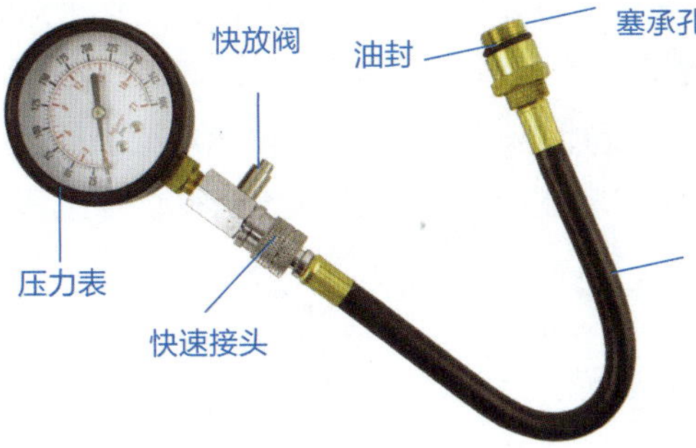

图 8-3　气缸压力表

（1）多次局限。当存在气门与气门座圈或活塞与气缸漏气的故障，每一个压缩行程只有少量气体进入气缸压力表，而压力表装有止回阀，进入的气体不能返回，经过多次压缩后才能使压力升高。有的维修人员只看曲轴转动第 1 圈时气缸压力表的读数，将所有的第 1 圈时的读数对比，就能发现压缩压力较差的气缸。

（2）低速局限。如果气门有很轻微的弯曲（或气门弹簧弹力不足），在怠速时就会漏气，怠速指发动机维持自身运转的最低转速。但是气门只是轻微的弯曲，又有气门弹簧定位，加之检测“缸压”时发动机只有 200 r/min 的转速，负荷较小，所以在检测“缸压”时能够达到规定值。但真正运转起来，发动机怠速要 700 r/min，再加上缸内的爆燃，本来就很脆弱的密封就被破坏了。因此，这种情况无法用测量气缸压力的方法检查出来。

（3）低润滑油压局限。在测量气缸压力时，发动机短暂时间起动，建立的机油压不高。而当发动机起动后，若机油油压过高，会引起气门关闭不严。这时测量的气缸压力会符合要求，而实际的气缸压力不足，发动机怠速将会发抖。

（4）当气缸压力低于标准值时，可以打开冷却液加注口盖，起动发动机并急加速 3 次，达到约 3 000 r/min，同时观察冷却液。如果冷却液中出现气泡，说明发动机气缸内部的压力泄漏到冷却系统。

当气缸压力增速过快或气缸压力过高时（高于 12 kgf/cm^2），一般原因包括气缸盖维修、积炭等原因造成燃烧室容积减小、排气堵塞等。

技师经验

气门漏气严重时，会使气缸压力趋于 0。检查时，可以拆下进、排气管，拆下火花塞，利用压缩气体在气门关闭状态向内吹气，检查气门是否漏气。

第 209 问 为什么曲轴位置传感器很难检查？

对曲轴位置传感器进行检查时，若采用传统的方法检查，用万用表检查阻值及线束时，需要检查的项目如下，维修人员面对如此多的检查内容，定然很难做到全面检查。一旦检查有了疏漏，就会影响对故障的判断，判断不准确影响维修的思路，最后可能走进了死胡同。正确检查曲轴位置传感器应在故障状态下，使用示波器检查其波形，其波形如图 8-4 所示，波形正常且波长随发动机转速的增加而变短，波形与凸轮轴传感器波形匹配，才能说明曲轴位置传感器正常。

提示

检查曲轴位置传感器的内容如下。

① 检查传感器本身是否脏污，电阻值是否符合要求，磁力是否正常，目测观察是否出现明显的损坏。

② 检查线束，检查线束是否短路，是否断路，是否接触不良，是否存在偶发性故障。

③ 检查供电电压，霍尔传感器需要提供稳定的电压。

④ 检查发动机 ECU 电源及搭铁电路。

⑤ 检查信号轮，信号轮不能滑动、变形、缺齿及其他形式的损坏。

⑥ 检查曲轴是否轴向间隙过大，如果间隙过大会导致信号轮与传感器间隙过大。

⑦ 检查安装情况，曲轴位置传感器固定螺栓不能松动，传感器与信号轮之间的间隙符合规定，检查固定传感器的壳体是否变形、结构是否符合原厂要求。

⑧ 检查传感器是否受到电磁干扰。

⑨ 检查曲轴位置传感器的热稳定性能，检查其受热以后的电阻及信号情况。

⑩ 检查发动机动平衡是否失常等。

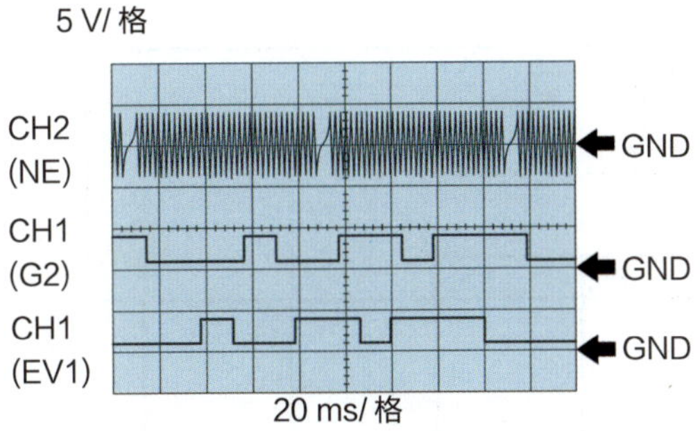

NE—曲轴位置传感器波形；G2—进气凸轮轴位置传感器波形；EV1—排气凸轮轴位置传感器波形

图 8-4　曲轴位置传感器波形

维修案例 一辆汽丰田 RAV4 发动机经常熄火，读取故障码为 P0607—发动机控制单元功能异常；P0335—曲轴位置传感器电路故障。曲轴位置传感器信号异常会引起发动机熄火，检查曲轴位置传感器电路正常，插脚没有松动。询问客户得知熄火现象多出现在夜间行车时，起动发动机，开启大灯试车，发现车辆加装了氙气大灯。估计是氙气灯高压组件干扰了曲轴位置传感器和电控单元。拆除氙气大灯组件，试车，故障排除。

第 210 问 什么时候应该查询维修资料?

维修人员既要善于总结经验，又要运用扎实的汽车技术理论知识，理论和实践的良好结合在故障诊断中将起到至关重要的作用。学习理论的方式有很多种，其中一种必不可少的方式就是要查找维修资料。有了资料，就可以查找标准，有了标准就有了判定系统或元件好坏的依据，有了依据，故障分析和故障诊断就可以顺利进行。

在维修前，通过查找维修资料，可以系统地掌握各个部分原理；在维修中，根据维修资料可以分析故障的可能性，然后展开有针对性的检测，从而发现故障的根源，例如需要检测 2015—2016 年款通用别克威朗汽车电子节气门体时，就可以查询其维修手册中的电路，如图 8-5 所示，通过电路能迅速辨别其针脚所在的位置，方便检测；在维修后，学习维修资料，更便于我们总结故障的机理。维修中有时怀疑车辆混用了元器件，通过查找相应的维修资料，也比较容易得出结论。因此，维修人员要善于收集汽车维修资料，并充分利用汽车维修资料。

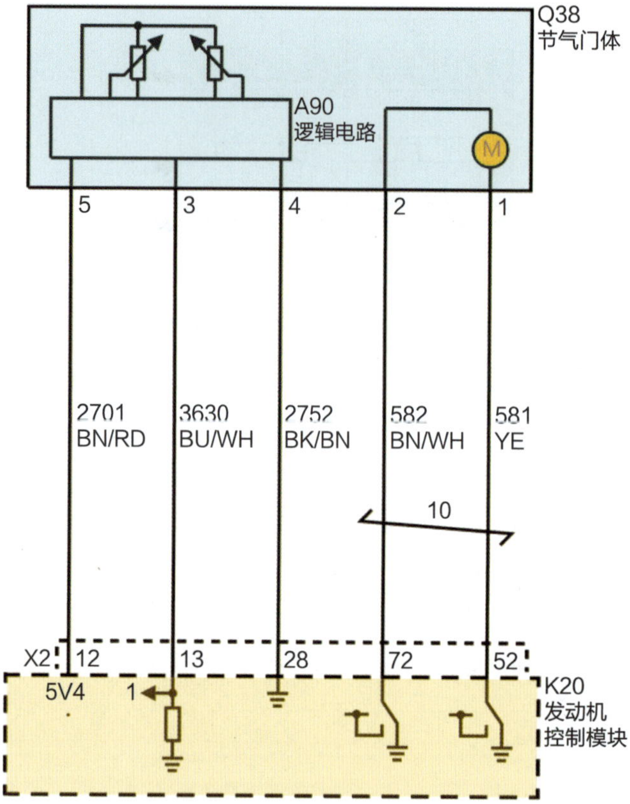

图 8-5　威朗电子节气门体电路图

第 211 问
单缸活塞环卡死怎样形成复杂的故障？

很多维修人员都有过这样的经历，有些故障没有真正解决，过段时间故障又出现了。任何故障的发生都是有原因的，若没有找到引发故障的真正原因，仅仅更换表面上损坏的部件，只会使更换的部件再次损坏，这样维修会增加维修成本，对解决故障无任何帮助。所以排除故障，一定要找到发生故障的真正原因。

故障机理就是故障原因导致故障现象的原理。图 8-6 所示为单个气缸漏气的故障机理，单个气缸的活塞环卡死在环槽内引起气缸串气、串机油等现象，经过一系列的影响，最终导致该车出现“坐车”“回火”、排气超标、进气管真空不足等现象。清楚了故障的机理，非常有利于故障的分析。

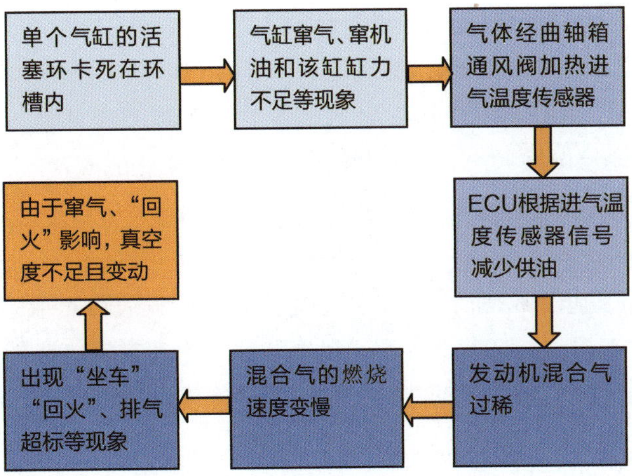

图 8-6　单个气缸漏气的故障机理

第 212 问 冷却液泵损坏怎样形成复杂的故障？

发动机冷却系统故障若不能及时发现和维修，可能会导致复杂又严重的故障，如图 8-7 所示，最终导致发动机三元催化器堵塞，因为发动机堵塞，排气不常通，所以又出现无法加速等故障。

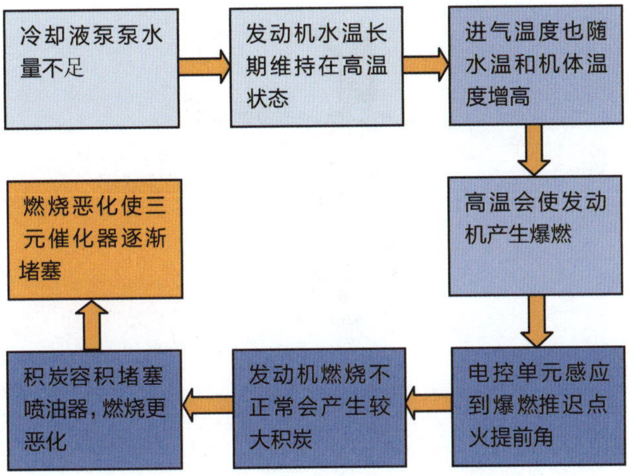

图 8-7　冷却液泵损坏的故障机理

第 213 问 混合气过稀会引起什么故障现象？

汽油被喷散成雾状，按一定的比例与空气均匀混合，这种按一定比例混合的汽油和空气的混合物，称为可燃混合气。可燃混合气中燃油含量的多少称为可燃混合气浓度。可燃混合气成分可以用空燃比表示，空燃比 R= 混合气中空气质量 / 混合气中燃油质量，R=14.7 为标准混合气，R<14.7 为浓混合气，R > 14.7 为稀混合气。

（1）稀混合气燃烧爆发力小，产生力矩小于理论空燃比的混合气，所以出现怠速抖动，动力不足，车辆加速无力甚至熄火等情况。

维修案例 一辆奥迪 A6 在行程中急加速熄火。检测无故障显示，汽油压力正常，做执行元件诊断，也正常，打开发动机罩，发现节气门体到空气流量计连接处有一个卡子没拧紧，造成漏气，在车辆处于动态时，由于抖动而使漏气量增大，瞬间混合气过稀而熄火。

（2）发动机小负荷（通常节气门体开度小、低转速）时需要的混合气浓度小于中负荷，所以有的车辆加速无力只表现在低转速的情况下。

（3）稀混合气燃烧过程长，进气门提前打开时，气缸内废气还是灼热的，废气会点燃进气管内的混合气，引起回火（混合气在进气管内燃烧），在发动机加速更加明显。

（4）发动机进气管回火导致压力增大，进气管的密封容易损坏，同时进气压力传感器受压力影响，信号电压波动较大。急加速时，进气压力传感器信号波动大会导致熄火。

（5）如图 8-8 所示，稀混合气火焰传播速度慢，燃烧过程长，还会造成排气门打开时燃气压力过高，排气噪声变大，发动机有“突突”声。

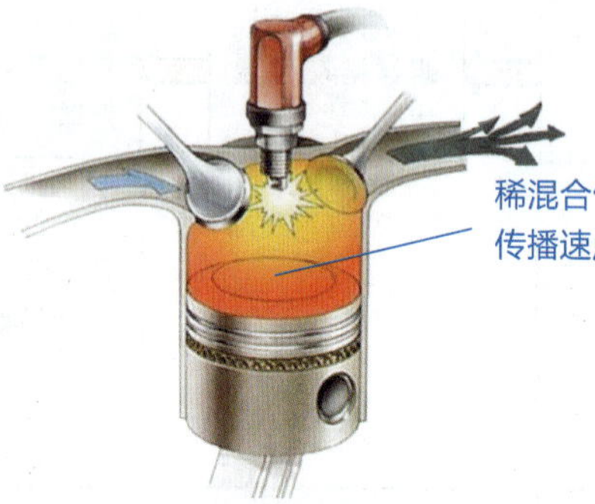

图 8-8　稀混合气火焰传播速度慢

（6）发动机无负荷状态下，加速性能尚可，但在中大负荷状态下加速不畅，出现“一顿一顿”的情况。

第 214 问
原生故障码和派生故障码应先排除哪个？

排除多故障码的故障，如发现有原生故障码和派生故障码。应排除原生故障码，派生故障码则自动消失。

维修案例 一台中华 V7 汽车加速无力，读取 5 个故障码，P2088 VVT 进气控制阀电路短路，故障码 P0458 炭罐电磁阀控制电路电压过低，故障码 P0031 上游氧传感器加热器控制电路电压过低，故障码 P0037 下游氧传感器加热器控制电路电压过低，故障码 P0031 上游氧传感器电路信号电路故障。查找电路，发现炭罐电磁阀、VVT 电磁阀和两个氧传感器共用熔断器 F20，检查 F20 已熔断。

第 215 问
什么原因导致混合气过稀?

混合气过稀包括漏气和缺油两方面。可以用燃油压力表检查燃油压力。缸内直喷发动机低压端燃油压力也可以用燃油压力表，其高压端压力可以从数据流中检测到。

（1）油路故障。

油路故障引起混合气稀的原因包括：燃油系统油压过低，油压调节器堵塞，喷油器积炭过多，喷油器本身故障造成喷油过少。

维修案例 一辆帕萨特 1.8 T 轿车发动机故障灯亮。读取故障码为气缸列 1 非怠速时系统过稀（间隙式）。读取显示组 32 部分负荷时的长期燃油修正值为 26.6%，该数值过大，说明混合气过稀。检查 3 000 r/min 的燃油压力为 40 bar，检查空气流量计，线路正常，对喷油器进行免拆清洗，故障排除。

（2）相关传感器失灵。

电控发动机最主要的功能是对混合气浓度的控制，针对混合气浓度的控制发动机设置很多部件，如燃油压力调节器、氧传感器等。针对混合气的控制发动机 ECU 也设置了很多的功能，例如，混合气开环与闭环控制，短期、长期燃油修正等。发动机很多故障都与混合气浓度有密切联系，尤其是发动机起动、怠速和加速等方面故障更是息息相关。

发动机调节混合气浓度是需要时间的，而且调节也有范围。当进气压力传感器、空气流量计、冷却液温度传感器、进气温度传感器等失灵会影响混合气浓度。

（3）进气管路漏气。

使用空气流量计的发动机的进气管、真空管、曲轴箱通风管路等漏气都将引起混和气稀，使用进气压力传感器的发动机，连接进气压力传感器的真空管处漏气也会造成混合气稀。

（4）气门积炭等原因。

在发动机起动初期，进气管及进气门等处的积炭吸附燃油，因而发动机会因为出现混合气过稀而无法起动。如图 8-9 所示，当发动机因混合气过稀无法起动时，拆卸进气歧管可以观察到进气门是否积炭过多吸附燃油。

图 8-9　气门积炭

（6）排气系统原因。

排气系统三元催化器堵塞，氧传感器或其电路故障，氧传感器加热器故障会引起混合气稀。

（7）发动机 ECU 故障。

如果发动机出现加速无力，回火的故障或怠速不稳的故障，拆下空气滤清器，向进气道喷射积炭清洗剂，若故障现象消失，这可以证明混合气过稀的判断。读取数据流，观察氧传感器的数据，显示在 0.3 ~ 0.4 V 徘徊，加几脚油门，氧传感器数据立即越过 0.45 V 上升到 0.9 V，然后其数据又回到 0.3 ~ 0.4 V 徘徊，这说明氧传感器是好的，因为它在人为对混合气加浓后，数据反应及时，变化正常，同时也证明混合气确实是过稀。

第 216 问
混合气过浓会引起什么故障现象？

可燃混合气成分还可以过量空气系数表示，过量空气系数等于燃烧 1 kg 燃料实际供给的空气量除以理论上完全燃烧 1 kg 燃料时所需要的空气质量。$\alpha=1$，为标准混合气，$\alpha<1$ 为浓混合气，$\alpha>1$为稀混合气，理论上燃烧 1 kg 燃料，需要 14.7 kg 空气。混合气中燃料不能保证完全燃烧，但由于燃料分子密集，火焰传播快，发动机的平均有效压力和功率大。混合气过浓会产生以下现象。

（1）发动机水温正常时怠速为（750±50）r/min，浓混合气产生较大的力矩，所以可能会出现怠速高于（750±50）r/min 的情况。

（2）混合气过浓到一定程度，发动机会冒黑烟。

（3）氧传感器电压会高于 0.5 V，当发动机 ECU 根据氧传感器信号识别出混合气浓时，会出现系统过浓的相关故障码。

（4）混合气过浓会使废气超标，即使有三元催化器的催化，也会使 CO 会严重超标，发动机控制单元发现混合气过浓会限制发动机工作，从而使发动机加速不良。

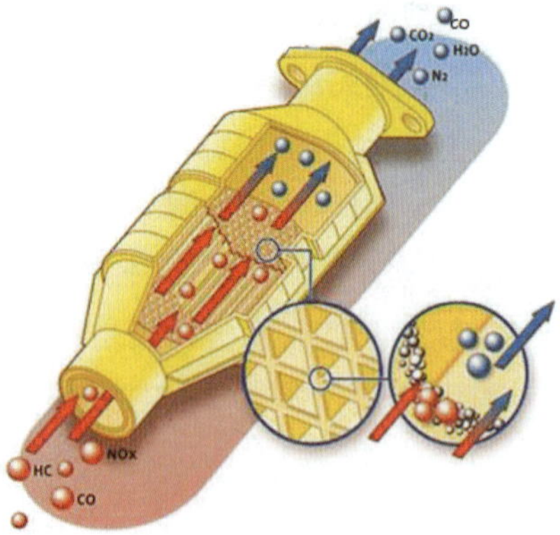

图 8-10　尾气 CO 超标

第 217 问 什么原因引起混合气浓？

（1）油路故障。油路故障引起混合气浓的原因包括：燃油系统油压过高、喷油器泄漏等。

（2）相关传感器失灵或线路、插接器等故障导致传感器信号失准。检测空气量的进气压力传感器或空气流量计失灵，用于修正空气量的冷却液温度传感器、进气温度传感器等计量失灵，以及相关线路、插接器故障都会引起混合气浓。

维修案例 一辆丰田凯美瑞轿车行驶中突然熄火，发动机故障灯点亮，检查有“P0172系统过浓”的故障码。如果长期燃油修正为 −36.8%，短期燃油修正为 −20.4%，说明系统混合气严重浓，怠速时进气量为 6.06 mg/s（标准是 2.5 mg/s）值偏大，判定是空气流量计信号不稳定导致。起动发动机后晃动空气流量计插头，发现进气量数值变化幅度很大，判断该插头接触不良造成，修复该插头后故障排除。

（3）进气管路堵塞。包括空气滤清器堵塞，节气门体积炭等漏气，空气滤芯被打湿也会堵塞气道，形成混合气过浓的故障。图 8-11 所示为打湿的空气滤芯。

图 8-11 打湿的空气滤芯

（4）气门积炭等原因。气门积炭，在热车时积炭上的燃油会蒸气出来，因而会出现混合气过浓。

（5）点火系统故障。

（6）排气系统原因。包括废气泄漏、氧传感器或其电路故障、氧传感器加热器故障。

（7）发动机 ECU 故障。

观察氧传感器数据，数据超过正常值，如长时间超过 0.7，说明混和气过浓。人为制造漏气，发动机故障现象减轻说明混和气过浓。混合气除了浓度会影响发动机工作，其成分不正常同样会引起故障。引起混合气成分不正常的原因包括：燃油中有水分或其他杂质；劣质燃油；机油通过曲轴箱通风等途径混入混合气，混合气成分不对会引起怠速和加速不良，甚至影响发动机的起动性能。

第 218 问 故障诊断的一般流程包括哪些？

维修人员在拿到车后应进行检测，未针对故障进行分析，不能盲目检测。在进行车辆故障诊断时，一般遵循图 8-12 所示流程，维修人员的整个维修思路中都应离不开分析，分析是维修思路的“代言人”，要培养自己的分析能力和习惯。

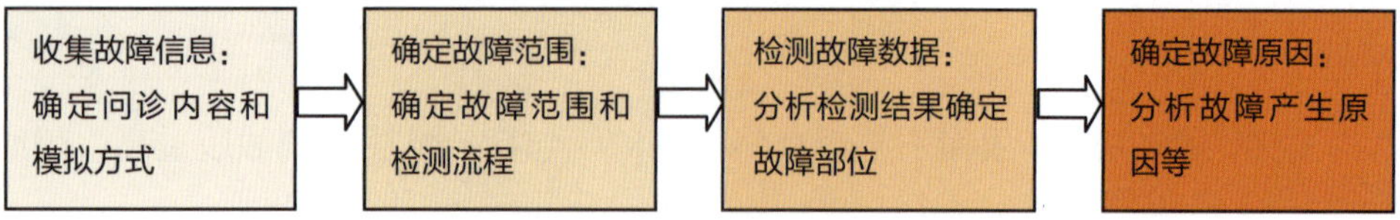

图 8-12　故障诊断一般流程

排除发动机故障要遵循故障排除的基本原则：先外后内、先简后繁、先熟后生、代码优先、先思后行等。选择合理的思路，是维修人员拥有的一个重要技能。

第 219 问
故障现象为什么要与诊断信息相结合？

故障现象包括驾驶员所描述的故障现象和维修人员确认故障时的现象，维修人员比驾驶员更专业，但驾驶员对车辆故障特征更了解，因此，需要两个方面都要结合。诊断信息包括故障码、数据流、警告灯等信息。将各种故障现象与各个诊断信息结合到一起分析，是查找故障的基本思路。如图 8-13 所示，当驾驶员反映发动机加速无力时，维修技师通过检测尾气、查看氧传感器、空气流量数据流、做火花塞跳火试验及观察火花塞工作情况等信息，综合分析故障的真正原因。

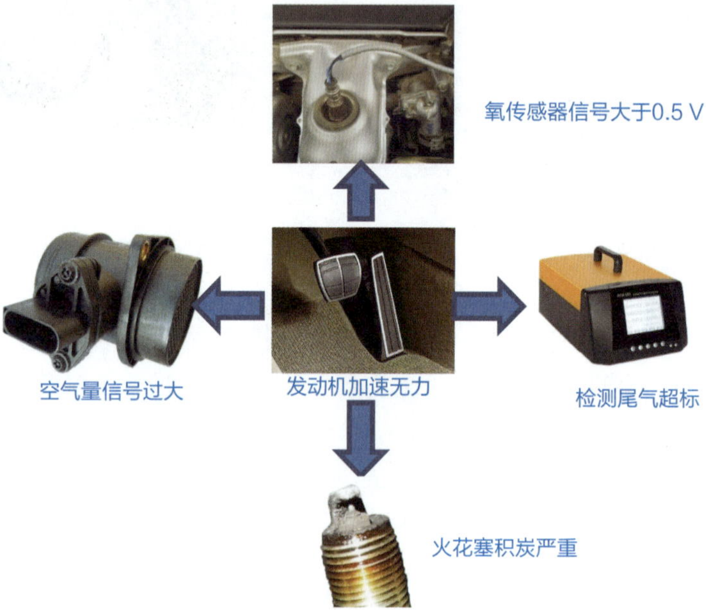

图 8-13　故障现象和诊断信息相结合

维修案例 一辆别克君威轿车行驶里程约为 7 万 km，该车有时在高速行驶时，故障灯点亮，随后发动机动力性能下降。读故障码，显示为 DTC P0131—氧传感器电路电压过低。分析故障原因如下。

（1）车辆行驶了 7 万 km，有的电器元件性能开始下降。

（2）故障出现高速时，高速时发动机所需要的空气、燃油与怠速、原地加速都不同，所以在怠速和原地进行检测意义不大。

（3）发动机动力性能下降，又出现氧传感器电压过低的故障码，说明混合气稀。

（4）混合气稀包括漏气和缺油，只在高速时漏气的可能性不大，常见漏气影响发动机怠速等工况。

（5）在高速时燃油供给不足的原因包括：喷油器堵塞、燃油滤清器堵塞、燃油泵供油不足。喷油器堵塞和燃油滤清器堵塞偶发的可能性不大，因此故障最大的可能性是燃油泵性能下降，高速供油不足。

因为故障出现概率较小，没有检查故障状态下燃油压力，直接更换燃油泵，两周后顾客反馈故障确已排除。

第 220 问
缩小故障范围的维修思路是什么？

缩小故障范围的维修思路是先分析故障现象，将故障范围缩小到一定的范围内，根据故障产生概率或一定的逻辑，对故障范围进行一一排除。维修人员对故障现象的分析，不能仅仅根据车主的描述，应该进行试车对故障现象和故障表征进行确认。

如图 8-14 所示，发动机起动不了时，将发动机起动不了的故障原因分成燃料供给系统故障、点火系统故障和气缸压缩压力故障等。故障现象与故障原因之间往往存在因果关系，检测中应该先检测“结果”。可以根据故障的具体情况检查点火系统是否正常（最好用示波器检查点火波形），再检查气缸压缩压力，将确定故障范围逐步缩小，再根据检测结果有针对性地查找故障原因。

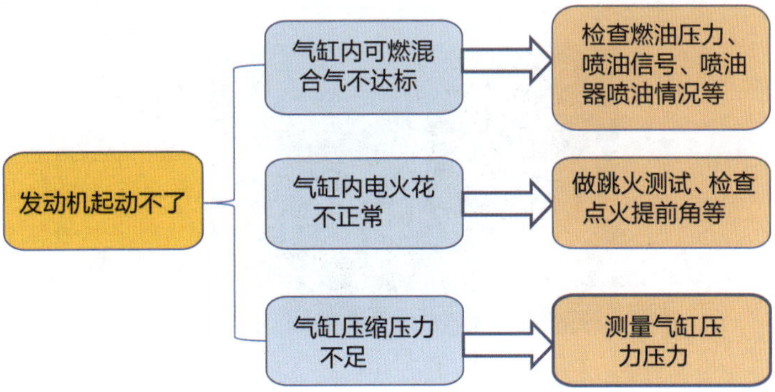

图 8-14　缩小发动机起动不了的故障范围

维修案例 一辆宝马 523Li 热车怠速严重抖动。检测存在发动机进气量信号不可靠的故障码，在转速 600 r/min，空气流量 3.12 g/s，进气压力 31 kPa，进气温度 38 ℃，混合气调校值为 1.01。从进气压力偏低说明扭矩控制已从气门控制转入节气门体控制。空气流量与进气压力基本匹配，说明空气流量计正常。为什么进气量正常，而扭矩不足？发动机工作三要素："缸压""点火能量""混合气"。发动机冷车正常，说明缸压和点火基本正常，从混合气调校值看混合气浓度正常，怀疑燃油质量有问题。更换燃油，故障排除。

第 221 问 找故障共同原因的维修思路是什么？

可能有许多个故障原因引起一种故障现象，而更为常见的是多种故障现象是相同故障原因引起的。维修人员一定要注意收集和整理车辆的相关维修信息，首先要做的是采用问诊法询问故障发生的前因后果，其次是使用"望、闻、问、切"中的"望、闻、切"，通过看、听、试等手段，对故障信息进行全面的了解。

维修案例 1 一辆奇瑞轿车出现偶发性故障，偶发的故障现象包括充电指示灯亮、转向助力不明显、空调效果不佳。分析上述故障，发电机、转向助力泵和空调压缩机都是通过皮带带动的。检查皮带及皮带轮无故障后，分析故障原因为曲轴前皮带轮内扭转减振器打滑所致，在扭转减振器做标记再进行试车，停车后检查标记已经错位，证明扭转减振器已损坏。

维修提示

为了削减曲轴的扭转振动，现在汽车发动机大多在扭振振幅最大的曲轴前端装置扭转减振器，其形状与结构如图 8-15 所示，在皮带轮和轮毂之间有橡胶件、摩擦环、惯性环等衰减振动。扭转减振器损坏还会造成拆装时正时记号对错，引起发动机无法起动的故障。

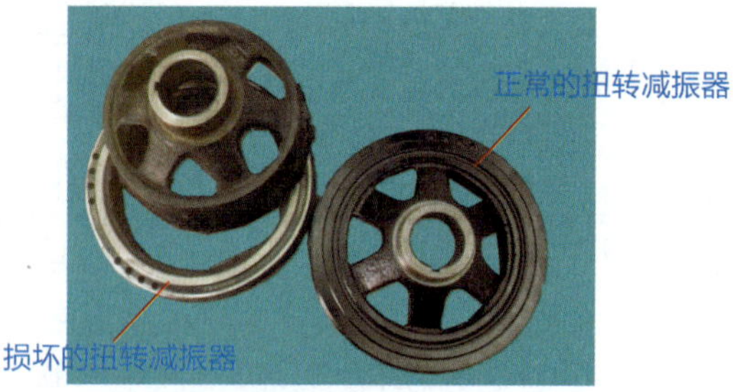

图 8-15 扭转减振器

维修案例 2 一辆奥迪 A6 1.8 T 轿车，该车偶尔在点火开关关闭后，车辆不熄火，发动机仍能继续运转。维修人员在测量 15 号线时，发现有 12 V 电压。如果仅仅得到上面的故障信息，维修人员可能要花较长的时间来查找故障部位。但是维修人员通过问诊知道，当关闭点火开关车辆没有熄火的情况下，如果踩下制动踏板车辆就熄火了。综合故障现象分析，很快找到了故障原因是制动开关短路，制动开关上 30 号线与 15 号线导通。

提示 奥迪 A6 1.8 T 轿车制动开关上有 4 条连线，端子 1、4 之间开关控制制动灯，端子 2、3 之间开关给控制单元制动信号。

技师经验

常见多个故障码同时造成发动机一种故障现象，这时如果盲目更换电控器件往往徒劳无功，而若能从多个故障码的相互关系着手排除故障往往事半功倍。故障码之间的相互关系有以下几种：电路关联，电控元件有共同的接地线，或共同的电源线，或电路经过共同的继电器、插接器、熔丝；有的故障码是原生故障码，有的故障码是派生故障码。

对于存储大量故障码的车辆，不能机械地认为就是故障码所指的部件有问题，否则将浪费大量的时间。应根据检测结果，一步步仔细分析，找出其共性，直至找到故障的真正的原因。

第 222 问
分析故障状态相关信息的维修思路是什么？

偶发性的故障，其故障现象不是常态，而是“瞬时”的。对于检查偶发性故障，不能在未发生故障的状态下进行检测。在故障没有发生时进行检测，既然车辆没有故障，那么检测结果当然是“正常”的。

一些维修人员在进行故障检测时，不管故障发生在什么工况，总喜欢在怠速工况下进行检测。这是因为怠速工况检测比较方便，有标准数据进行对比，更是一些故障在怠速时也能表现出一些迹象出来。但非怠速工况下才出现的故障，在怠速工况时做检测无疑是做无用功。

在故障发生时检测得到的结果，才是对分析故障最有用的数据。例如，车辆行驶中无规律熄火，将多通道示波器接到车上，如图 8-16 所示，示波器可以同时监控车辆行驶时燃油压力和点火、喷油等重要信号，相信检测结果会指明故障原因的方向。

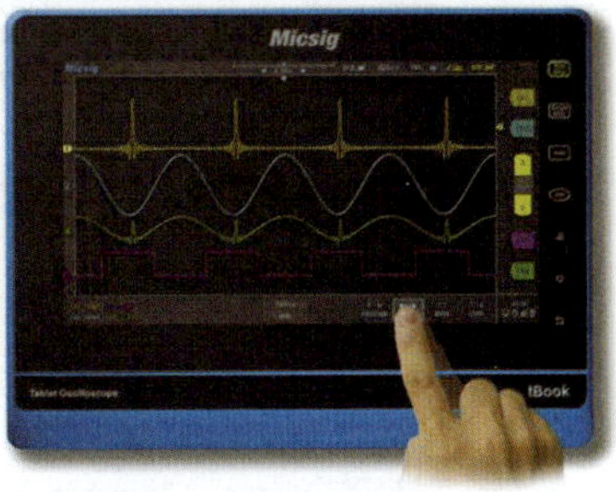

图 8-16　汽车示波器

维修案例 一辆捷达轿车冷车急加速时会发喘，发动机有明显窜动。故障码显示进气歧管压力传感器断路或对地短路。分析故障发生在冷态急加速工况，故不在怠速、缓慢加速、原地加速时检测。发动机窜动大会引起线束晃动，进气歧管压力传感器晃动时线束接触不良引起信号突变，喷油量迅速减小，会影响急加速发喘。检测进气歧管压力传感器电路，发现进气歧管压力传感器处的连接器 4 号线确有松动。修复线束后，故障排除。

第 223 问 找准故障切入点的维修思路是什么？

无论排除什么样的疑难故障，一定要找到一个切入点，切入点找到了，故障检查就容易了。比如，维修人员检查到氧传感器的信号电压过低，那么“氧传感器信号电压过低”就是排除故障的切入点，围绕这个切入点，分析为什么氧传感器信号电压过低，什么原因导致氧传感器信号电压过低，氧传感器信号电压过低会导致什么现象等。排除故障时，确定了切入点也就是确定了故障的范围，然后对故障一查到底，最终排除这个疑难故障。

维修案例 一辆宝来 1.6 L 轿车冷起动困难，起动后怠速抖动厉害，起动无力、容易熄火，热车正常。检查蓄电池电量正常，无故障码，水温正常，燃油压力正常。检查点火系统，发现 3 缸火花塞电极比其他缸稍微黑，更换 3 缸火花塞及点火线圈，重新检测火花塞，现象依旧。断缸检查发现 3 缸不工作，检测 3 缸气缸压力与其他缸无异。在清洗机上检查喷油器，对比 3 缸与其他缸，结果正常。拆卸喷油器时，发现 3 缸进气管道温度明显高于其他缸。说明 3 缸有回火现象。拆检并对比 3 缸与其他缸凸轮轴凸轮轮廓、进排气门、气门弹簧、气门导管等元件，发现 3 缸进气门弹簧弹力明显较小，更换后故障排除。

提示 如图 8-17 所示，气门弹簧弹力不足将会引起气门密封环处漏气，高温气体遇到混合气会发生回火现象。引起回火的原因包括混合气过稀，点火能量不足，点火提前角过大。

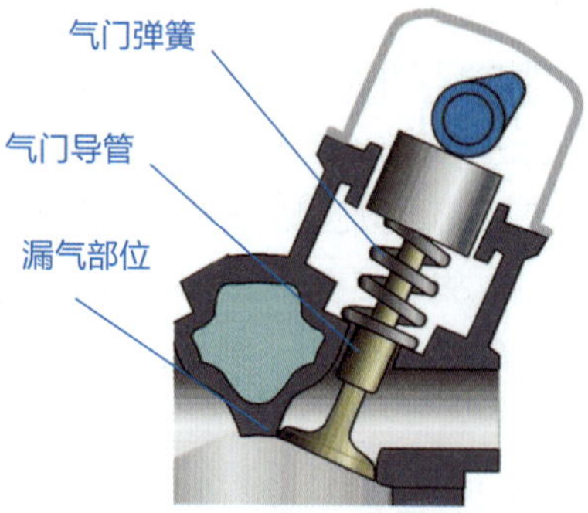

图 8-17 进气门漏气

在排除故障时，要积极地运用推理使故障原因逐渐“浮出水面”，当推理不能排除故障时，应适当地转换维修思维。汽修专家李东江老师在“现代汽车故障检测诊断的思维方式”讲座中也论述过转换维修思维，有些维修人员在对车辆故障进行排除时，往往一遍一遍不厌其烦地重复进行某一作业，这样修车是一种悲哀。维修人员在排除故障时，要能够及时“转换思路”，必要时需要请教“外援”，例如，有些故障需要将控制系统的软件进行升级才能排除故障，思路正确才容易到达“柳暗花明”之处。

第 224 问
要避免哪些检修方法不规范？

很多维修人员在故障检测中都容易犯的一个错误，即片面的检修，只检修系统或元件的一个方面，而不对系统或元件进行规范、系统的检修，这样往往导致失去快速确定故障部位的良机。例如，曲轴位置传感器信号轮因为曲轴及飞轮动不平衡振动大，曲轴位置传感器信号不稳定，如图 8-18 所示，如果仅仅目测有无脏污及测量线路是很难发现故障的。因此，维修工作必须严谨，采用先进的检修工具和规范的检修方法才能保证工作的严谨性。

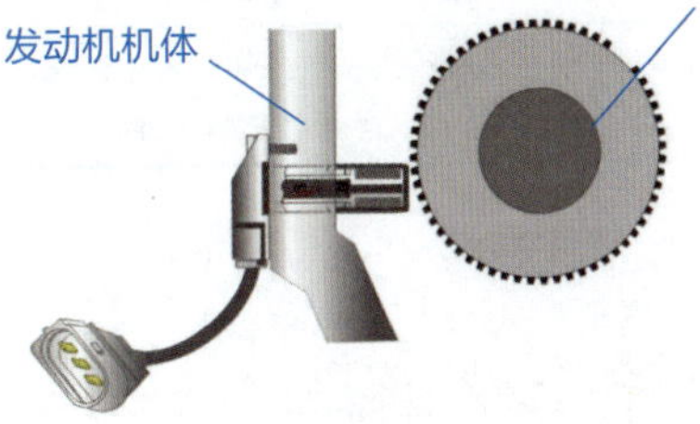

图 8-18　曲轴位置传感器故障

维修案例 一辆桑塔纳轿车经常在行驶中或等红灯时突然熄火，熄火后很难发动。维修人员测量了燃油压力，清洗喷油器，依次更换了火花塞、点火线圈、曲轴位置传感器、氧传感器等，故障还是没有解决。维修人员估计是发动机 ECU 有故障，换了发动机 ECU 后，故障排除。维修人员在诊断过程过度依赖“维修经验”，采用换件法而不通过规范的检测流程来查找故障原因，先后更换了许多器件，最后“估计是发动机 ECU 有故障”，才解决故障。这次故障原因若是线路接触不良的故障，估计没那么容易发现故障部位了。其实，如果使用示波器监控熄火时点火和喷油的波形，故障应该不难找到。

实际维修过程不能想到哪，做到哪，如果这样就会检查不彻底，对故障及故障点检查应具有完整性和规范性。不同的检查方法其检测的内容是不同的，要选择规范的检查方法。

第 225 问
哪种方法检查熔断器最合理？

熔断器损坏主要包括熔丝熔断、接触点氧化、松动、熔断器底座接触不良等。检查熔断器时，可以选择如表 8-1 所示的方法进行检查，选择方法的不同，检查结果的准确性也是不同的，如果仅仅测量熔断器的两个检查点的电压，当熔断器座接触不良等故障就检查不出来。

表 8-1　熔丝的检查方法

检查方法	检查内容	检查结果
目测法	检查熔丝是否熔断	熔丝熔断证明电路可能电流过大；熔丝未熔断并不能证明熔丝不存在氧化或松动
测温法	触摸或测量熔丝温度	熔丝温度过高，证明熔丝接触不良，温度正常也不能证明不存在接触不良
测电压	测量熔丝上测量点的电压	电压正常证明熔丝未熔断，但是并不能证明电流正常
测电压降	在电路工作时测量熔丝输入与输出的电压差	电压降正常，说明熔丝正常，电压降不正常，说明熔丝不正常，进一步可查找故障原因

第 226 问
哪些方法可以检查进行管路漏气？

进气漏气是较常见的故障之一，尤其是汽车运行几万公里之后，有些部件会因温度原因、反复拆装原因、外力原因等多种因素而遭到破坏，因此对于进气漏气故障可以采用以下方法寻找泄漏点。

（1）直观检查。

当怀疑进气系统有漏气时，维修人员通过“听”来检查——是否存在明显或若隐若现的漏气声音；通过“看”来检查——对每一处真空管寻找发现是否存在有破损的地方；通过“试”来检查——用化学清洗剂轻轻在容易引起漏气的部位喷，发现发动机转速是否上升；对于有些怀疑的部位，可以用手感觉到发动机运转时的真空吸力。

技师经验

直观诊断法中非常重要的诊断方法是问诊法，对诊断疑难故障非常有帮助。问诊法也称“客户调查”。问诊法要求维修人员接到故障车辆时，一定要仔细地询问故障发生的前因后果，并且对故障现象进行确认。一般问诊包括：“用在哪”，即车辆在什么条件下运行，包括道路、车速、挡位等信息；“动了哪”，即车辆上次维护、维修或改装过的具体情况；“病成咋样”，即故障规律，故障出现的温度、频率、转速和负荷情况。

（2）在不着车的情况下，可以利用烟雾生成器的烟雾，在进气口加入气体，密封之后看气体从哪个部位漏出。或者将怀疑漏气的部分涂上肥皂水，用空气压缩机的给进气系统充气，观察冒泡情况，就可以查出漏气位置。

（3）当判断或怀疑喷油器 O 形圈处漏气时，可以采取以下方法试验。在发动机运转状态下，对 O 形圈处涂抹润滑脂，如果涂抹后发动机运转情况好转，则说明该处漏气。如果没有反应，则说明该处密封良好。

以上方法适用于空气滤清器、进气总管、进气歧管、怠速通道、节气门体等处从外向内漏气的检查。

（4）检查 EGR 阀、曲轴通风阀、炭罐电子阀等连接软管是否漏气时，起动发动机，用鲤鱼钳钳住某条软管，发动机故障消失，说明该软管漏气。

（5）拔下空气流量计的插头（利用失效保护功能），用纸板盖住节气门体的进气口，发动机怠速抖动，但不会熄火，说明有漏气现象。

（6）漏气一般会使混合气稀，氧传感器的电压低于 0.45 V，还会引起发动机功率不足、怠速抖动等现象。

（7）漏气可能出现在一些波纹软管褶皱的地方，如图 8-19 所示，如果波纹管褶皱漏气可能随着振动间歇性漏气。波纹管处漏气可能致使混合气过浓，因为波纹管漏气时，发动机 ECU 对混合气进行加浓修正，当波纹管处不漏气时，发动机 ECU 来不及修正时，混合气会变得过浓。

图 8-19　进气波纹管

第 227 问

进气系统真空不稳定是怎样产生故障的？

发动机怠速运转时，一般发动机的真空度在 57 ~ 71 kPa 内，如图 8-20 所示。当迅速开启并立即关闭节气门体时，指针随之在 6 ~ 85 kPa 内摆动，则表明进气系统密封性良好。利用真空表检测进气歧管的方法，可以对发动机机械部分造成的故障和进气管路密封不良造成的故障进行有效检测。同时，还可对点火正时、配气相位和可燃气体混合比不正确所产生的故障进行检测。

（1）节气门体后的真空管路漏气时，真空低于标准时，但比较稳定，一般在 50 kPa 以下；但如果是单缸的气缸垫漏气，真空表读数较低，且指针在 17 ~ 64 kPa 大幅度摆动。

（2）怠速时，如点火正时或气门开起过迟，真空表

图 8-20　真空压力表

指针将在 46 ~ 67 kPa 轻微摆动；如果点火正时或气门开起过早，则指针在 46 ~ 67 kPa 大幅度摆动。

维修案例 一辆雪佛兰出现怠速抖动故障。读取数据流：空气流量为 3.38 g/s，发动机负载为 3%，进气歧管绝对压力为 46 kPa，喷油脉宽为 3.3 ms，长期燃油调整为 −12%。分析数据流，发动机真空度较低，如果是漏气，喷油量也多，发动机应该怠速较高，而且混合气不至于过浓。分析应该是混合气燃烧速度慢消耗氧气过多，发动机 ECU 误认为混合气太浓，通过长期燃油调整调稀混合气。影响混合气燃烧的因素除了混合气就是点火和配气相位，检查火花塞跳火强烈，检查配气相位，发现排气凸轮轴向推迟的方向偏移了 10° 。将配气正时校准，观察数据流：计算气流量为 2.16 g/s，发动机负载为 2%，进气歧管绝对压力传感器为 32 kPa，喷油脉宽为 2.6 ms，长期燃油调整为 3%，故障排除。

（3）发动机怠速时，真空表读数有时可达到 53 kPa，很快又跌落为 0 或很低。发动机加速时，读数逐渐下降为 0。此情况极有可能是排气管路堵塞。

三元催化器或消声器内部结胶、积炭、破碎等原因造成局部堵塞或全部堵塞时，就会增加排气压力，使进气真空度降低，从而导致进气不充分、排气不彻底，堵塞严重，有时发动机只能勉强维持低速运转。此时，发动机的读数有时可达到 53 kPa，由于排气的反压力，在进气门打开时排气压力影响进气，使得真空表很快又跌落到 0。

（4）其他情况。气门漏气，混合气过浓过稀，单缸工作异常等都会造成真空不稳定。

维修案例 一辆风行汽车加速不良且怠速抖动，排气管有“突突”声，尾气汽油味浓，同时急加速时发动机易熄火。检测无故障码，测量真空度为 15 kPa，分析漏气一般不至于真空度那么低，但还是对漏气进行了检查，没有发现漏气。真空度低则绝对压力大，导致喷油量过大，混合气过浓，尾气汽油味浓。检查配气正时记号，发现正时皮带跳齿。重新调整正时皮带后故障排除。

第 228 问 进气系统积炭是怎样产生故障的？

引起进气堵塞常见的原因包括：空气滤芯脏污堵塞，节气门体、进气门等处积炭堵塞。空气滤芯堵塞容易引起加速不畅；如图 8-21 所示，节气门体积炭过多，在节气门体小开度时，节气门体阀板与阀体缝隙间的积炭会对气流产生额外的摩擦阻力，从而减小气流的加速度，引起进气反应迟钝，怠速发抖或熄火现象。

1. 进气系统积炭的引起发动机加速不良

进气道积炭会造成进气道的光滑程度下降，产生很多颗粒。在急加速瞬间，气流的速度很快，气流顺着管壁走，每遇到一个颗粒就产生一个涡旋，在进气道产生较大阻力，我们就会感觉到加速不良。

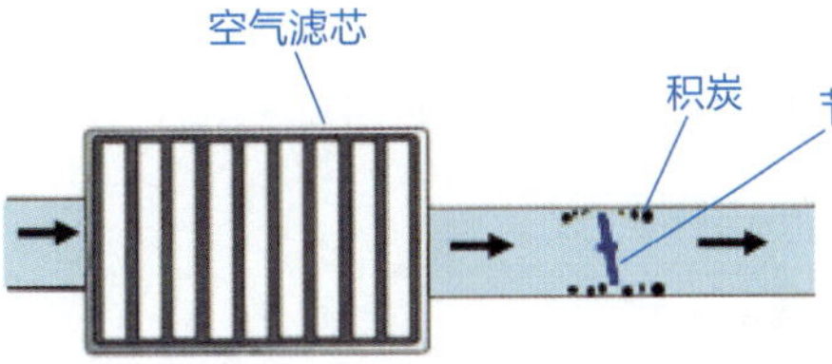

图 8-21　积炭对进气的影响

2. 进气系统积炭引起混合气浓度失调

由于积炭具有吸附性，它会吸附燃油使混空气加浓程度不足，最终导致功率不够。如果进、排气门太脏或进、排气门上积炭太厚，也会在急加速时，混合气中的汽油被积炭吸附饱和后，才有正常混合比的混合气进入气缸内，转速由瞬间下降后转入正常转速。

发动机在怠速时，气门上的积炭会吸附一部分燃油，使混合气变稀。车辆行驶时一段时间后，当松开加速踏板，气门上残留的燃油就蒸发出来，这时的混合气偏浓，混合气过浓可能引起熄火。氧传感器根据废气中氧含量产生信号电压输入给电控单元，发动机闭环控制系统对混合气反复调整，发动机就出现转速不稳定。

第 229 问

润滑系统积炭会有什么影响？

润滑系统产生积炭不仅影响润滑性能，而且引起可变气门正时控制系统的进气或排气正时控制电磁阀故障，正时电磁阀会发卡。如图 8-22 所示，进气正时控制电磁阀卡滞，该阀不能正常控制机油的流向，怠速时进气门打开提前角可能会增大，气门重叠角将增大，废气稀释混合气，发动机将出现怠速时抖动严重，有时甚至熄火的故障。车辆行驶中进气正时控制电磁阀依然卡滞，车辆发闯。处理此类故障时，可以检查机油是否发黑，应更换机油和彻底清理润滑系统的积炭。

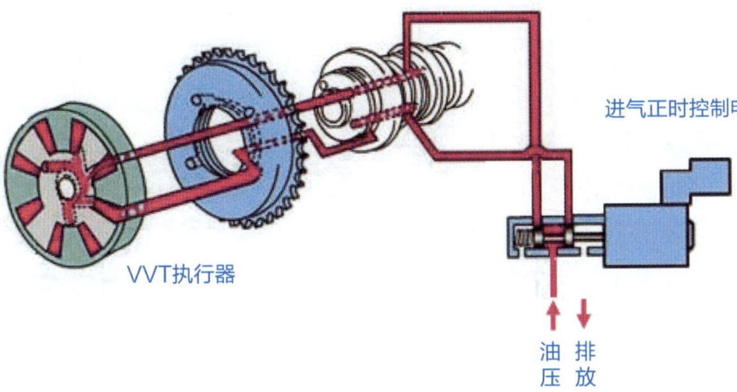

图 8-22　进气正时控制电磁阀控制原理

发动机若润滑不良，摩擦阻力增大，发动机的怠速负荷也会明显增大，会引起发动机怠速时数据流变化，此时可能怠速平稳，发动机进气量和喷油量都大于正常值，而燃油修正在正常范围。

第230问 怎样利用元件测试法检测？

利用故障诊断仪主动测试执行元件的方法，是节省诊断时间的方法之一，这种非侵入式检查非常有用，无须拆下任何零件可以进行继电器、炭罐电磁阀、燃油泵、可变凸轮轴相位控制阀、电动风扇电动机、喷油器等执行器测试。

1. 直接发现故障

通过主动测试，可以直接发现执行器是否存在故障。例如，对炭罐电磁阀进行测试，发现炭罐电磁阀不工作，说明炭罐电磁阀或其电路有故障。

2. 间接发现故障

利用主动测试不仅可以直接判断被测试元件是否存在故障，还可以通过控制被测试元件，确定相关的故障。例如，通过切断某缸的喷油器，观察发动机转速是否下降，可以判断该缸是否工作正常。

主动测试能够确定加热型氧传感器或其他可能的故障部位是否有故障。如图8-23所示，通过主动测试，喷油量可转换至“-12.5%”（减少喷油量）或“+25%”（增加喷油量）。氧传感器根据喷油量的增加和减少做出响应。

图8-23 氧传感器信号正常

增加喷油量25%时，氧传感器电压应高于0.5 V，减少喷油量12.5%时，氧传感器电压应低于0.4 V，说明前、后氧传感器正常。前氧传感器存在数秒的输出延迟，后氧传感器存在20 s的最大输出延迟。当增加或减少喷油量时，前氧传感器信号电压几乎无反应，后氧传感器正常时，说明前氧传感器、前氧传感器加热器、前氧传感器电路其中一项或几项可能存在故障。

当增加或减少喷油量时，后氧传感器信号电压几乎无反应，前氧传感器正常时，说明后氧传感器、后氧传感器加热器、后氧传感器电路、废气泄漏其中一项或几项可能存在故障。当增加或减少喷油量时，前后氧传感器信号电压都几乎无反应，说明空燃比极稀或极浓，可能存在燃油压力、排气系统废气泄漏等故障。

第 231 问 排气管漏气有什么影响?

排气管漏气部位主要包括排气歧管垫（见图 8–24）、排气总管垫和排气管接口处。排气管不同部位漏气，会产生不同的影响。当漏气发生在氧传感器以下部位时，尾气排放量会下降，排气噪声大；当漏气发生在排气歧管垫与氧传感器之间时，氧传感器不能正确检测到废气中的氧含量，废气浓度变稀后，使氧传感器感知废气中氧含量减少，使 ECU 加浓混合气，使发动机因混合气过浓而怠速抖动，排放升高，耗油量增加。

图 8–24　排气歧管垫

如果是排气歧管上产生裂纹，很有可能是裂纹在排气管内气压足够高时被胀开，从而使排气气流从这里泄漏出去。

维修案例 一辆宝马 X5 车行驶中发动机故障灯异常点亮。读取故障码，显示废气触媒转换器后的废气太稀，清除故障码后运行，故障码重新出现。分析电控单元根据氧传感器信号电压太低判断废气太稀。氧传感器信号电压太低的原因包括：氧传感器损坏，燃油压力太低、炭罐电磁阀常通、喷油器堵塞、气门和气缸等处积炭、排气堵塞、进气管道漏气等。检查上述原因属于正常，分析排气漏气也会使氧传感器信号电压太低，检查发现第 2 列排气支管后氧传感器安装孔漏气。将排气支管更换后，故障排除。

第 232 问 排气管路堵塞有什么影响?

三元催化器堵塞的原因是：长期使用低标号汽油而使催化物质失效，当失效的催化物质受高温之后胶结就引起排气管出现部分阻塞。

三元催化器堵塞后排气不通顺，如图 8–25 所示，其堵塞的程度不同，引起的故障现象有区别，严重堵塞后发动机无法起动或起动后熄火；一般堵塞后发动机会出现怠速发抖，动力不足等现象；轻微堵塞故障现象不明显，导致最高行驶速度降低，车主不易察觉。三元催化器堵塞的机理如表 8–2 所示。排气系统中，除了三元催化器会堵塞，消声器也可能被堵塞。

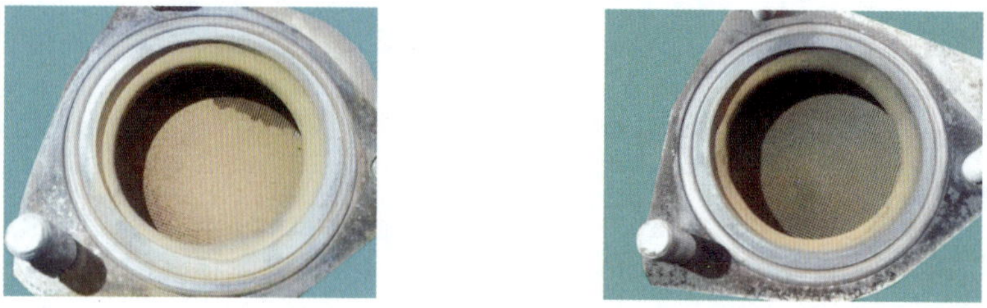

（a）堵塞　　（b）正常

图 8-25　三元催化器正常和异常情况

表 8-2　三元催化器堵塞的故障机理

影响	故障现象
进气系统	进气不足，充气效率降低，发动机怠速不稳，加速不良，真空度过小等
EGR 系统	EGR 阀打开受阻；进气管道废气增多，进气温度传感器被加热，怠速不稳等
进气歧管压力传感器	由于排气背压较高，使得部分废气回流到进气歧管，使得进气歧管真空度严重下降，压力传感器数值升高，喷油量加大，造成混合气严重过浓，燃烧不完全，排气可能会冒黑烟
三元催化器	在正常情况下，三元催化器后部应该比前部温度高 30 ~ 100 ℃。而若发生堵塞，三元催化器堵塞前部比后部温度高；或者在起动 10 min 左右，三元催化器前后有很大的温差，甚至看到排气管前段被烧红。三元催化器堵塞，在气压作用下，其内部蜂窝状结构可能脱落，发动机运行时，其内部会发出尖锐的金属摩擦声
排气系统	冷起动相比热起动容易。冷起动相比热起动停机时间长，停留在三元催化器上游的废气可以缓慢排出或通过进气管回流排出
自动变速器	发动机动力不足，驾驶员进一步踏下加速踏板，导致发动机负荷增加，换挡点推迟。当加速踏板踩到一定程度，而车速又未达到规定值时，不会升挡，甚至会强制降挡
废气涡轮增压系统	三元催化器堵塞，气缸充气效率降低，排气流速减慢。发动机可能会设置废气涡轮增压器增压压力过低的故障码

当三元催化器完全堵死后，发动机运转时的废气无法正常排出；当排气侧的废气压力增大到和做功压力相近时，发动机自动熄火；熄火后排气管内的压力无法马上消除，所以熄火后立即起动时，无法再次着车。当排气管内的废气通过三元催化器内芯上残存的微小缝隙逐渐缓慢地泄压后，又能再次起动着车，这就出现熄火后等待十几分钟又能起动的现象。

第233问

怎样检查排气管路是否堵塞？

排气管堵塞，主要是三元催化器堵塞，可以使用内窥镜观察三元催化器内部有无结胶、熔化或者破碎等现象，或采用手电筒做透光试验也能对其进行检查。还可以采用以下方法，间接推断三元催化器是否堵塞。

（1）拆下氧传感器后，该位置的废气压力大，发动机故障现象也会消失。通过拆卸氧传感器，安装如图 8-26 所示的压力表测量排气压力，排气管堵塞其背压大于 30 kPa。

（2）进入气缸的空气少，发动机动力不足。用压缩空气向进气管吹气，发动机工作情况好转。

（3）通过真空表测量进气管真空度，低于正常值。读取发动机数据流，进气压力高于正常值。

图 8-26　排气压力表

提示 用真空表测量发动机真空，表针最初指示较高，怠速时逐渐跌落，为排气系统堵塞。

（4）排气声音很沉闷，用手挡在排气口，能明显感到尾气且无冲击力。

维修案例 一辆日产天籁轿车出现起动困难，怠速发抖，急加速出现回火的现象。读取故障码显示为氧传感器故障。在发动机预热后，读取氧传感器电压，发现为混合气过浓。检查燃油压力、点火系统、气缸压力、进气系统，未发现明显故障部位。读取数据流，发现暖车过程中喷油脉宽突然变小，且随节气门体开度的变化不明显，似乎一直进行着燃油过浓的修正，使得发动机转速无法上升。怀疑三元催化器堵塞，氧传感器长期处于高压的废气中，氧气含量很少，产生混合气过浓的信号。拆卸氧传感器，发动机加速性能变好。更换三元催化器后，故障排除。

发动机大修后起动困难，或起动不久后熄火，常见的故障原因是三元催化器堵塞。在发动机大修前，发动机可能存在轻微的堵塞。在拆卸和安装发动机过程中，附在排气管壁上的积炭被振松，在发动机起动后，积炭被气流带到三元催化器，从而引起三元催化器堵塞。

第 234 问　三元催化器失效有什么影响？

（1）直观检查三元催化器应无破损，若颜色呈褐色，说明三元催化器有过高温现象，极有可能损坏。损坏后的三元催化器工作时，其前后部的温度几乎相同。

（2）三元催化器失效，发动机进行系统保护，导致发动机故障灯点亮，发动机故障灯位于汽车仪表中，其图形如图 8-27 所示。

图 8-27　发动机故障灯

ECU 在发动机和三元催化器预热后，在设定的车速和发动机转速范围内驾驶车辆时，监控前后氧传感器的信号，通过信号计算三元催化器损坏程度，当达到一定门限值时，ECU 存储故障码，并点亮故障灯。

技师经验

电控单元对两个或两个以上具有相互联系的传感器进行数据比较，当发现两个传感器之间的逻辑关系违反设定条件时，就判定其一或两者有故障或者其他部位有故障，这种判断方法称为逻辑判断法。例如，电控单元检测到转速大于某值时，节气门体传感器输出信号小于某值时，则判定节气门体位置传感器出现故障。

三元催化器失效会导致前后氧传感器的信号变化较小，此时还需要检查排气系统是否存在泄漏，因为排气漏气会影响氧传感器的准确性。

（3）可以执行主动测试功能，增加或减少喷油量，检查氧传感器的信号输出是否正常，进而排除或确定氧传感器的故障。

（4）由于事故等原因，机油若进入三元催化器，三元催化器内部的贵金属物质会受到污染，失去它原来的转换、氧化还原功能。

（5）三元催化器失效后，排放将超标。但若发动机排放严重超过标准，说明发动机燃油喷射系统部分或控制部分有故障，因为这么高的排放值，不能完全依靠三元催化器来降低。即使三元催化器有能力降低排放，那么三元催化器的寿命也会缩短。

（6）当出现排气不畅、进气堵塞等原因时，驾驶员通过加大节气门体来提高转速及车速，这可能导致转速与节气门体开度不匹配，电脑认为发动机负荷过大（如爬陡坡），与当前的挡位不匹配，因而自动降挡，由此可能出现频繁换入低挡的故障现象。

维修案例 一辆帕萨特轿车行驶中 4 挡时自动脱挡，最高车速只能达到 100 km/h。检测无故障码，分析故障原因包括：油温异常、内部离合器或制动器打滑、强制降低开关损坏、发动机动力不足等。先读取发动机数据流：发动机负荷为 2.6 ms（正常值为 1.3 ~ 2.5 ms），喷油时间为 4.8 ms（正常值为 2.0 ~ 5.0 ms），进气量为 5.4 g/s（正常值为 2.0 ~ 5.4 g/s），氧调节为 −10%，氧传感器电压为 0.6 ~ 0.8 V。分析数据流，发动机负荷大，电控单元为了维持发动机怠速必须加大喷油量和进气量；氧传感器信号指示混合气过浓。检测真空度，怠速时为 45 ~ 55 kPa，但很快跌落到 0，说明排气堵塞。将三元催化器更换后，故障排除。

第 235 问

怎样根据尾气异常来分析故障？

1. 检查排气的颜色

维修人员根据排气的颜色，可以判断故障的大致情况。例如，排气是蓝灰色，即表示机油进入燃烧室。可能原因为活塞环磨损、气门油封泄漏或气缸磨损；排气是黑色，即混合气极浓，燃料未充分燃烧所致，通常故障在燃油喷射控制系统，而不是发动机机械方面的问题；排气是白色，可能是天冷时水的正常凝结所致，也可能表明机内冷却液漏入气缸，通过检查冷却液液位即可以辨别。如图 8-28 所示，气温低时，排气管出现少量漏水，属于正常。

图 8-28　发动机故障灯

2. 检查尾气是否超标

进一步通过测量发动机尾气的排放，更容易判断发动机故障，也便于检查排放是否超标。CO 超标，表明燃油供给过多、空气供给过少，燃油供给系统和空气供给系统有故障。HC 是未燃燃料、可燃混合气不完全燃烧或裂解的碳氢化合物及少量的氧化反应的中间产物。HC 超标，说明燃油没有充分燃烧。

3. 利用尾气分析仪检查“串气”

当怀疑尾气进入冷却系统，可以打开冷却液储液罐盖，起动发动机，达到正常工作温度后，将尾气分析仪的探头放入冷却液罐中（探头距离冷却液液面约 10 mm），急踩几下加速踏板，仪器显示发生明显变化，说明气缸垫漏气。

4. 利用尾气分析仪检查“缺缸”

气缸燃烧较差会导致发动机失火。如果压缩不够、油量控制不精确或者火花强度不够，都会导致排气管的 HC 含量上升。当 HC 含量超标时，可以利用尾气分析仪测量尾气来判断是哪个缸工作不良，方法如下。

在测量尾气的同时进行断火试验，如果喷油正常，在断火时，喷入气缸的燃油没有燃烧便排出，因此尾气中的 HC 和 O_2 含量会上升，而 CO 和 CO_2 含量会下降，如果发动机工作正常，各缸 HC 和 O_2 上升的量以及 CO 和 CO_2 下降的量应该是一样的。如果对某缸进行断火试验时，HC 和 O_2 上升的量以及 CO 和 CO_2 下降的量和其他缸相比不一样，说明该缸存在点火或者喷油不良的故障。这样就可以非常容易地确定工作不良的气缸。

5. 利用排气压力检查是否排气管路出现堵塞

当发动机无力时，踩下加速踏板，检查排气管排气是否无力，或拆下氧传感器安装排气背压表，背压过大，说明排气管路堵塞。

维修案例 一辆丰田花冠轿车行驶加速无力，发动机加速发闷，最高时速只有 60 km/h。路试并读取数据流，车速为 56 km/h，发动机转速为 1 925 r/min，载荷为 89.8%，空气流量为 18.17 mg/s，冷却液温度为 94 ℃，短期燃油修正为 0，长期燃油修正为 −1.56 %。拆下氧传感器短暂试车，利用氧传感器安装孔排出废气，发动机加速明显改善，估计三元催化器损坏，拆下三元催化器发现有堵塞。将三元催化器更换后，故障排除。

参考文献

[1] 王军，李伟，杨舟．新款汽车发动机结构原理、拆装与维修 [M]. 北京：化学工业出版社，2020.

[2] 李东江，张大成．汽车车载网络系统（CAN-BUS）原理与检修 [M]. 北京：机械工业出版社，2005.

[3] 谢伟钢．汽车发动机维修技能 [M]. 北京：机械工业出版社，2014.

[4] 秦志刚．大众奥迪车系故障诊断思路与排除案例精选 [M]. 北京：机械工业出版社，2021.

[5] 张春华，静永臣．桑塔纳 2000/3000 轿车快修精修手册 [M]. 北京：机械工业出版社，2012.

[6] 黄费智．汽车发动机电控系统故障诊断检修一本通 [M]. 北京：机械工业出版社，2021.

[7] 弋国鹏，赵龙．汽车故障诊断技术 [M]. 北京：人民交通出版社，2011.

[8] 吴立安．汽车故障诊断与排除 [M]. 天津：天津科学技术出版社，2010.

[9]《汽车维修与保养》杂志社．专家点评典型故障：欧洲车系 [M]. 北京：人民交通出版社，2011.

[10] 霍尔德曼，米切尔．汽车电子与电气系统 [M]. 北京：中国劳动社会保障出版社，2005.

[11]《汽车维修与保养》杂志社．专家点评典型故障：美洲和国产车系 [M]. 北京：人民交通出版社，2011.

[12] 谢伟钢．汽车电气设备构造与维修 [M]. 北京：中国铁道出版社，2013.

[13]《汽车维修与保养》杂志社．专家点评典型故障：日韩车系 [M]. 北京：人民交通出版社，2011.

[14] 庄继德，庄蔚敏，叶福恒．低碳汽车技术 [M]. 北京：清华大学出版社，2010.

[15] 成杰．一汽大众迈腾加速不畅 [J]. 汽车维修与保养，2011(12)：78-79.

[16] 段玉春．汽车维修与保养技术手册 [M]. 呼和浩特：内蒙古人民出版社，2019.